検証・
統一教会
＝家庭連合

霊感商法・
世界平和統一
家庭連合の実態

山口 広 著

緑風出版

検証・統一教会＝家庭連合——霊感商法・世界平和統一家庭連合の実態

第6章　統一教会（家庭連合）とは——191

第7章　統一教会の世界戦略————227

第1章　文鮮明の死と一族の分裂

文鮮明ファミリーの分裂と崩壊

二〇一二年九月三日、統一教会の創始者で、信者から「真《まこと》のお父様」とあがめられていた文鮮明が死去した。九十二歳だった。地上天国をつくるなどと言い、信者をそのための資金集めに奔走させつづけた罪深い人生だった。

文鮮明、韓《ハン》・鶴子《ハッチャ》夫婦の七男七女の子のうち四人は死亡している（図1）。一〇人の「ご子女さま」と称される文夫婦の子たちは、両親がかまってくれなかったし、信者らにかしづかれて贅沢に育った。幼くして配偶者を「祝福」と称してあてがわれるなどしたため、普通の人間の情からかけ離れたまま育っている。

三男顕進

そんな文ファミリー内で、文鮮明の死後みにくい「抗争?」が多発している。二〇〇二年から二〇〇九年までは後継者とされていた三男顕進《ヒョンジン》（六九年生まれ）は、ソウル市内の聖母病院の病室に主治医の手引きで忍び込み、死亡直前の文鮮明と最期の握手はしたようだ。その直後、四男国進《クッチン》らが気付いて口論の末、病室から顕進を追い出した。スパゲティ状態（多くの管で生かされていた）の文鮮明が顕進との面会時に意識があったか怪しい。顕進夫婦はその後葬儀等全ての公式行事か

図１　文鮮明と韓鶴子の子ども７男７女

文鮮明
韓鶴子

長女	誉進	エイジン	
長男	孝進	ヒョウジン	2008 年 3 月死亡
次女	恵進	ヘジン	1964 年 8 月死亡
三女	仁進	インジン	
次男	興進	フンジン	1984 年 1 月死亡
四女	恩進	ウンジン	
三男	顕進	ヒョンジン	
四男	国進	クッチン	
五男	権進	ゴンジン	
五女	善進	ソンジン	
六男	榮進	ユンジン	1999 年 10 月死亡
七男	亨進	ヒョンジン	
六女	妍進	ヨンジン	
七女	情進	ジョンジン	

▒は生存している息子

ら排斥されつづけた。顕進は文の死後の九月十四日に声明を出して、今後はＧＰＦ財団（グローバルピースファウンデーション）で活動するとしている。統一教会の資産の半分以上をわがものにしているようで、資金力にものを言わせて時折派手なイベントを催している。ちなみに顕進の妻の父、郭錠煥《カク・ジョンハン》（文鮮明の右腕的存在だった人物）も一連の儀式全てから排除された。今でも三男とその義父である郭らのグループは本部から異端扱いされつづけている。

神山威元会長は、文鮮明とともにアメリカの刑務所に下獄した。韓鶴子は後継者としてふさわしくないし、三男顕進が真の後継者だと明言した神山は、二〇一五年四月十五日、統一教会から除名された（翌一六年十二月十二日に癌で死去）。

三女仁進と四男国進

次に仁進《インジン》女史（文鮮明の三女、六五年生まれ）。アメリカ統一教会会長になって、信者の前でたいそうなことを講話していたが、二〇一二年四月から二、三ヵ月間にわたり失踪した。仁進は、文鮮明の側近だった朴ポヒ（普熙）の三男と祝福を受け五人の子を産んだが、夫婦関係は冷め切っていた。文鮮明の死亡発表当日、その仁進が同年五月一日、ノルウェー人の既婚男性との間の子を産んだことが露見した。フランス人信者女性と祝福結婚していた相手のノルウェー人信者男性ベン・ロレンツェン（四十二歳）は、長男孝進《ヒョウジン》（故人）がつくったバンドのボーカルをやっていた男。さすがに仁進はアメリカ統一教会代表を同年九月に辞任した。

更に四男国進《クッチン》。二十歳になる前に祝福を受けたが、父親が指名した妻ではなく、ロシア人女性との隠し児の存在が露呈した。国進は結局離婚して、自分が好きになった別の韓国人女性と結婚している。信者から見れば許されないことだ。国進は文の死後、米国に戻って銃の製造販売会社の経営に従事しているようだ。

金孝南（テモニム）と国進、亨進

金孝南《キム・ヒョウナム》は、統一教会の現教祖である韓鶴子《ハン・ハッチャ》の母親（大母様、テモニムという）の霊が降臨するとされる霊能師で、統一教会の聖地、清平の実利・実権を握ってきた。その金孝南の横領疑惑を、国進が告発しようとしたのを韓鶴子が嫌って、母親と四男との対立が激しくなった。国進は、金孝南が清平修練苑を牛耳って利権をあさっている実態を問題にして、是正を主張しつづけたようだ。

ところが、韓鶴子は、二〇一二年九月十九日（文の十五日の葬儀の四日後）、国進に統一財団などの資金運用面の代表の座を辞任するよう指示した。国進はこれに抵抗したものの、その後あきらめて、「故郷」のアメリカに戻ってしまった。統一財団理事長には、金孝南の長男で放蕩三昧をしてきた韓ヒョンス（この男、韓鶴子の母親〔洪順愛・故人〕の養子になったともされる）が就任した（その後更迭された）。

国進は、金孝南のスキャンダルや、金孝南が文鮮明を安楽死させたこと、文鮮明の性スキャンダルなどをバラすと脅して抵抗したが、韓鶴子の周囲を固める幹部の圧力に屈したのだ。

更に二〇〇九年以降、文鮮明に後継者と指名されていた七男亨進《ヒョウジン》（七九年生まれ）の学歴スキャンダルが露見。ハーバード大学（ハーバードカレッジ）哲学科卒業とされていたが、実は卒業していなかった。亨進も金孝南批判を繰り返したことから、韓鶴子や幹部信者にけむたがられて、アメリカに追いやられた。

一方、金孝南は清平で利権をせしめ、ソウル市内に夫（キム・ジェポン）や長男らとともにブティックとレストランを経営し、ゴルフ場（資産価値二〇〇億円）のオーナーともなっていた。その私腹のふくらませ方は尋常ではなかった。ソウル市江南区新沙洞《シンサドン》に高級ブティックやレストランをオープンしたエルボンと称する数十億円のビルも所有・運営していた。そんな金孝南は、清平修練苑から二〇一五年夏に放逐された。韓国統一教会として金孝南一家の横領疑惑を放置できなくなったためのようだ。

また、日本人信者たちが建設のために一〇〇億円以上献金させられた韓国の新しい教会施設である天福宮は、統一教会本部から地区の教会に降格になった。

統一教会本部の言いわけ

そんな状況下、統一教会の公式機関誌『トゥデーズ・ワールド・ジャパン』（二〇一二年十月号）の巻頭言で梶栗玄太郎日本会長（宋榮渉《ソンヨンソプ》が実質会長で梶栗はその部下だが会長職にあった）は、分裂策動に乗らないようこう呼びかけている。「下手な考えをもってはいけません。横からの言葉を聞いてはならないのです。『もう統一教会は終わりだ。だから俺について来い』などと言う人が出てきます。とんでもないことです。真の父母様は霊界で、天と地を主管されます。真のお母様のそばにおられて、直接世界を指導される時が始まりました」。

なお、統一教会本部は二〇一二年十月十五日付で、「仁進様の人事に関する見解」と題して、公文で、こう言いつくろった。

> 世界公文で「米国総会長の人事」、文仁進様から文亨進様への交代が出されました。その背景には、仁進様のご家庭の問題があると言われていますが、その話が伝えられたのが天宙聖和式（文鮮明の葬儀のこと：著者注）を前後する時期であったため、ショックを受けた信者の方々もおられたことと思います。

現在ネット上で流れている情報は、憶測や悪意に満ち、そして信者の信仰心を揺るがそうとする創作交じりのネガティブなものであり、非公式・未確認のものです。しかも、一つ一つの記事が「スキャンダル」を扱うような報じ方であり、これらの信憑性に欠ける記事を真に受けてしまう二世、信者の皆さんもいるのではないかと案じております。

この問題について、なぜ教会は沈黙しているのかと、疑問を感じる方もおられることと思います。この件に関しては、米国において生じている事態であるため、日本教会本部においては、米国教会が発表している内容を超えた論評をする立場になく、かつ、極めてプライベートな問題であり、確固たる裏付けを取ることもなく述べることはできません。

したがって、基本的に日本教会本部は、確認できていない事柄に対して、無責任に何かを発表することはできません。

統一協会の教義面の破綻はもはや明白になった。

「いつまでに〇億円、今月の目標は〇十億円、一人六〇万円」などの目標は、メシア文鮮明が言ったこととして古田元男や大嶋秀幸（企画本部長）、そして徳野英治が幹部の会でのたまえば、幹部も末端信者も従うしかなかった。しかし、これからは韓鶴子が言ったこと、文鮮明が霊界から言ったこととするのだろうか。如何に盲目的に服従する習い性の信者たちであっても、組織や心にほころびが拡大していくであろう。

文鮮明・韓鶴子夫婦とその子、孫らはアイデアルファミリー（理想家庭）とされてきたが、全くの崩壊家族、利権の奪い合い家族であることが明白になった。

祝福家庭に生まれた二世たちは「無原罪」と教え込まれてきたのに、両親は信者としての活動に忙殺されて子をネグレクトしてきた。このため二世たちの多くは統一教会を憎悪し、祝福参加を拒否し、自分で愛する人を見つけ出し、親に反逆している。際限のない献金摂理の繰り返しのため貧困の苦しみに耐えてきたが、その家庭の多くが崩壊しつつある。

清平修練苑は「原理講論」の中にどう位置づけられるのか。清平は金孝南（テモニム）が、日本人信者たちを先祖解怨と称して来訪させて大金を吐き出させるための仕組みだ。統一教会全体が清平のために、因縁解放教としての要素が濃くなり、教理面での堕落・劣化が進行している。

文鮮明死後の九月十七日、清平平和ワールドセンター（清平）、そして、九月二十三日天福宮（ソウル）の会合で、韓鶴子は自分でなすべき講演を金孝律《キムヒョウユル》補佐官に代読させた。韓鶴子は自ら語る言葉をもっていないのだ。

統一教会の名称変更とその後

統一教会の名称変更

一九九四年五月、文鮮明は、世界基督教統一神霊協会（略称「統一教会」）を、世界平和統一家庭

連合（略称「家庭連合」）に改称すると決定した。しかし日本では宗教法人である統一教会の名称変更は所轄庁である文化庁の認証を必要とする。文化庁は私たち全国霊感商法対策弁護士連絡会（本書では以下「全国弁連」という。）の申入れもあって、一九九七年以来、名称変更の認証を求めていた統一教会の申請を受け付けない扱いを続けていた。これだけ広汎かつ深刻な被害をもたらしてきた団体が名称変更することにより、正体に気付かないまま関わりをもって被害を被る消費者の増大が想定できるのだから当然の運用と言える。

ところが、文化庁は二〇一五年八月二十六日、唐突に名称変更の認証をしてしまった。どうしてこれまでの運用を変更してしまったのか。統一教会の政治家への働きかけが奏効したのではないか。統一教会と近い関係にあると目されていた安倍首相や下村博文文科大臣（当時）が担当課に圧力をかけたのではないのか。私たちは、同年九月以降、なぜ、長年の運用を変更して、認証したのか担当者に問いただしたが、黙して語らず。担当課は、「認証は形式が整っていれば認めざるをえない」との弁明に終始した。

その後の統一教会は、統一教会信者のビデオセンターやサークル会への誘い込み、更には無料運勢鑑定勧誘はがき（全国の市民の住居の郵便受けに繰り返し投函している。内部ではこれを「ポスティング」という）などでは、世界平和統一家庭連合とだけ表示したり、ひどい例では宗教団体の勧誘であることさえ隠している。文化庁は、当面「旧統一教会」と明示するよう指導したようだが、そんな指導は無視されたのだ。

統一教会が名称変更した目的は明白である。その悪名が広く知られているため、多くの消費者が統一教会と聞いただけで接近を拒否するので、知られていない家庭連合の名称で深入りさせて入会や物品購入、献金の勧誘を狙っているのだ。

徳野英治会長は二〇一五年十月三日の金沢での講演でこう述べた。

「反対派は『新名称を使って違法な伝道をしようとしている』と直ちに声明を出しました。彼らは、悪いイメージを持つ『統一教会』から、良いイメージを持たれやすい『家庭連合』という名称に変え、正体を隠して勧誘活動をするだろうと考えています。それは誤解です。正体隠しなどするつもりがないことは、一年間、『家庭連合』の後に『(旧統一教会)』と併記することを文化庁に伝えてあることからもはっきりしています」(『ワールドファミリー』一五年十一月号二一頁)

まことに白々しい事実に反する発言である。

相変わらずの献金被害など

二〇〇七年以来、警察当局が信者らの特定商取引法(特商法。訪問販売、通信販売、電話勧誘販売などで事業者が守るべきルールを定めた法律)違反行為を相次いで摘発し有罪判決が続いた。このため統一教会は、今のところ街頭で声をかけ消費者に印鑑、数珠、水晶の置物等を高額で売りつける手口は休止している。しかし、人参濃縮液(一和)は今も健康フェアなどをして売っている。「万病に効く、〇〇病が治る」などと言って売りつける薬事法違反行為による「実績追求」に走っているようだ。正体を隠してビデオセンターや運勢鑑定会場に誘い込む特定商取引法違反の犯罪行為は今も組織的に行って新たな被害者をつくり続けている。

二〇一四年一月に日本総会長になった宋龍天は、リーダー会議で、日本統一教会は次の五大危機に瀕していると述べた。五大危機の指摘は実態を正しく指摘していると思われる。

① 日本の教会での礼拝参加者が減っている。二〇一二年の在籍人数は七〇〇〇名も減った。
② 信者が高齢化しており、平均年齢が五四・七歳になった。
③ ほとんどの信者家庭が、困窮しており、無理な献金のために自己破産者が急増している。
④ 多くの二世信者が統一教会から離れている。二世大学生の内で統一教会に残っているのは三〇％しかいない。
⑤ 統一教会の社会的イメージが低下しており、オウム真理教と同じと見られている。

にもかかわらず、宗龍天総会長らは二〇一六年の献金目標を三二〇億円に増額してそのノルマの達成を指示した。

七男亨進の分派・サンクチュアリ教会

二〇〇九年に文鮮明によって後継者と指名され、世界平和統一家庭連合の世界会長だった七男亨進《ヒョンジン》は文の死後アメリカに追いやられていたが、二〇一五年一月二十五日、自分は今も世界会長だと主張する説教をネットに発信した。そこで亨進は要旨、次のように述べた。

「まことのお母様（韓鶴子）は、三つの幹部グループに脅されて、その支配下にあった。そのひとつは清平グループ（金孝南とその家族）。

これら幹部グループは自分たちの欲望のため共働している。彼らはカーテンの後ろに隠れて公的には見えないが統一教会を実質的に牛耳っている」

そして、同年三月一日、アメリカの亨進は、彼のもとに赴いた江利川安榮元日本統一教会会長の肩をだいて、同女を日本総会長兼教会長に任命した。亨進はアメリカでサンクチュアリ教会を創設し、自分たちこそ正しい文鮮明の後継の運動だとして、ネットで勧誘を始めている。

亨進は同年九月十二日の説教ビデオで、韓鶴子は「異端者で破壊者」と断じた。幹部がお金のため韓鶴子を操り利用していると決めつけた。更に十一月八日のスピーチでは、韓鶴子が自身をメシアであり、神だとし、「独生女である再臨主」だと称するのは間違いだと断定した。

統一教会信者たちをノルマで縛る組織運営体質にした張本人である江利川は、一九四六年五月生まれの七十歳。韓国人の夫と日本の父親が現在、癌の闘病生活中。その江利川はスピーチでこう述べた。

「親愛なる兄弟姉妹の皆様。いま亨進様がいわれたように、私はとても危険人物です」

韓鶴子は、韓国検察当局、税務当局の摘発におじけづいてハワイから韓国に戻ることさえためらっていたが、二〇一五年二月十八日にようやく帰国した。そして、五女善進《ヨンジン》（七六年七月十一日生まれ、三十九歳）を新たに世界会長にした。

一方、三男顯進派についた元統一教会会長神山威は「韓鶴子は本来の後継者ではない、後継者は顯進だ、お父様もそう言っていた」などと公言した。

これに対して統一教会本部は、二〇一四年十二月二十九日付で公文を発信して神山の動きを批判し、信者の動揺を押さえようと四苦八苦している。

いよいよ統一教会の分裂は不可避の情勢だ。

日本人信者にかなりの影響力を有する江利川元会長が、二〇一五年七月二十八日付の内容証明郵便で、退会届を、宋龍天総会長と徳野英治会長に送りつけた。内容は、長たらしく矛盾だらけで自分の過去の重大な責任に無自覚なしろものである。その江利川は亨進による祝福式を二〇一五年以降手伝っている。

しかし、江利川は際限のない献金ノルマ強要で日本人女性信者を苦しめつづけてきた張本人である。それがイヤで七男（亨進）派に移ったのに、その張本人がこっちに来るなんて、と拒否反応の元信者も多い。また、ゴリゴリの日本愛国主義、韓国差別主義の信者も多いが彼らにとっては、従軍慰安婦問題が韓国で反日気運を高めた時にソウル市内で着物姿の数人の日本人女性をひきいて土下座して韓国社会に謝罪してみせた江利川は嫌悪の対象なのだ。

徳野派（もはや本部派と言えないかもしれない）は、江利川離脱による女性信者の動揺を押さえるため、特別集会を開くなどしているが、どこまで動揺がおさえられるか疑問だ。

そして徳野英治会長は、二〇一五年五月三十日から八月三十日までは「真のお父様の九三年生涯路程を象徴した九十三日」だとして、一家庭二一万円献金、独身者は一二万円献金、伝道した人の一四〇万円祝福献金の実践をあおっている。ちなみに献金実績は一三年が二七〇億円で、一四年が二六二億円。そして一五年の目標は三六〇億円、月三〇億円だったとのことだ。

こうして、文鮮明が死亡した後、三年にして息子三人が統一教会から正式に手を引いた。特に文亨進は、文鮮明死去当時、実質的な宗教的後継者とされていた人物であった。彼は、二〇一五年二月十八日の説教をネット配信した。その中で統一教会の主要幹部を次々と「天一国の全ての公的職分から免職する」と宣言した。その解任宣言の理由として「真のお父様の後継者である相続者の権限で、神性の冒瀆と破綻的な異端行為を日常的に行う指導者層から真のお母様を解放する為」だと述べた。これに対し韓鶴子ら韓国本部は七男亨進は後継者ではないから、亨進や江利川のサンクチュアリ教会には行かないようにと呼びかけている。


今、最も悲惨なのは統一教会の現役信者とその家族だ。

二〇一五年の献金ノルマ（韓国本部へ貢ぐ金）は日本全体で三六〇億円だった。その達成のため、全国の信者が貧困の極限状態であるにもかかわらず、更に手段を問わず借金などによる資金集めをして上納させられた。韓国の清平にある修練施設に動員されて、霊界で苦しむ先祖を解怨する役事《やくじ》をするとして、高額献金をさせられている。このような献金指示が繰り返されるため、多くの信者が借金地獄で苦しんでいる。ところがそれを心配する信者の家族との実のある話合いはこれまで以上に困難になっている。

現在、韓国人男性と入籍し、家庭を持つために韓国に住んでいる日本人女性信者は約七〇〇〇人いる。韓国人男性と日本人女性との間に生まれ韓国で生活する韓国と日本の二重国籍の子供たちが二万人程いると推定される。この日本人女性やその子供たちのかなりの割合が、言葉の壁、愛のない結婚、生活習慣の違いなどのため、家庭問題をかかえつつも日本に帰国できず、苦しい韓国での生活を強いられ続けている。

この本は、このような深刻で悪質な人権侵害や消費者被害の実態を知っていただくために執筆した。統一教会の実態を最も知って欲しいのは現役の信者の方々。冷静に自分の現状と将来を考えてほしい。信者の家族にも知ってもらいたい。これは決して信仰の自由の問題ではない。信者の人権の問題であり、家族の崩壊を防ぐ緊急事態であることを認識してほしい。宗教者、教育者、行政に携わる人々、そして全ての市民の方々に広く少しでも理解していただき、対策を考えていただければと思う。

第2章　霊感商法の何が問題か

霊感商法とは

「霊界の地獄で苦しむ先祖の因縁を解放しない限りあなたもあなたの家族も不幸になる、幸福になれない」。こう言って、不当に高額な物を買わせたり多額の献金などをさせて資金を集める手口を霊感商法と言う。

多くの宗教団体が、現世と霊界を対比して、「あの世」や霊界での救いのために現世で功徳を積めと説く。先祖供養は大切だという考え方も根強い。しかし、通常の宗教団体は、霊界信仰や先祖供養で信者の心に平穏をもたらすのであって、決して金もうけの手段にはしない。霊感商法の「商法」たるゆえんは、霊界や先祖供養をことさら強調して相手を不安におとし入れて法外な現金を支払わせることにある。

おみくじや破魔矢《はまや》などの販売はどうか。立派なものは一〇万円する。故人の戒名をつけてもらう時にお寺に支払う数百万円はどうか。破魔矢や戒名料などは問題にされないのに、霊感商法は、なぜ問題か。お布施や戒名のたぐいは受け取る側が説得されて支払うものではない。おみくじや破魔矢は通りがかりに客が自ら手をのばして買う。戒名は、遺族がお寺の住職の意向をうかがいつつお包みする。これに対し霊感商法はお金を出させるために、目的を隠して近づき、巧妙に長時間説得し、ことさら不安感をあおる。

霊感商法をさまざまな団体・個人が行うようになったという憂うべき実情がある。当初は統一教会によって組織的計画的に行われたものである。それを、他の宗教的団体や個人がまねてやり始めた。

とりわけ深刻で広汎な被害を発生させているのは、幸運のブレスレットや数珠を一万円や数千円で売りつけることを契機として、一週間以内に幸運になれないなら電話やメールの相談に乗ると宣伝し、電話やメールで説得して、繰り返し大金を出させる手口だ。まずは先祖のたたりを除くため本山で一年間毎日特別祈とうをするので、一日一〇〇〇円で三六万五〇〇〇円が必要だという。次に、あなたの先祖は特に因縁が深い、大変なことになる前に特別祈願をしないといけない、などとして一〇〇万円。もっと続ければ必ず運気がよくなるなどと言って二〇〇万円。一度も会わずに巧妙な脅しをまじえた説得を続ける。かつて高島易断〔高島喜右衛門（一八三二～一九一四）が行った易によって運勢・吉凶を判別する易断〕の占い師だった人物や、ヤミ金・振り込め詐欺をしていたグループが全国各地でこんな被害をもたらしている。先祖の因縁や霊界の不安をあおられると、おびえてお金を出す人がいて、これが金儲けになると知った詐欺グループがこれからも手をかえ品をかえてこのような手口を繰り返すだろう。

統一教会の霊感商法

統一教会の場合、被害を一回で終わらせず、有り金を全て出させてしまう点で特に悪質だ。まず、数十万円の印鑑三本セットや念珠《ねんじゅ》を買わせる。本当に幸せになるために真理を学べと迫って、数万円の入会金を払わせてビデオセンターに通わせる。その過程で八七年春までは大理石壺や多宝塔、そして人参濃縮液を買わせた。その後は、献金を迫り、仏像・人参濃縮液の外に、宝石・絵画・着物なども買わせ、手持ちの現金がなくなると借金までさせた。

後述するように二〇〇七年から二〇一〇年にかけて、警察が相次いで統一教会信者らの物品販売活動を特定商取引法違反、薬事法違反などで摘発した。このため統一教会は街頭で通行人を誘って喫茶店やマンションの一室で話し込んで印鑑、数珠、水晶の置物などを高額で売りつける手口をできなくなった。しかし、正体を隠してビデオセンターやサークル会などに誘い込んで霊界の恐怖や先祖の因縁を強調して不安をあおりつつ献金させたり、教義を教え込んで信者にしていく手口は続いている。特に警察の摘発が相次ぐようになってからは、韓国ソウルからバスで約二時間の清平《チョンピョン》に造成した統一教会の施設で先祖解怨《かいおん》をするなどと称して献金させている。

このような次々とお金を奪い取る手口は、統一教会が、若者を信者にして献身（職も家庭も捨てて合宿生活に入り二十四時間組織のために活動すること）させる手口とほぼ同様だ。若者は、二泊・四泊そして二十一泊の合宿所での修練会を経て献身に至る。この過程は、印鑑・壺・人参濃縮液の購入で有り金がなくなる過程と連動している。

加害者である信者たちは、手段は何であれ統一教会の外（彼らはこれを「サタン圏」という）にある全ての財物を統一教会側に取り込む（これを「神側に復帰する」という）ことは、被害者にとっても、担当の加害者・信者にとっても救いにつながると信じ込まされている。統一教会の資金集めであることを全く知らない客であっても、現金を統一教会側（彼らのいう「神側」）に「ささげさせる」ことは結果として救いの第一歩になるというのだ。

宝石・絵画・着物などのセールスの時には、「これを買えば先祖の因縁が解放される」とは言わない。しかし、セールスする側の信者たちは客に買わせて統一教会側にお金を支払わせることで客を救うことになると信じ込んでいる。統一教会の教義に染まり始めた客に売りつける場合には、買うことがメシアつまり救世主であるとされる文鮮明の意にかなうことで客が救われる基盤になると迫る。法外な献金には抵抗を感じる客に物品の代金という形で統一教会に資金提供させているのだ。

従って、私は、印鑑・念珠・仏像・人参濃縮液を売りつける手口にとどまらず、献金を迫り、宝石・絵画・着物などを買わせる一連の行為全体が霊感商法であると考えている。

この物品被害と被害者が統一教会に入信して加害者になっていく経過を図にすると三六頁の図2のようになる。

被害回復活動

全国霊感商法対策弁護士連絡会（以下「全国弁連」という）は、一九八七年五月、霊感商法根絶と

図２　統一教会の入信・被害の経過

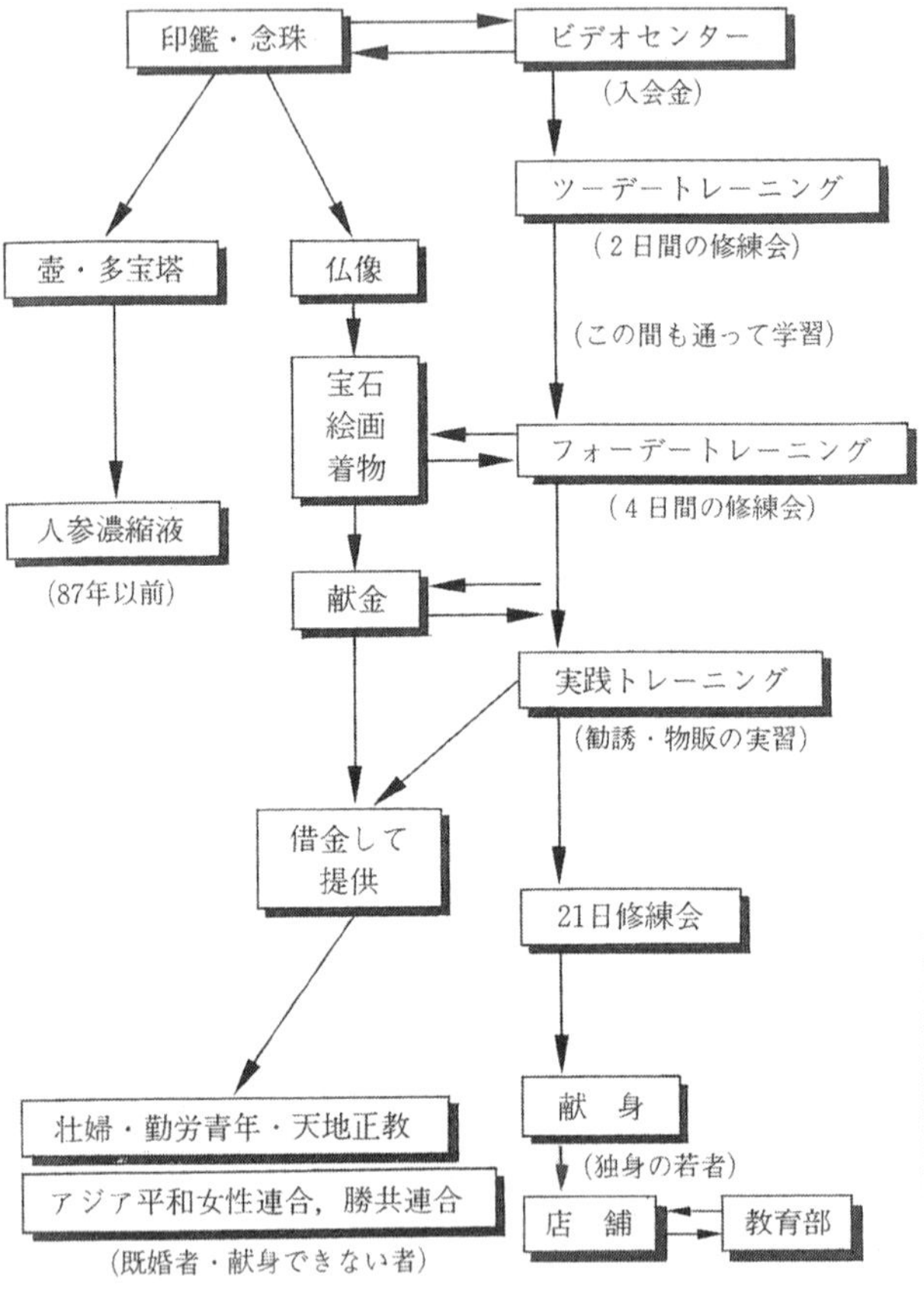

被害者の救済のために組織された全国の弁護士や弁護団の連絡組織である。全国弁連の活動も何と三十年に及ぶことになってしまった。

全国弁連の集計によると過去二十八年間で全国の関係弁護士や消費生活センターが受けた相談は、二〇一五年十二月までに、

件数にして約三万三八〇〇件

被害金額にして約一一七七億円にのぼっている（表1）。

ひとつの宗教法人がこれほど莫大な金額の被害を顕在化させた例は他にない。

私たちに被害回復の依頼があった事件については、交渉や裁判でそのほとんどを返還させてきた。現在もそのような交渉や訴訟が各地でつづけられている。

また、各地で売りつける物品の輸入元のハッピーワールド、卸元の「世界の幸せ」各社（現在は各社とも名称変更し組織体制もかわっている）や末端販売会社を訴えて、ほとんど請求額全額（慰謝料や弁護士費用も含む）を返還させる和解をかちとってきた。さらに、一九九四年五月二十七日には、統一教会を被告とする福岡地方裁判所での訴訟において、統一教会信者の献金勧誘行為について二人の未亡人に約三七六〇万円を賠償せよという判決が統一教会に対して言い渡され、その後同旨の判決が相次いでいる。

これらの訴訟の最大の特色は、統一教会側の幹部が法廷で証言することをおそれ、判決でその責任を断罪されることを免れるために、原告請求全額を支払ってでも和解を求めてくる点であ

る。

我々弁護士は本来訴訟で統一教会の責任を明確にすることが、新たな被害発生を防止する上で有益だと考えている。

全国弁連の弁護士による被害回復の取り組みは、統一教会の資金力を減退させ、全国数百ヵ所にのぼるビデオセンターや統一教会のホーム（信者が合宿生活をする場所）の維持資金を枯渇させ、ひいては新たな被害を少しでも抑止することになると考えて、展開してきた。

表1　霊感商法　窓口別被害集計（1987年～2015年）

年	被害弁連（東京分）		全国弁護団（東京分除く）		消費者センター		合計	
	相談件数（件）	被害金額（円）	相談件数（件）	被害金額（円）	相談件数（件）	被害金額（円）	相談件数（件）	被害金額（円）
1987	2,404	16,175,898,600	243	222,368,004	*	*	2,647	16,398,266,604
1988	305	4,850,000,000	985	2,565,334,684	*	*	1,290	7,415,334,684
1989	231	357,966,000	2,036	1,708,828,066	*	*	2,267	2,066,794,066
1990	393	1,591,706,000	1,333	1,002,847,321	1,154	545,203,606	2,880	3,139,756,927
1991	279	7,916,834,413	996	909,573,176	551	392,610,805	1,826	9,219,018,394
1992	1,064	4,512,323,678	657	1,687,536,151	890	1,134,875,807	2,611	7,334,735,636
1993	808	6,881,870,000	1,345	5,310,491,608	*	*	2,153	12,192,361,608
1994	523	2,405,478,983	140	839,930,788	374	295,563,373	1,037	3,540,973,144

1995	405	3,383,610,012	31	193,543,200	278	147,298,066	714	3,724,451,278
1996	498	2,087,229,700	15	464,053,623	248	305,005,362	761	2,856,288,685
1997	582	1,241,225,600	56	847,864,800	153	82,766,091	791	2,171,856,491
1998	470	3,856,621,074	49	361,975,146	329	397,583,215	848	4,616,179,435
1999	387	2,518,950,350	44	155,694,000	250	171,260,998	681	2,845,905,348
2000	418	1,999,711,160	15	175,006,500	219	216,923,045	652	2,391,640,705
2001	1,282	1,762,715,136	84	277,266,281	166	95,550,089	1,532	2,135,531,506
2002	556	2,534,652,550	33	90,394,469	109	126,123,119	698	2,751,170,138
2003	878	2,968,902,450	72	606,946,890	94	150,867,258	1,044	3,726,716,598
2004	763	2,823,224,286	52	101,175,927	102	94,150,750	917	3,018,550,963
2005	834	2,196,950,537	76	490,214,081	185	138,663,548	1,095	2,825,828,166
2006	818	2,527,289,167	370	1,275,706,048	155	193,036,014	1,343	3,996,031,229
2007	878	2,946,794,045	153	946,859,500	221	186,155,275	1,252	4,079,808,820
2008	888	2,580,825,979	191	761,210,735	431	385,015,507	1,510	3,727,052,221
2009	847	3,121,615,961	108	406,303,540	158	209,017,800	1,113	3,736,937,301
2010	479	1,397,214,016	84	237,478,366	58	136,005,000	621	1,770,697,382
2011	324	1,067,400,611	32	166,274,050	31	18,159,000	387	1,251,833,661
2012	411	1,467,193,163	63	279,955,800	47	37,040,200	521	1,784,189,163
2013	130	495,308,107	30	359,618,923	25	29,201,000	185	884,128,030
2014	189	719,190,172	19	317,339,348	31	36,247,696	239	1,072,777,216
2015	61	677,750,640	108	350,261,723	5	21,000,000	174	1,049,012,363
合計	18,105	89,066,452,390	15,684	28,657,375,372	＊	＊	33,789	117,723,827,762

＊消費生活センターの数値は全国弁護団分に含まれている。

霊感商法の背景

霊感商法は極めて残念ながら今もつづいている（表2）。なぜ被害はなくならないのだろうか。その原因は大きく二つある。統一教会組織の実情が第一。新たな被害者ひいては加害者が生み出される社会的背景が第二。

統一教会はキリスト教の一派だと自称してきた。イエス・キリストは神がつかわしたメシアであったが、人類を完全には救えないまま、子孫も残さずハリツケになってしまったとする。統一教会の神様は全知全能ではないのだ。神は人間が救われず堕落していることを悲しんでいるという。そして、神がイエスから二千年後に人類を救うために地上につかわしたのが、文鮮明だとする。彼は結局社会にひどい害悪をもたらして二〇一二年九月三日に九十二歳で死去した。日本人信者は彼を「まことのお父さま」（実の親を「肉的親」、文鮮明を「霊的父、真の父」という）と呼称する。彼のために、また彼の指示なら死ぬことも辞さない「献身」者が日本には数千人いる。

日本人信者は氏族のメシアになるために、また個性完成をするために、自らそして人類の原罪をあがなうため、毎日厳しいノルマを課される。ノルマの中心は資金集め・献金と信者獲得だ。神は九五％をしてくれるが、残りの五％は食口《しっく》（信者のこと）らの責任だとされる。

「氏族メシア」とは、財・殺傷・色情の因縁のため地獄で苦しんでいる先祖の霊を解放し、これによって一族を救う使命を果たす人物。「氏族の中心人物」とも言う。

「個性完成」とは神の心情を受け入れ、神の意志のままに行動するという本来創造された状態に

表2　過去５年間の商品別被害集計（全国の消費生活センターと弁護団）

年	2011年		2012年		2013年		2014年		2015年	
	件数	被害金額（円）	件数	被害金額（円）	件数	被害金額（円）	件数	被害金額（円）	件数	被害金額（円）
印鑑	25	8,666,100	23	9,508,700	12	1,774,500	10	2,638,000	10	3,784,080
数珠・念珠	8	1,810,635	10	2,096,000	8	2,110,000	10	2,143,000	6	1,850,000
壷	19	14,300,000	27	41,500,000	13	35,600,000	8	14,430,000	6	13,720,000
仏像・みろく像	4	860,000	8	10,059,000	4	9,660,000	1	3,400,000	4	7,480,000
多宝塔	3	12,500,000	1	1,680,000	2	5,000,000	0	0	1	5,400,000
人参濃縮液	21	10,451,000	16	7,086,000	12	5,330,000	14	13,890,726	30	20,676,921
献金・浄財	84	788,809,644	220	1,221,565,618	44	461,408,841	92	647,974,407	33	630,237,568
絵画・美術品	21	24,033,900	22	12,657,500	10	28,942,400	15	30,274,233	8	3,092,209
呉服	5	2,720,000	6	2,030,000	1	1,030,000	1	40,000	2	2,591,940
宝石類・毛皮	15	12,782,776	33	22,164,360	6	2,875,187	8	8,678,450	8	18,325,549
仏壇・仏具	2	600,000	3	2,320,000	0	0	0	0	3	2,990,000
借入	17	40,080,000	15	60,519,000	7	10,050,000	8	10,850,000	6	83,300,000
ビデオ受講料等	37	5,099,900	23	6,250,000	12	970,000	22	12,450,730	18	4,091,810
内訳不祥・その他	126	329,119,706	114	384,752,985	54	319,377,102	50	326,007,670	39	251,472,286
合計	387	1,251,833,661	521	1,784,189,163	185	884,128,030	239	1,072,777,216	174	1,049,012,363

戻ること。「堕落性本性」をぬぐうという言い方もする。

信者はどんな指令を与えられるか。例えば九一年の初めは次のような指令・ノルマを与えられたと元信者が言う。

「統一教会は現在三〇〇〇億円の借金がある。今年六月末までに四〇〇〇億円の資金を集めよ」

この頃、厳しいノルマを負う日本人信者の尻をたたくため、韓国の幹部（「三六家庭」と称される古手の信者）が来日して日本人信者を叱咤激励してまわった。

統一教会は九二年八月末、三万組の男女について文鮮明夫妻の祝福で合同結婚式をした。ただし、本当に三万組がそろったのかは疑問だ。

祝福とは、原罪をかかえた人類が唯一原罪を洗われる機会とされる。文鮮明夫婦の祝福を受けた男女の間の子が初めて無原罪とされる。従って、信者はこの祝福を最大の目標にして頑張る。

しかし、世界中の信者を集めても三万人足らずと思われる彼らが、どうやって六万人の男女を集めたのだろうか。また何のために？

ひとつは、信者獲得のため。つまり、資金集めの主体＝加害者になる人々を得るため。また、結婚させて離教しにくくするため。

もうひとつは、これを機会に金を韓国に運ばせるため。八八年十月の六〇〇〇組が参加した合同結婚式の時にはかなり多くの信者が、現金の入った封を成田空港でもたされ、これをソウルで回収された。さらに参加した数千人の女性信者が一旦日本に帰国して数十万円の資金を集めさせられて韓国を再訪した。九三年初頭の時点で、九二年八月の合同結婚式に参加した日本人信者一人あたり一二名の霊の子つまり新たな信者と一〇〇万円以上の資金を獲得するよう言われている。このため、合同結婚式に参加した若者たちは血相を変えて詐欺的伝道と霊感商法さらにはアルバイトでの資金づくりに奔走した。

また文化フォーラム、自己啓発センター、サークル会、家系図講演会、結婚セミナーなど、極めて巧妙に統一教会の勧誘であることを感じさせないで人を集め、統一教会の教義をそれと知らずに学ばせる施設を各地に組織した。信者たちは、今も駅頭や繁華街で一般市民への接触を連日こころみている。

渋谷のハチ公前にはパネルを立て「九つの点を一本の線で結べますか」と小さな紙片を配る数人の若者がいた。彼らも統一教会の信者にするためのビデオセンターに市民を誘い込む活動をしている。

正体隠しの活動

彼らは徹底してその正体を隠して、さまざまな団体を名乗って市民に近づく。

さまざまな名称のビデオセンター、世界平和女性連合、真の家庭運動推進協議会、平和大使協議会、世界平和連合などでは、統一教会信者が、その幹部の指示によって、それぞれが人集め・金集めのノルマをもたされて活動している。

一心病院、ハッピーフーズ、さくらコーポレーション、日韓トンネル関係の事業団、国際勝共連合、天宙平和連合、ユニバーサルバレエ団、PLA純潔運動、TFM（真の家庭運動）など多様な顔で一般社会への接触をこころみる。

このため、多くの大企業、場合によっては地方自治体まで統一教会の企画にのせられてしまう。マスコミもそれと知らず統一教会が企画した純潔教育推進イベントなどを報道して、統一教会による被害の拡大をもたらしている。ユニバーサルバレエ団の公演、無窮会の活動、野の花会の活動、各種講演会、世界平和女性連合の外国人留学生弁論大会などをあたかも純粋の善意の団体による企画として報道したり、時には後援・共催してしまう。

JTBがアジア平和婦人連合の企画の旅行を共催した。デパート（西武・高島屋）等がシービー商品（統一教会信者が販売していた貴金属のブランド名）を陳列した。雑誌やテレビ・ラジオがメッコール（統一教会系韓国企業「一和」が製造している韓国製清涼飲料）や人参液の宣伝媒体になった。世一観光の宣伝がTVで流れた。大阪市は買い主が統一教会関係者と知りながら市所有不動産を売却した。

JALの機内誌『ウィング』にシービーの宣伝がのった。日韓トンネルの企画に建設会社が参画している。旧イトマン等の商社や某銀行が統一教会系の企業を支援する大型融資をした。

いずれも外見は通常の商取引である。一般の企業は統一教会と知ってあわてるが、取引を断ってトラブルになることをこわがって打ち切る勇気がない企業もある。

　他の金融機関が断ったハッピーワールドの融資申入れを埼玉県信連という農協系の金融機関が受けてしまった。このように一般企業が統一教会の企業や団体と連携することは、必ず内部の信者を励まし、彼らの違法な資金集め活動に拍車をかけることになる。「〇〇企業も協力している企画です。××銀行も協力している会社です。△△デパートにもおいてある。雑誌やマスコミで有名な□□です」。こう説明して信者らは事情を知らない市民に金を出させるきっかけをつかみ、献金等させる。

　統一教会との取引で利益をあげる企業は、その利益が、ひとり暮らしの老人がムリヤリ土地を売らされて献金した数千万円から出ていることを知るべきだ。ＯＬが十年かかってためた数百万円がそこに含まれている。主婦が夫に隠れて毎月一〇万円献金させられた涙の結晶から支払われていることを認識すべきだ。

　このことは多くの政治家にも言える。

　衆参両院の選挙では数千人の信者が特定議員の応援にはりつく。よく働くまじめな彼らは候補者にとって重宝だろう。地方選挙にも多数の信者がはりついている。そして、当選したあかつきには統一教会の活動に協力させられている。統一教会が企画した各種集会に議員が出席し、祝電を出すのは恩返しの一部にすぎない。二〇一五年八月二十六日、統一教会は長年の課題であった名称変更の認証を得たが、その背景には文化庁を牛耳る安倍政権中枢への政治工作があったと考えられる。

多数の統一教会信者が代議士の秘書になってきた事実をわれわれは認識している。

警察はなぜ動かないのか。税務署は何をしているのか。中曾根首相（当時）は八七年の国会答弁で、なぜ霊感商法を正面から批判せず信仰の自由として片付けたのか。彼は九二年八月の合同結婚式では、祝賀のメッセージまで送って信者を激励した。その背景には九〇年の総選挙での組織的応援がある。われわれはこのような政界や行政の不自然な動きの背景を暴き出す努力もしていきたいと思っている。

統一教会の伝道手口の違法

私は約三十年間におよぶ霊感商法被害者の救済活動の中で、多くの市民が目に見えない不幸やたたりをおそれ、なけなしの数十万、数百万、時には数億円を統一教会に支払わされる現実を見つづけた。

友人のつくり方が苦手な若者たち。軽薄短小の時代の中でも、生きがいや人生の目的を正面から求め、見出しえないで迷う「根暗《ねくら》」と言われる若者。アフターファイブにすることがない孤独なOL。本当の愛を求める一方、自己の内面のきたなさを見つめてしまうまじめな青年。働き中毒の団塊の世代の夫を仕事にとられ、家庭で生きがいを求める主婦。誰にも言えないさびしさを抱きつづける老人。

欲望をあおるだけの消費社会の中で、人々は、自己を正面から見つめさせてくれる、自分の心を高めてくれる、心の空白を埋めてくれる宗教を強く求めている。多くの人々がそんなニーズをかかえていることを私は実感しつづけた。

霊感商法がなくならない理由のひとつはこうした被害者側の事情にある。次々と離教する一方で、若者や中年女性が統一教会に入っていく背景にはこうした側面がある。

しかし、私は統一教会による伝道の手口を批判せざるをえない。

宗教の伝道は重要である。是非とも大いに広く行って頂きたい。しかし、街頭での意識アンケートに端を発する統一教会の現在の伝道の手口は許されない。詐欺的「伝道」であって違法である。

マイクロ隊と呼ばれる信者たちは、一台のワゴン車に五、六人がのせられて、数ヵ月間各地でコーヒーや珍味などを売り歩く。早朝から深夜まで。夜は五、六人がこのワゴン車の中でゴロ寝し、公園のトイレなどで用をたし、体を洗う。信者はこの活動をつづけるうちに、お父さま（＝文鮮明）の苦労をしのぶ。お父さまに祈りをささげて、ある家にとびこんだらそこで珍味が売れた。これをお父さまのおかげと思う。こうして文鮮明はメシアだという思い込みが深まる。

健康フェアにゲストをつれ込んで、一個八万円の一和の人参濃縮液が一ダース売れた。これもお父さまのおかげだと思う。そこに奇跡を感じ、人の心を動かした偽りの充実感を神の働きと感ちがいして、より一層思い込みが深まる。

幹部だった信者に聞くと、「前線即ち足を棒にして戸別訪問したりビデオセンターに誘っている間は迷いがなかった。舞いあがった気持ちで、睡眠不足も何のそのと思い込んで歩みつづけた。しかし、幹部になって信者をノルマノルマでしばりつけ、背後であおりつづける役目になってから、これでいいのかと思うようになった」と話してくれた。

金集めのための目先の金額達成に向けた活動が信者の思い込みを深め、統一教会の組織としてのエネルギーの保持に役立っているのだ。

第3章　なぜ信者になるのか

自己啓発センターと偽って

街頭での勧誘

統一教会の信者のうち、「店舗」（資金集めのため専ら霊感商法を担当する部門）に配属された者は街頭や戸別訪問で声をかけて運勢鑑定を口実にサークル会などに誘い込む機会をねらう。他方「教育部」や「トレーニング」の担当者は人通りの多い街頭で「青年の意識アンケートをしています」などと声をかけてビデオセンターに誘い込む。ビデオセンターに通い始めたゲストには人参液などを売りつける。

ビデオセンターでは「自己啓発ができる」「世の中の真実が判る」「自分のかくれた能力が開発できる」「自分がかわる。私もかわった。明るくなった。積極性がついた」などと説明する。「先祖の因縁を解放して幸せになるためにも、あなた自身が真理を学ばないといけない」という具合に印鑑販売と同様のセールストークで説得をする例も多い。

この「自分がかわる」ということばは若者に魅力的なようだ。統一教会だけでなく、自己啓発センター的な常設講座を有料で開設している団体や法人は多岐にわたる。純粋営利事業として初めから料金システムを明らかにしている団体もある。しかし、本当は特定宗教団体の会員にする目的なのに、その目的を隠して徐々に深入りさせるシステムをとる悪質な例も少なくない。宗教団体ではなくても、マルチ商法的に有料会員を増やしていくことで成り立っている団体もある。このため、受講生の中には自分の仕事を放棄して、友人を誘うことに没頭するようになってしまう例もある。歩合や表彰などで実績追求をあおるシステムを採用している団体も多い。

この勧誘窓口となるビデオセンター（文化フォーラム、カルチャーセンター、サークル会などと称することもある）は、最近は既婚女性向けのものが多くなった。手口はほとんど同じ。ただ「家庭の在り方を考える。まことの愛、先祖のこと、家系図を学ぶ」と誘う口実は相手によってかえる。

統一教会では、全国を十数の地区（ブロック）に分け、さらにこれを教区そして教域（教会）に細分して、地区、教区、教域ごとに実績を競わせる。実績とは、資金獲得額と信者獲得人数のことだ。さらに、個人レベルでも実績を競わせる。成績の良かった地区や個人には、表彰旗や教祖文鮮明夫妻の写真、東京ディズニーランドへの招待など、ささやかだが本人たちにとって大変な意味をもつごほうびが授与される。この実績の最終目標が合同結婚式への参加であり、「氏族メシア」（〇〇家の先祖・後孫を救う者）としての救いだ。統一教会のビデオセンターは、信者勧誘の入口である。何回か通ううちに若者は、二泊、四泊の修練会に誘われ、信者が合宿生活をするホームに住むようになる。ついには親元をはなれ、仕事もやめて、二十四時間メシアとされる文鮮明のために闘う戦士となるべく「献身」するよう指示される。既婚女性は家族に内緒で新たなふれあいの場・学びの場を見いだした気にさせられる。

その過程で、物を買わされ、献金・借金をさせられ、さらには知人や親族に物を売りつけ、友人や親族をビデオセンターに勧誘するよう指示されて、「加害者」になっていく。

なぜ被害がなくならないのか

私は多くの霊感商法の被害者や元信者（加害者）の話を聞いてきた。会った人は一〇〇〇人を超える。八対二の割合で圧倒的に女性が多い。元信者のほとんどは二十歳台で、入信歴七、八年以上のベテラン信者は三十歳台。被害者側は全年齢に及ぶが、四十歳前後の主婦、二十五歳以上の独身女性、ひとり住いの高齢者や病人をかかえた主婦に深刻な事例が多かった。

例外なく言えるのは被害者・加害者ともに素直でまじめ、人生を斜めに見ることをせず、家族のことを思いやる心情にあふれた人々である。「あなたには色情因縁がある」と断言されてドキッとする人。「人間はなぜ堕落したのか。エイズは神の試練だ」と言われて真剣に考え込む人。「あなたの子供さんやご主人の命や健康と財産とどっちが大切ですか」と迫られて開き直りができない人。「このままの自分ではいけないと思いませんか」という説得に素直にうなずいてしまう人。「あなたには〇×家の先祖と後孫を救う氏族メシアとしての使命がある。霊界の先祖があなたの救いを求めている」と切り込まれて拒否できない人。

いずれも、本来なら美徳のはずであるこのような性格が、被害者となり加害者になっていく素因となっている。

なぜそうなってしまうのか。本章ではこのことを考えてみたい。

ここで特に述べておきたいのは、私が関わり続けた三十年間、この実情がほとんどかわっていないという事実。独身の若者より既婚女性が増えたものの、勧誘の手口・誘われる側の心情は三十年間悲しいほどに同じだ。

入信パターン

個々のケースをパターン化してしまうことは誤解をもたらしやすい。しかし、なぜ若者や主婦がこれほど統一教会のような新興宗教にひきつけられるかを考えるうえで、入信の動機や経過を、敢えて誤解をおそれず次のように類型化してみることが読者の理解のため役に立ちそうだ。

1　自己啓発型

上京して東京の大学に入ったA君は、原理研や統一教会に気をつけるように言われてはいた。しかし、大学の友人たちのレジャーランドのような軽薄さに物足りなさを感じてもいた。自分は今後何のために何をめざして生きていくのかを考えたかった。断片的に伝えられるニュースだが、世界情勢全体をどう考えたらよいのかについても関心があった。

そんなA君に最も熱心にアプローチしてきたのは、キャンパス内で終日アンケートをとっていたZさんだった。彼女に誘われたビデオセンターはA君の関心や欲求にピッタリだった。自分が求めていたのはこのような場所だ。そう思い込んでしまった彼は、ライフトレーニングの終わりに、実はここは統一教会がやっていると証（あかし）されても、気にとめなかった。文鮮明こそまことのメシアで、その教えの実践こそ自分の使命だと思い込んでしまった。そんな彼をたしなめる友人も近くにはいなかった。

2　逃避型

Bさんは自他ともに認める「いい子」だった。子供の頃から両親に口ごたえをしたことがない。成績もそこそこ。思慮深く、学校の先生やクラスメイトも彼女にはいちもくおく存在だった。順調に短大を卒業し、両親の勧める一流企業でOLとして働き、父の紹介するフィアンセとの結婚も遠くないと思われていた。

しかし彼女には人に言えない悩みがあった。二十三歳の私はこのまま結婚して子供をつくり主婦になって年老いていくのか。こんなレールに乗った人生でいいのか。何か物足りない。結婚生活にも自信がない。父が紹介した彼はまじめないい人だけど私は本当に彼を愛しているのかと時々自分に疑問がよぎる。

Bさんは渋谷駅頭で同年輩のYさんに「転換期の相が出ています。手相を見せてください」と声をかけられた。同年輩のまじめそうなYさんが、とても情熱的に自分に話しかけてくるのがまぶしかった。自分はこれほどひとつのことに燃えたことがなかったと思った。Yの言うまま印鑑を買い、総合教育センター（テック）というビデオセンターに通う。「今の彼との結婚は不幸になるだけ。本当の愛とは何か一緒に勉強しませんか。」こんな誘いをする少し年長のカウンセラーの話に引きこまれていったBさんは、三ヵ月後には仕事を辞め、家出して献身者になっていた。

他方、主婦の場合、子どもは学校、夫は仕事で、家事やパートにあけくれる毎日に疲れた自分をかえませんか、と誘われると断りにくい現実もある。

３　孤独型

Cさんは証券会社三年目。収入もよく、貯金もたまった。でも、特別親しい友人はいない。ボーイフレンドはいるが、デートしてても何となくつまらない。基本的には、定刻に退社して買物をしてアパートに帰り、部屋でひとり夜をすごす。何か勉強でもしたいという気はあるが、何となくおっくうで何もしないまま三年たった。

会社を出て買物をすませ、いつものように駅に向かって歩いていた彼女は、突然X君に「青年の意識アンケートをしています」と声をかけられた。まじめそうな人なので、話相手になって、つい住所と氏名を教えてしまった。

それからX君の賛美のシャワーの如き手紙と電話攻勢。誘われるまま行った池袋ライフアカデミー（ILA）というビデオセンターも温かいムードで、スタッフの誰もが信頼しあって活動しているように見えた。彼女にとって、ツーデー・フォーデーなどの合宿生活も新鮮だった。ホーム生活では皆でひとつの目標に向かって励ましあう。これほど時間をかけて私の話を聞いてくれた人はこれまでいなかったし、ほめてくれる人もいなかった。たびたびもらう励ましの手紙やプレゼントもうれしかった。それもこれもみんな統一教会の信者にしたてあげるためにX君がマニュアル通りにしていたことだった。

主婦の場合、まじめな同年輩の女性と立場を超えて話し合える場が魅力的でもあるようだ。

4　人生の壁型

五年間つづいた看護婦生活だが、仕事に追われる毎日。この仕事をDさんは好きだ。でも、このままでは何となく貧しい人間になってしまいそうだ。そんな時、看護学校の時の友人だったWさんから電話があった。「知人が講演会の招待状をくれたから一緒に来ない」。家系図講演会のあと三時間程ねばられて、当初行く気もなかったビデオセンターに通うことになってしまった。帰りにWさんが夕食をごちそうしてくれた。そこで、彼女は目を輝かせて絶対いい選択だという。何となくしずんだ感じだったWさんをこれほど積極的にかえるサークルみたいなところってどんなかな。Wさんの熱心な誘いに応じて行った横浜フォーラムというビデオセンターで、Dさんはマザーテレサの人生をえがいたビデオを見せられた。

自分らしい生き方、人間関係の悩みを解決できる、あなたのかくれた才能をのばす。こんなカウンセラーの誘いに、入会金八万円を払って通ってみようと思った。友人が通ったライフダイナミックスの自己啓発センターは六〇万円と聞いていたので、そこに比べたら安いと思った。

5　親との軋轢型

Eさんは女手ひとつで自分を育ててくれた母に感謝していた。若くして夫と離婚し、保険のセールスをしながら頑張って育ててくれた母をえらいと思っていた。その反面、母の勝気でわがままな性格が時々うっとうしく思うこともあった。

Eさんは、いとこのU君から健康フェアに誘われた。こんなところになぜU君が、と不思議に思ったが、彼女はこの時U君に家系図を見るえらい先生に運勢を占ってもらったらどうかと誘われた。占いは好きなので翌日さっそく、その先生と会った。

とてもえらいめったに会えない方と聞いていたが、きれいな若い先生（実は信者）だった。「あなたの先祖には色情因縁がある。お母さんが離婚したのはそのせいです。このままではあなたも愛情運にめぐまれません。女が強すぎる家系なのです。もっと人生の真理を勉強されたらいいですね」。先生に数時間にわたって説得され、文化フォーラムに通うことになったが、「あなたと母の葛藤は先祖の因縁からきている」という説明はEさんにとって説得力があった。

彼女はその後、統一教会にのめり込み、これを全く受け入れようとしない母親との間に決定的な亀裂をつくってしまう。母親は、あれほど素直で自分の意見を聞いてくれたEさんが、どうして急に自分から離れてしまったのかと思う度に統一教会への憎悪をつのらせている。Eさんはそんな母親と断絶したまま今でも統一教会のホームの責任者として活動している。

既婚女性の場合、夫との愛情をより確かなものにするために、また本当の愛ある家庭を実現するために、などと誘われると応じてしまって深入りすることが多い。他方、夫が提供してくれるインターネット情報で統一教会の勧誘だと早めに気づいて被害拡大を防止できた女性も少なくない。

6　男女関係の悩み型

Fさんは結婚するかどうかで悩んでいた。これまでにも何人かの男性と交際していたが結婚までの決心がつかなかった。自分は男運がないと友だちにもこぼしていた。このまま保母をつづけているのは、本来の自分の道ではないように思っていた。

そんな時に、お茶の水駅前で若い女性（Tさん）に「手相の勉強をしています」と声をかけられた。そのうちもう一人も寄ってきて、喫茶店で話し込むうちに「このままでは結婚してもうまくいかない。名前が書かれたもの、例えば開運の印鑑を授かるといい」と迫られた。一四万円は高いと思ったが、これで幸せになれるのなら、と買った。しかしTさんの誘いはこれで終わらなかった。本当の愛情とは何か、結婚のあり方などを学ぶ必要があると言われて、湯島フォーラムに通うことになった。

Fさんはフォーデーで、班長から、つきあっている男性と別れるよう説得された。文鮮明の祝福による合同結婚以外の結婚は堕落であるという統一教会の教義からして必然の説得だった。

Ｆさんから理由を言われないまま別れてほしいと言われた彼は、Ｆさんが統一教会の手にかかっていることをさぐりあてた。Ｆさんの両親と一緒にその実態を研究調査した上でＦさんの救出に成功。今では幸せな新婚生活である。

信者への道――典型例

このようなパターンでビデオセンターに通いはじめた若者が、どうして人を脅し、欺いてお金をまきあげることがなすべきことだと思い込んでしまうのか。詳しく一人の事例を追ってみよう。

１　ビデオセンターへ

黒田正子さん（仮名）は、三月に女子短大を卒業した劇団の研究生だった。バイト先で知りあって親しくしていた佐藤さんに電話で誘われたのがきっかけだった。

「いろんな人がいて、いろんな勉強ができて、ためになるところだから来たらいいよ」

友だちの言うことだからと何の疑いもなくビデオセンターへ。八王子アカデミーライフセンター（略称ＨＡＬＣ）という、喫茶店をもっときれいにしたような場所だった。アンケートに記入し、ビデオを見る。人間の幸福や心の善悪について語るビデオで、感想も書かされた。それから約三時間。カウンセラーの高木先生と佐藤さんから入会の説得を受ける。あらかじめ佐藤さんから黒田さんの性格や関心を詳しく聞いている高木先生は、黒田さんのポイントをついて迫る。

「もっと自分を高めたいと思いませんか」

「世の中のこと、人生のことが見えてきます」

「まずやってみなくちゃどんなにすばらしいかわからないよ。新しい自分を発見する今がそのチャンスよ」

入会金五万円を払って、ビデオを一三本見るために通うことになった。サークルのようなところで、宗教ではないと聞かされた。聖書の話が出てくるのだが、「聖書は世界で一番のベストセラーだからそれぬきには考えられないのよ」と言われるとそうかなと思った。

HALCに行くと毎回二、三時間はかかる。週二、三回のペースで仕事が終わったあとの夕方に通った。夜はおそくに帰宅した。一本四十分から二時間程のビデオを見て、カウンセラーとビデオの感想や悩みごとなどについて話をする。仕事も忙しかったが、カウンセラーと友だちの佐藤さんが毎回、「次はいつ来れる。がんばってね」と迫る。プレゼントや手紙もくれる佐藤さんの熱意にことわりきれないまま通った。

2　ツーデー

何回か通っていると一泊二日のツーデーのプッシュ（説得）を受けた。

「これまでに経験したこともないすごい講義があるよ」

押しきられる形で、郊外にある統一教会の修練所へ。そこでも、ビデオとほとんど同じ内容の講義を、朝から夜おそくまで延々と聞かされた。創造主の神様は堕落した今の世を悲しんでらっしゃる。人間はなぜこのように堕落してしまったのか。イエス・キリストが成就できなかったことを神様は再臨のメシアに託された。メシアはきっとあらわれる。

そんなものかなあ、と思うが、一切質問は許されないし、参加者同士で感想を述べあうことも禁止される。唯一、班長とだけ夜中に面談がある。あとは、情熱的に話す講師の話をノートにとってひたすら聞くだけ。

ツーデーの場所から、ＨＡＬＣまでマイクロバスでおくられて帰ってみると、「黒田さんおめでとう」とＨＡＬＣのスタッフ全員が拍手で迎えてくれた。ウェルカムパーティーという、次のステップに進むことを了解させるための場だ。黒田さんは雰囲気にのまれ、佐藤さんの真剣な誘いをことわりきれず、次のライフトレーニングに入ることに同意した。

3　ライフトレ

ライフトレでは、参加者とスタッフが同じところで寝起きして、講義を受け、そこから参加者は自分の職場に通う。黒田さんにとって親切なお姉さんたちと一緒に生活しながら勉強するのは新鮮だった。何よりも、黒田さんのことを認めてくれる（ほめてもくれる）。まじめな人たちが信じてやっている活動への関心も芽生えた。十二日間の泊まりだったが両親にはサークルの合宿だと言うよう指示された。この期間、彼女はシービー展という宝石展に誘われて三六万円のネックレスを買わされている。これも統一教会がやっていることだと一ヵ月後に知ることになる。

ライフトレの最後に、ここが統一教会であり、神が地上につかわしたメシアは文鮮明であると知らされた。初めて宗教と知って動揺した。「私だって知った時はショックだったよ。でも初めに言われてたら真理に近づけなかったでしょう。一緒にがんばろうよ」と佐藤さんがなだめる。そして、次のステップ、フォーデーへの参加を迫られた。

4 フォーデー

十二月三十日から翌年一月二日の間、合宿施設に若い男女四〇名程が集まった。男・女別に四、五人の班に分けられ、班長がつく。冒頭に注意事項が言われる。

「この四日間はタバコと飲酒は禁止です。集団行動なので、これを乱すようなことはしないで下さい。携帯電話は期間中はあずかります。講師の講義で学ぶのだから疑問があったら班長を通して質問して下さい。参加者同士で話しても答えが出ないでしょうし、お互いじゃまになります。参加者同士で住所や電話番号を教えあったりしないこと。以前悪用されたという事件があったので」

早朝起床して体操、朝食、講義、昼食、講義、夕食、講義、風呂、面接。延々とつづく講義の間に休憩やレクリエーションも入るが、質問もできずノートをとってひたすら聞く。しかし、既に文鮮明がメシアだと知らされている参加者は、講師や班長との面談を通して文鮮明の教えに共鳴するよう仕向けられていく。

あまりピンと来ない講義にややシラけていた黒田さんだったが、夜中数時間にわたる班長の説得が効果的だった。物音ひとつしない中で二人。班長が、文鮮明の教えが真実であること、これを実践していくべきことなどを説く。

「原理の教えを知った者が不信すると、黒田家の七代あとまでたたりがあるのよ。必ずあなたの後孫が同じ教えを実践することになるけどその時は数倍も苦労させられるわ。どうして先祖はあの時信じて実践してくれなかったのとうらみになるのよ。黒田家の何万人という先祖も霊界であなたが信仰を貫くことを願っているのよ」

最後の日の夜は、「荘厳」な決意固めの儀式があった。暗い部屋にろうそくが立つ。前に出た参加者一人一人が大声で、「文鮮明をまことのお父さま＝メシアと信じて歩んでいく」という決意のことばを宣言する。もはや黒田さんひとり拒否できる状況ではなかった。

5　新生トレ

翌朝再びマイクロバスでＨＡＬＣに戻ったが、そこでもスタッフが出迎えの歌で歓迎。カレーライス（夕食）を食べながら、参加者一人一人が皆の前で感想を述べあう。佐藤さんから次のステップ・新生トレーニングへの参加を説得された。

一ヵ月間、別のホームに泊まり込んだ。講師、マザー、班長のもと男三人、女五人が参加。朝拝のあと講義。仕事に出て帰ってからも夕食のあと講義、風呂、祈禱会、就寝のくりかえしだ。就寝は十二時すぎで朝五時起床なので、仕事に出ても疲れでいねむりをしてしまうことが再三。この新生トレでは「為に生きる」という教えがくりかえし強調された。また報告・連絡・相談（ホーレンソー）を実践することが徹底され、昼間、職場からもホームに一度は電話で報告し、マザーや班長の指導を受けた。面接もひんぱんにある。「最近はどう。黒田さんがんばってね」と声をかけられる。職場で統一教会の悪口を聞かされていないか、信仰に迷いを感じていないか、今どの程度やる気になっているか、心の底まで把握される。何でもアベル（自分を管理する班長やマザー）に話をしてつながることが神と近くなれるし、サタン（統一教会に敵対する側の人々）と「分別」（サタンとの関係を切ること）できると教えられるので、一切の隠しごとをせず、マザーや班長に報告しなければならない。

風呂から帰ったあとの祈禱会の時「男性がいる席ではちゃんと髪の毛をかわかして来なさい。くつ下をはいて出ること」と注意された。男性を誘惑する結果になるらしい。

男性に触れることも、情がうつってアダムエバ問題（男女問題のこと。文鮮明の祝福による男性との関係以外は、最大の罪とされ厳禁されている）の原因になると注意された。髪の毛も短くした方がよいと指導される。つきあっている異性がいる参加者は別れるよう執拗に説得される。

6 実践トレ

二月からは別のホームで実践トレーニングに参加させられた。隊長・マザー・班長など五、六人のスタッフのもと、二〇名程の参加者。朝拝、講義、朝食のあと仕事に出る。仕事から帰って夕食のあと、印鑑販売やビデオセンターへの勧誘のための「タチ」（駅頭などに立って通行人に声をかける）。反省会のあと十二時すぎに就寝。このほか、誘えそうな友人や親戚をできる限りたくさんリストアップして、その一人一人について、運勢鑑定やビデオセンターに誘う可能性を班長にチェックされる。黒田さんにとって、とてもつらいことだった。

「いやなものの背後には神がいて、好きなものの背後にはサタンがいる。耐えられないほどの苦労をして神の心情を知る。あなたよりもお父さまは何倍もつらい思いをのりこえてきた。神様はもっともっと苦しい心情なのよ」

〇〇チャンという親しい呼び方は禁止された。「古田講師」「不破班長」「遠藤マザー」などと呼ぶ。教会内の縦の関係を「アベル・カインの教義」の実践として徹底され、神により近い者（先輩信者）に絶対服従するのが当然という考え方と行動が身にしみつくように仕向けられる。

たびたび「条件」をたてさせられた。水行や断食、原理講論を毎日何ページ読む、祈禱何分、手紙を伝道対象者に書く、人の肩もみ何分など。条件をたてて紙に書いてその絶対の実行を誓う。いくら眠くても、どんなにおそくても、条件を成就することを指導される。

になった。

「教育」のテクニック

1　近田さんの例

このようにして、黒田さんはわずか五ヵ月で、二十四時間文鮮明・統一教会のために闘う戦士になった。

実践トレーニングで実際に人を誘う側になって、くりかえし同じトークでビデオセンターに勧誘する。展示会に動員して物を売りつける。印鑑販売の手伝いをする。合宿生活をしながら連日そのような「実践」をさせられるため、冷静に自分をふりかえる暇もない。

外部の第三者の批判的意見からは一切遠ざけられるため、自分のおかれている立場を社会的に検証することができない。

黒田さんが入り込んでいった過程を、誘い込む側から見るとどうなるか。六年間献身者としてホーム生活をした近田静子さん（仮名）は、教育する側のスタッフだった。彼女が持っていた資料を見よう。驚くほど巧妙に仕組まれた、マインドコントロールのシナリオが見える。近田さんは戸別訪問に来た信者に印鑑を売りつけられて、ビデオセンターに誘われたのを契機に信者になっていった。二七〇万円の壺、人参濃縮液一〇〇万円、着物代一〇〇万円、献金も七〇万円した。長年つづいた仕事も献身のため辞めた。

図3　信者に仕立て上げるための「教育」の流れ

N	S1～S4	Sn	2D	初S	4D	中S	実輩
・入金3000円 ・翌日S1 ・週3来場 ・2D意識 ・黙止行 ・高額コース	・人的把握 ・個人路程	・全額入金 ・2D休み ・初S・4Dの証	・自宅対策 ・2DWelcome 主管 ・外的整理（休，泊，入金）	・実践証し（生涯） ・髪を切る ・AE分別	・自宅対策 ・4DWelcome ・外的整理（休，泊，入金）	・TCグループ証し ・エジプト焼き	

動機付け	み言との接点	価値(意識)付け	価値転換	清算	内的献身	献身日程
・目的 ・自分の問題 ・謙虚に	・人生の成功術 ・愛について ・霊界について	・愛について 「真の愛の完成者」	・偽の愛について ‖ ・自己中心の愛 ‖ ・イエスの十字架は私の罪	・罪について ‖ ・原罪清算 ‖ ・原罪清算 ‖ ・メシヤの必要性	・再臨主について ‖ ・メシヤと私	・信仰生活実践出発

自分(個人)	家庭			氏族・国家
‖	‖			‖
個人の接点	家庭の中心人物			氏族のメシヤ エバ国家の使命
創→堕→メシア	ア→ノ→アブ	→ 浄財	→ 貢献	ヤ→モ→イ→再
〈姓名判断〉	〈家系図〉			〈摂理〉

2 「教育」の流れ

まず前頁図3〈「教育」の流れ〉を見て欲しい。

これは、初めてビデオセンターに来た人を信者に仕立てあげていくための教育方法を、幹部信者が図にしたものだ。上の段には、具体的にどのような指導をしなければならないかが書かれている。中の段には、各段階で本人にどのような自覚を持たせるべきか。一番下の段には、その際に教え込む内容が書かれている。教育が進むにつれて、この図では、左から右に進んでいく。

(1) N

Nとは初めてビデオセンターに来た新規の人を指す。信者たちが、自らのノルマに従って、街頭アンケートで誘った人や友人などを、ビデオセンターに連れてくる。すると、ビデオセンターに待機している「カウンセラー」(別称トーカーとも言う)と称する指導役の信者が担当になり、つきっきりで指導・説得に入る。

具体的には、この時にまず入会金三〇〇〇円を支払わせる(場所や相手によって金額がちがう)。そして、再度また来るように約束を取り付ける。「ここは、人生についてより深く考えられるところだ」「ここで勉強していけば、人間的にも成長できる」などと説明して、宗教であることはかくしたまま、週に三回はビデオセンターに来るように説得する(「週三来場」)。

また、カウンセラーが本人の持っている悩みなどを聞き出す。ここで教えられていることを学んでいけば、悩みは解決していくと期待をもたせるようにする。その際二日間の泊まり込みの研修会である「ツーデー」への参加も勧め、これに出ることがどうしても必要なのだという意識をもたせるように仕向けていく（「２Ｄ意識」）。そして、できれば五万円から一〇万円位のもっと高額のコースへの参加を承諾させる（「高額コース」）。

この時に重要なことは、ビデオセンターなどに通うことを、家族や友人に決して話さないようにさせることだ。これを内部では「黙止行《もくしぎょう》」と呼んでいる。「隠徳積善《いんとくせきぜん》」、よいことはかくして行うもの、ともいう。本人には、「ここで学ぶことはとても高度な内容なので、普通の人には判ってもらえない。もっと学習が進んで周囲を説得できるようになるまでは、家族などに話してはいけない」と説明し、家族などからの反対が起きないようにする。

図３の中段に書かれていることだが、以上の説得を通して、まず本人に、ビデオセンターに通う「動機付け」をする。自分がかかえている悩みなどを解決するためには通うしかないという具合に、本人の悩みとビデオセンターでの学習を結び付けるようにして、目的意識を持たせる。

(2)　Ｓ１〜Ｓ４

その次に本人がビデオセンターに来た段階を「再来１」と呼ぶ。特に、四回通うまでを重視している。この間、担当のカウンセラーは、なんでも聞いてあげるという姿勢を取りながら、本人の性格や悩み、家族や友人関係、仕事や学校のことなど、本人に関するプライバシーを本人から聞き出さなければならない（「人的把握」）。生まれてから現在に至るまで、本人に影響を与えた事柄を全て聞き出し、詳しく記録をとる(「個人路程」)。できれば家系図もとる。こうして個人に関する情報をくわしく把握し、これを組織内の資料にする。物を売りつけたり、次のコースに進むよう決心させる説得をするにあたって、この資料がとても重要だし役に立つ。

四回目までに、ここで教えられる原理を利用すれば人生に成功する(「人生の成功術」)と説明する。また、「本当の愛を知らないで結婚すると不幸になる。原罪を背負ったままでは本当の愛には至れない」と説明して将来行う「合同結婚式」のための下地を作っていく。

霊界が実際にあって、現実の社会よりもっと重要な世界があることを実感させるように説得を重ねる(「霊界について」)。

「み言との接点」とは、この段階ではまだ統一教会や宗教であることは隠すのだが、文鮮明が話したことば(みことば)の内容をそれとなく話して耳になじませていく。

(3) Sｎ

その後、何回かビデオセンターに通わせる段階での指導方法が「Sｎ」の欄に書かれている。この段階では、「ツーデー」の参加費用を全額入金させる(「全額入金」)。ツーデーの費用は三万円位だが、その他の研修費も含めて一〇万円位までの支払額を決め、その人の経済力に従って支払時期及び方法を決める。「ツーデー」は泊まり込みの研修会なので、勤務先には休みを取らせ、家族に対しては、外泊することの許可を取らせる。この時、家族に対しては、「友達の家に泊まる」とか「仕事先の勉強会に参加する」などと嘘を言って、外泊を承諾させるように指導する。

またできれば、「ツーデー」以降の「初級スクーリング」「フォーデー」という次のステップがあることについても説明し、参加しようという動機付けを高めるようにしむける（「初S・4Dの証」）。

この時、本人には、自分が本当の愛を知って実践していくのだという価値の意識を持たせるようにする。本当の愛、真の愛とは「文鮮明（神様）の愛」のことだが、それをそれとなく教え込んでいくのだ（「価値（意識）付け」）。

また、一番下の段に書かれているように、このころ本人の姓名判断を行う。まだ印鑑を買っていない場合には買わせるようにする。「色情、殺傷あるいは財産」などの先祖の因縁があって、それが本人や家族の様々な不幸の原因であると説明し、先祖の罪によって、自分や自分の氏族が堕落しているのだということを信じ込ませる。このように堕落して不幸になる運命にある一族を救うのはあなただ、あなたにはその使命がある、と思い込むように説得する。この説得ができれば、印鑑や念珠を買わせるのはむずかしいことではなくなる。

⑷　2D

こうして、本人を「ツーデー」に参加させる。この時までに自宅から外泊の承諾などが取れていなければ、前述のようにいろいろな嘘のつき方を指導して、承諾を取らせる（「自宅対策」）。また、勤務先の休み、参加費用の入金などを確認する（「外的整理」）。

「ツーデー」を終えても直接自宅に帰さない。必ずビデオセンターに送り届け、紹介者やカウンセラーなどのスタッフが迎える（「2DＷｅｌｃｏｍｅ主管」）。

迎えるといっても、まるで大きな仕事をやりとげたように「おめでとう」と大いにほめあげ、次のステップにすすむよう、ちょっとしたパーティーのような雰囲気で迎える。とにかく、次のステップに進むことをことわりにくい雰囲気に盛り上げなくてはいけない。次のステップである「初級スクーリング」への参加を決意させるのが目的だ。この時に「初級スクーリング」への申込み用紙への記入をさせなければならないことになっている。説得は本人の承諾を得るまで続けられる。本人が承諾するまで帰してもらえないと思うほど執拗に迫る。

⑸　初Ｓ

このようにして、ツーデーのすぐあとに「初級スクーリング」に参加させる。これは泊まり込みで約二週間行われ、昼間は会社で勤務し、夕方ホームに戻ると深夜まで講義が続く。

女性で髪を長く伸ばしている人は、この研修会の中で、髪を切らなければならない（「髪を切る」）。また、「ＡＥ分別」が行われる。Ａは聖書に言うアダムのこと、Ｅはエバのことを指す。すなわち、現に交際している異性と別れさせるのだ。このために、担当の班長や、「マザー」と呼ばれる指導役の信者が、本人に対して繰り返し面接をし、「あなたの交際は、自分の個性を完成させる前に結び付いた自己中心の愛だから、その相手とは今すぐ別れなければならない」と強く説得し、その場で恋人に対して別れるという内容の手紙を出させる。手紙の書き方まで指導し、チェックする。通常の社会での異性との結び付きを断たせ、「献身」と呼ばれる統一教会への全面的な奉仕の準備をさせる。また、教祖文鮮明が一方的に指示した相手と結婚する「合同結婚式」こそが唯一の救いだとあこがれをつのらせるようにする。

これを本人の自覚の面から言えば、自分の罪について認識し、その原罪を清算する覚悟をさせるということになる（中段「原罪清算」）。一番下の段に書かれているように、この段階で、本人に、自分が「家庭の中心人物」なのであって、家系を救うためにこの道を進まねばならないのだという使命感を植え付ける。

(6)　4D

次は「フォーデー」と呼ばれる四日間の泊まり込みの研修だ。「ツーデー」の時と同じように、勤務先に休みを取らせ、嘘をついて自宅から外泊の許可を取らせ、参加費用を工面させて入金させる（「自宅対策」「外的整理（休、泊、入金）」）。そして、この「フォーデー」に参加する直前に、初めて、「ここは統一教会である」「文鮮明がメシアである」と明らかにする。この「あかし」（証）は特に重要なので、本人が感動して受け入れるように段取りを十分配慮しなければならない。

「フォーデー」では、文鮮明がメシアであり「再臨主」であって、自分はそのメシアのために生きていくという決意をさせる（「内的献身」）。

「フォーデー」以前の段階でも、様々な名目でお金を支払わせるのだが、それはまだ「浄財」であると考えられている。しかし、「フォーデー」以降においては、統一教会の組織の活動に貢献し、そのメンバーとなる覚悟をさせたあとだから、その「献金」は、組織への「貢献」であると考えさせるようにしなければならない。

「フォーデー」が終わると、「ツーデー」の時と同じように、紹介者（「霊の親」という）と「初級スクーリング」での担当班長などが本人を迎える。今度は「中級スクーリング」と呼ばれる次のステップに進むことを了解させなければならないのだ（「4DWelcome」）。これも同じように、参加を約束するまで本人を説得する。そのための雰囲気づくりをとても重視する。

(7)　中S

「中級スクーリング」は、約一ヵ月間の泊まり込みの研修である。昼は通常の勤務をさせ、ホームに戻った後深夜まで講義を受けさせる。その内容で特徴的なものに、「TCグループ証し」がある。TCとは、統一チャーチの略号。統一教会がどのような「偉大な」ことをやっている団体であるかをビデオなどで紹介する。また、今までの生活の中で未練のあるものへの情を断ちきらせ、信仰生活に邁進させるために、恋人からの手紙など自分の大切に思っている物を徹夜祈禱会の場で焼き捨てさせる。これは「エジプト焼き」と呼ばれている。

こうして、内面的には、文鮮明すなわちメシアを中心に生きていく決意を固めさせる（中段「信仰生活」）。また、勤め先を辞め、自宅も出て、統一教会のために生活の全てにおいて奉仕する「献身」の具体的な日取りを決めさせる（中段「献身日程」）。また「献身」した後には、伝道や、統一教会の資金集めの活動にずっと従事することになる。これを「実践」という。そのための準備として、路傍で伝道活動をさせ、珍味などを販売する活動もさせる（中段「実践出発」）。

ここまで決意させるためには、相当な使命感を植え付ける必要がある。文鮮明はメシアであり、自分はその人に出会ったのだから、自分の一族を救う「氏族のメシア」となって、一族の救済のために信仰の道を進まなければならないと教え、使命感をかり立てる。また、日本を「エバ国家」と呼び、日本の使命はメシアのために資金集めをすることだと納得させる。こうして、統一教会の資金集めのために全てを投げうって奔走する信者が作られていく。

(8)　実輩

このようにして、「献身」の決意と準備をさせられた信者たちは、「実践トレーニング」に送りこまれる。「実輩《じっぱい》」とは実践メンバーの輩出の略。実践トレのなかでは、信者は自らノルマを決めさせられ、専ら統一教会の伝道活動と、「経済活動」と呼ばれる霊感商法などの資金集めの活動に邁進していく。

以上が、初めてビデオセンターに来た人を、統一教会の伝道や、資金集めに邁進する信者にまで教育するための、おもな過程である。各ビデオセンターのカウンセラーや、各地区の教育部の教育担当者は、このようなマニュアルに従って、初心者を教育している。

これらの活動は、全て統一教会の組織活動であり、統一教会の信者をつくりだし、資金を捻出し、資金を稼ぐ人材を輩出するための活動なのである。

もちろんこの教育過程は、本人の意識や職場・家庭環境などで柔軟に変更される。時期によってトレーニングなどの名称もかわる。スタッフは個々の対象（ゲストという）毎に、どのように説得し決意させるかについて会議で検討している。そのためにゲストの意識や周囲の反応を注意深く把握しなければならない。

なかなか思い込みが深まらない人には、フォーデーに再度参加させる。仕事が忙しくてビデオセンターに通えない人の職場まで出向くこともある。献身させるには少し年をとりすぎている独身者には、無理に献身をさせないで「通教」と称するコースに進ませる。通いながら教育し、献金をさせるのだ。両親が金持ちであるとか、社会的地位のある若者の場合、特別濃厚にケアーして絶対のがさないよう力を注ぐ。

誘い込みのテクニック

1　アンケートの迫り方

それでも読者の中には「やはり誘われて、のこのこついていく者がよくない。自分だったらついていかない。うちの子がこんなことでだまされるわけがない」と思う人もいるだろう。

そもそも、なぜビデオセンターについていくのだろう。

あなたが夕方駅頭を歩いていたとしよう。今日は帰宅しても特に用事がない。「アンケートに答えて下さい」と近づいてきた若い子はにこやかで、まじめそうだ。実際、まじめだからこそ統一教

資料1　信者が暗記させられる街頭アンケート用マニュアル

〔基本姿勢〕

・感謝と前進	どんなに多くの言葉を語るより、一番相手の
・アベル的発想	心を打つのは、笑顔であり賛美です。
・笑顔と賛美	どうしてこんなに熱心なんだろうです。

1、「勢い」が必要

歩いている相手を止めるのですから、勢いが当然必要です。勢いを込めて、

①必ず相手の前に回って声をかける。（後から声をかけるのは絶対にダメ。極力、追い掛けはやめよう。）

②笑顔で明るく、そして大きくハッキリとした声で「こんにちは」「あ、すいません」などと声を掛ける。

③「今、お帰りですか。お疲れ様でした。」「すてきなものを付けていらっしゃいますね」「髪の毛がステキですね。」「モデルさんですか。ファッション関係にお勤めですか。センスがすばらしいので……」「あ、いつかお会いしませんでしたか」

男性の場合「今、お帰りですか。今日はバッチシやれたって感じがしますね」「学生さんですか。お勤めですか。あ、そうですか。○○ですか。」もしくに、ストレートに入るかである。男性の場合、ストレートも悪くはない。

④「今、キャンペーン中で、アンケートと説明をお願いしています。すぐですから、お願いします。」「次の中で関心のあるものはどれですか。いくつでも結構です。」とトークに入っていく。

会に加入した。そんな若者があなたを勧誘している。そんな子がしつこく語りかけてくれば、一〇回に一度くらいは答えてやろうかという気にならないだろうか。その時使うアンケート用紙の質問事項などはどうでもよい。知りたいのは、あなたの氏名と連絡先だ。そんなアンケートなんかには絶対答えないという読者も、彼らがどんな「基本姿勢」でアンケートをとっているか知ったら、たじろぐのではあるまいか。資料1は信者が暗記させられるマニュアルの一部だ。感謝と前進、笑顔と賛美。「勢い」で迫ってくる彼らに負けて、つい話にのってしまう人は一〇〇人中二、三人はいるという。彼らは毎日二〇〇人を目標に、通行人に声をかけているのだ。

2　ビデオセンターへの誘い込み

一旦、連絡先を教えたらどうなるか。彼らが暗記しているマニュアルの一部、資料2の「み言《ことば》動員トーク」を見てほしい。あなたが教えた電話番号にこのとおりの勧誘があるはずだ。「心情交流」とは、何でもいいからほめちぎって相手の心をなごませ、心を開かせること。ことわっても何回も電話や手紙そしてメールがくる。そうなると、一回くらいつきあってもいいとか、こんなにしつこく誘われるのならめんどうだから一回行って、はっきりことわってこようと言う気にならないだろうか。

一旦行くと約束しても、あなたに声をかけたまじめな若い子は、なおも前日、そして当日の朝まで「今日の〇時に×駅前で待ってます。お会いできるのが楽しみです」と確認をとってくる。そ

資料2　み言動員トーク

み言動員トーク

今日は。お元気ですか？

毎日どうしていますか？（心情交流をして相手の関心事などを聞く）

実は私はビデオセンターというところで人生の勉強をしているのですが、とても為になるし充実した時間を過ごしているので、ぜひ〇〇さんにも御紹介したくてお電話したのです。

ビデオセンターはビデオ図書館のような所で人生を有意義に行きようとする若者がビデオを通して将来への方向性価値観、人生の目的、愛についてなどを学んでいくのです
そこでは「自己啓発」「自己再発見」を主旨としているので、ビデオを通しての押しつけ教養講座ではなく、本人の主体性を重んじ、いかにしたら最大限に個性を生かせるかを自分で学ぶことが出来ます。そしてビデオをみた後にはお茶を飲みながら専門のカウンセラーから、疑問点、不明点などを話してもらえるのです。私は少しずつビデオ受講が進むうちに、自分自身がどんなに自分のことを知らないのか、はっきりわかってきたし、わかってないからこそ自分を発揮出来なかったと気がついたのです。

また、国際情勢や歴史などについても色々な知識を身につけることができるんですよ私は、まだ若いときにこうしてビデオに出会うことが出来てとても良かったと思うし、若いからこそ今知らなければならないこと、やらなければならないことをしっかり学んだらいいと思うのです。

ビデオは全部で１３巻それが終ると２日間のセミナーがあり、ビデオで学んだことをどうやって生活の中に生かしていくかを勉強していきます。ビデオセンターは会員制になっていて会費がかかります。

当日は説明と２０分くらいのビデオを見せてくれるので９０分以上時間がかかりますのであけておいてくださいね。

うまで熱心な彼女の情熱が一体どこから来るのか、少々関心をもちはじめるのが普通人の感覚ではなかろうか。

こうしてあなたは、ビデオセンターに行くことになる。統一教会内のマニュアルの中に図4がある。あなたもこの図式にのせられて、深入りをはじめることになるのだ。

「伝道」の問題点

1 信仰の自由とは

いかに巧妙な信者獲得活動がなされているか、その一部でも理解してもらえただろうか。一般企業の営業もかくあるべしと言いたくなるほどだ。極めて巧妙に相手の心をつかむための心得が、実にこと細かく書かれたマニュアルである。この手口は、私が関わった三十年間ほとんどかわりなく実践されてきたし、今もつづけられている。もちろん、そのマニュアルを実践させるためには個々の信者の情熱と思い込みが不可欠だ。思い込みを維持するためのからくりについては後に詳しく述べることにする。

それでも次のような意見があるだろう。

「信仰は自由だ。統一教会の信者は他の宗教よりも熱心に勧誘するからここまで伝道のテクニックも向上した。宗教の伝道なんだからいいんじゃないの」

図４　統一教会の「伝道」マニュアル

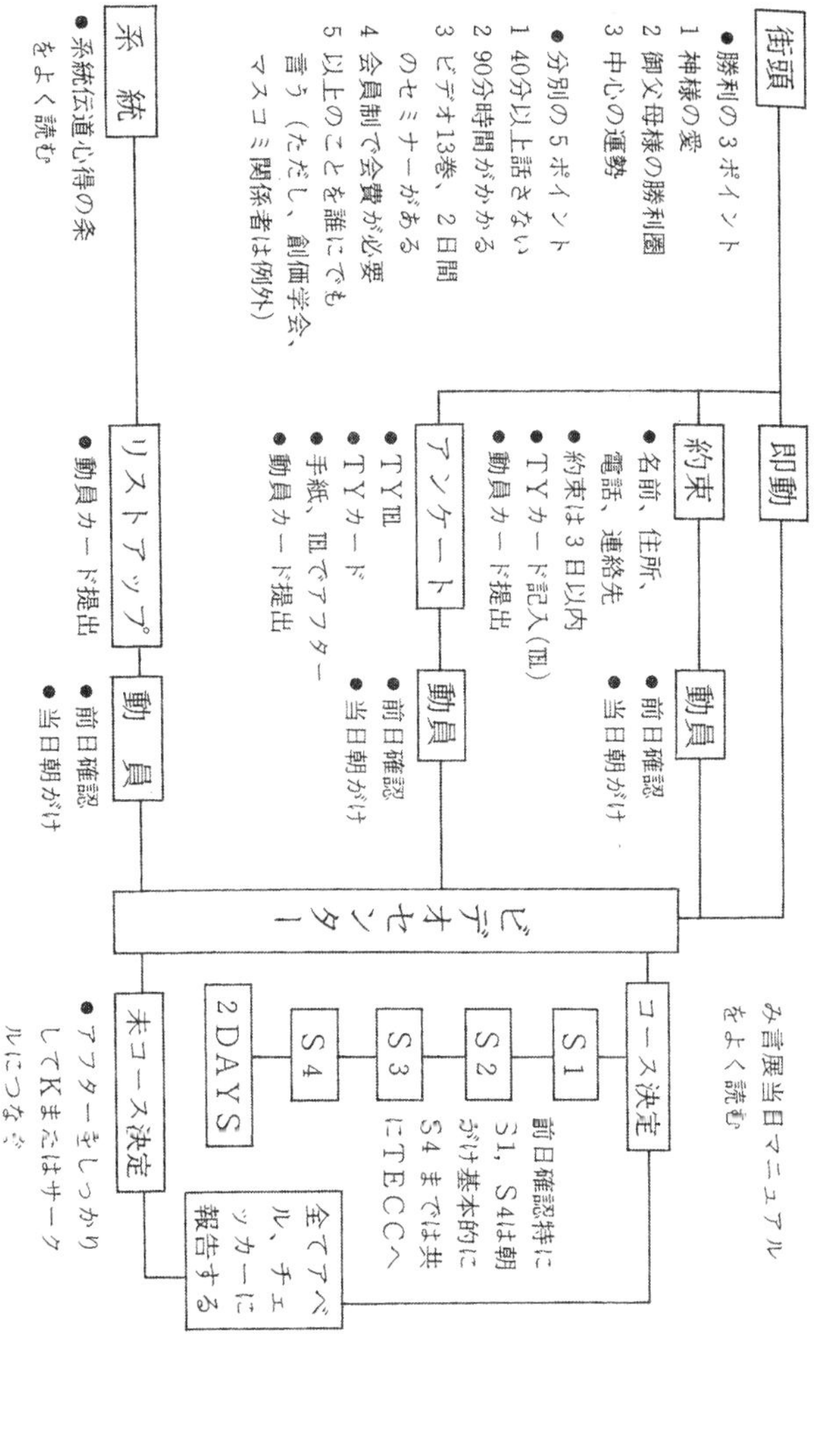

私はこの意見に反論するためにこの章を書いてきたと言っても過言ではない。ビデオセンターの入会金や講習費として集めた資金が統一教会の収入として税務上処理されていないという問題もある。

しかし、最大の問題は、これまで述べてきたようなだましうち的な勧誘が認められるのかということだ。確かに信仰の自由は憲法上保障された基本的人権のひとつである。しかし、信仰の自由には次の三つの側面がある。

第一に、心の中で何かを信じる自由。これは、他に迷惑をかけることもない内心の問題であるから絶対的に自由と言ってよい。

第二に、宗教儀式を行う自由。これも隣近所に迷惑にならないなら問題の余地はあるまい。しかし、合同結婚式のように宣伝の要素が儀式に入ってくると別の問題がある。

第三に、伝道の自由。これが今論じているテーマだ。伝道は当然まだそれを信じていない第三者への働きかけがともなう。そして、第三者は宗教を信じるか否か、また、どの宗教を選ぶかについて、自由に選択する「信仰の自由」をもっている。人をだましたり、脅したりして特定宗教の信者にしたり、献金させたりすることは当然許されない。だまされたり、脅された人の信仰の自由を違法に侵害することになるからだ。

統一教会がビデオセンターに誘いこんでやる伝道はだまし、脅しで勧誘する違法な伝道だと言わざるをえない。

２　情報と自由な判断を制限

インフォームドコンセントということばがある。医者が手術をするにあたっては、患者本人やその家族に、手術の内容とその危険性を十分説明して認識してもらった上で行うべきだという議論である。特定商取引法三条は、販売員はその業者名と商品の種類をあらかじめ明らかにしなさいと定めている。客に対し、何の目的で販売員が近づいてきたのかをあらかじめ知らせるべきことが法律で義務づけられているのである。

宗教の選択は、商品の選択以上に、ある意味で命にかかわる手術と同様に重要なことだ。その選択いかんで、その人の人生がかかわることだってある。宗教の勧誘は、そのくらい重要なことなんだという認識を宗教関係者は持たねばなるまい。まして統一教会に入信すれば、献身や合同結婚式参加、霊感商法などの重労働を例外なく強いられる。実社会から隔絶した世界に誘い込む重大な勧誘なのだ。しかも宗教は一旦信じると客観的、批判的に自分の宗教選択を検討することが困難になる。人が宗教選択の自由をもつためには、その教団に関する正しい情報をもった上で、冷静に自分なりの判断ができる状況が保障されることが必要だ。情報と判断能力の二つの要件がそろったところで、選択した以上、それに対し第三者がとやかく言うことはできない。

ところが、統一教会の伝道はこの二つの要件を巧妙に奪っている。

ビデオセンターに初めて行ったあなたは、冷静で、統一教会の誰に義理があるわけでもなく、自由な判断ができる状況だろう。ただし、友人から誘われてことわれず、強引な誘いで、という程度の自由の抑制が加わっている例も多い。しかし、あなたは統一教会の勧誘であることは全く知らされていない。宗教の勧誘、しかもそこが統一教会だとは夢にも思っていない。

フォーデーの前あたりで、あなたはここが世界平和統一家庭連合という宗教団体で、故文鮮明やその未亡人韓鶴子女史がメシアであることを知らされる。しかし、あなたは家庭連合が霊感商法で悪辣な資金集めをしていることや、あなた自身がその活動に従事させられるハメになることは知らない。他方あなたが家庭連合＝統一教会を拒否する自由はいろいろな意味で相当抑制されている。何しろ相手はメシアだ。メシアを拒否したらどんなたたりがあるかも知れない。その教理をあなたは知らず知らずのうちに信じ込まされてきている。しかも、あなたの性格や生まれてこのかたの全ては掌握されている。悩みを全てうちあけてしまったこの世で最も信頼できると思っているアベル（先輩信者）が、あなたを必死の形相で誘っている。これまでとてもやさしくてまじめだった彼らが嘘をついているとはとても考えられない。

山崎浩子も桜田淳子も「ああ、あの悪名高い統一教会だったのか」と知ったこの段階では、もはや、冷静かつ客観的に統一教会信者として活動するか否かを判断する自由は侵害されていた。情的にからめとられているとも言える。霊界のたたりで脅されていたとも言える。しかも、あなたは、家庭連合が統一教会であることさえ知らないかもしれない。家庭連合＝統一教会がいかにすばらしい理想をかかげて発展しつづけているか、各方面の多彩な活動を展開してきた文鮮明と韓

図5　統一教会の「伝道」過程

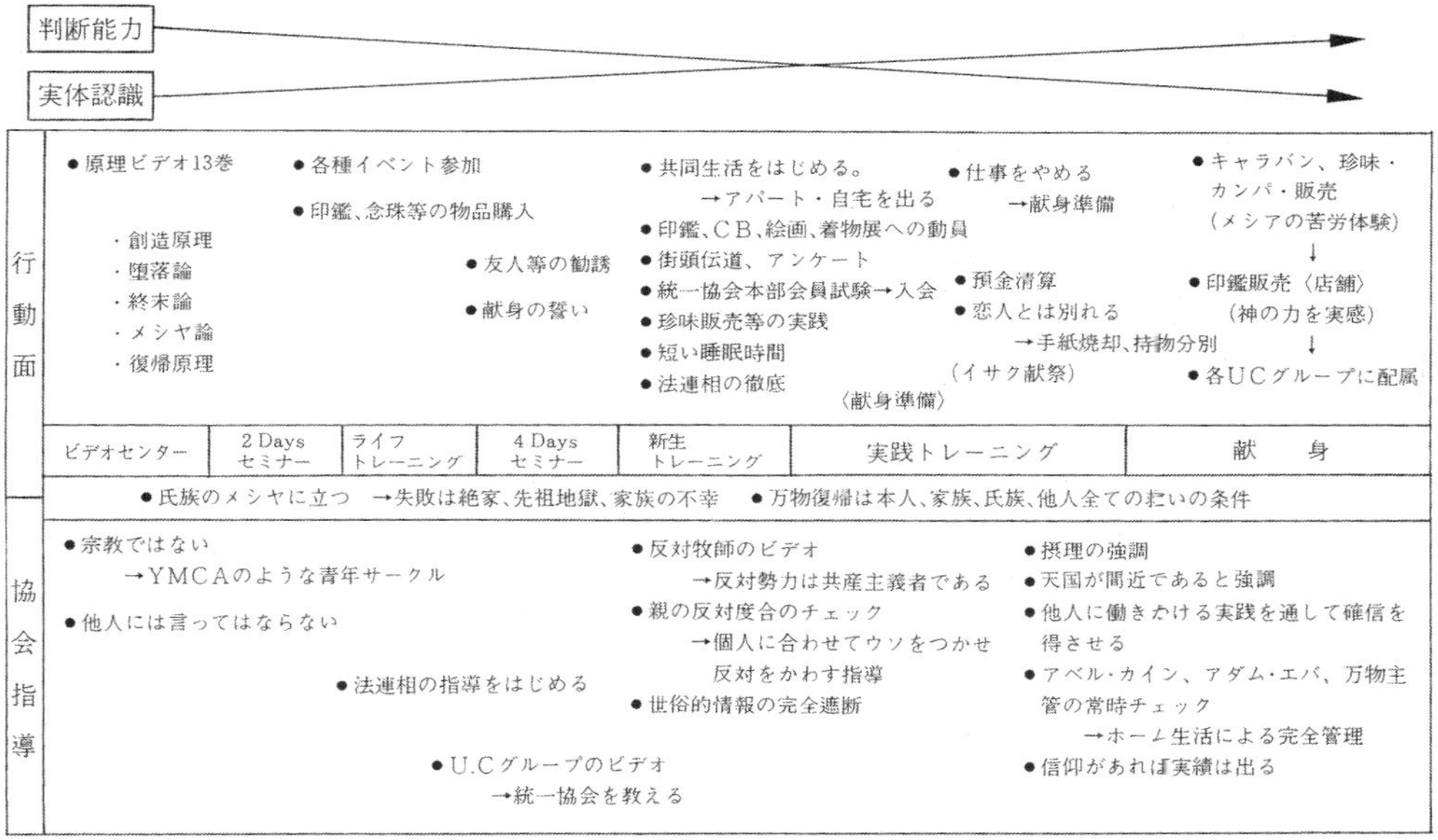
判断能力
実体認識
行動面
●原理ビデオ13巻
・創造原理
・堕落論
・終末論
・メシヤ論
・復帰原理
●各種イベント参加
●印鑑、念珠等の物品購入
●友人等の勧誘
●献身の誓い
●共同生活をはじめる。
→アパート・自宅を出る
●印鑑、CB、絵画、着物展への動員
●街頭伝道、アンケート
●統一協会本部会員試験→入会
●珍味販売等の実践
●短い睡眠時間
●法連相の徹底
〈献身準備〉
●仕事をやめる
→献身準備
●預金清算
●恋人とは別れる
→手紙焼却、持物分別
（イサク献祭）
●キャラバン、珍味・カンパ・販売
（メシアの苦労体験）
↓
●印鑑販売〈店舗〉
（神の力を実感）
↓
●各UCグループに配属
ビデオセンター
2 Days セミナー
ライフ トレーニング
4 Days セミナー
新生 トレーニング
実践トレーニング
献　身
●氏族のメシヤに立つ　→失敗は絶家、先祖地獄、家族の不幸
●万物復帰は本人、家族、氏族、他人全ての救いの条件
協会指導
●宗教ではない
→YMCAのような青年サークル
●他人には言ってはならない
●法連相の指導をはじめる
●U.Cグループのビデオ
→統一協会を教える
●反対牧師のビデオ
→反対勢力は共産主義者である
●親の反対度合のチェック
→個人に合わせてウソをつかせ反対をかわす指導
●世俗的情報の完全遮断
●摂理の強調
●天国が間近であると強調
●他人に働きかける実践を通して確信を得させる
●アベル・カイン、アダム・エバ、万物主管の常時チェック
→ホーム生活による完全管理
●信仰があれば実績は出る

鶴子がいかにすばらしい人か、地上天国の実現が真近に迫っていることなど、一方的な情報だけを与えられ、統一教会のいいなりに信じ込まされてしまっている。

このあとあなたは、あなたがやられたと同じような詐欺的伝道（ビデオセンターへの誘い込み）や霊感商法に朝から晩まで酷使されることになる。しかし、もはやあなたはそのことを法的社会的に許されないことだと思うゆとりもない。それ程に肉体の極限までの重労働を連日強いられる。一緒にホームで生活する仲間たちも同じ思い込みでノルマの達成のためにがんばっている。テレビも新聞・雑誌も見ない。見るのは統一教会サイドのビデオや機関紙誌だけだ。お父さま（文鮮明）にお祈りをささげつつ戸別訪問したら印鑑が売れた、珍味が売れた、ビデオセンターに誘いこめた。そうなるとあなたはお父さまのおかげで実績が出たと、いっそう文鮮明をメシアだと実感する。これは文鮮明が霊的に協助した成果だと教え込まれているためだ。ついに夢にまで文鮮明が登場する。睡眠不足のあなた、断食中のあなたは、幻覚で文鮮明のことばを直接聞くこともできるだろう。そうなれば、もうあなたは立派な戦士だ。誰が何と言おうと、親がどんなに反対しようともはや耳に入らない。統一教会に反対する者は全てサタン側の人間だ、という統一教会の教えが何の抵抗もなく入るようになる。この過程を図にすると前頁図5のようになる。「判断能力」「実態認識」の記入と矢印は私が記入したが、それ以外は統一教会の内部資料である。

つまり、統一教会の「伝道」は、情報と判断の自由のいずれか一方が、あるいはその両方が欠如もしくは極めて制限された中で、入信を決意させるものだ。そうなるように、マニュアルもできている。従って、私は、統一教会の「伝道」は詐欺的で違法であると確信している。これを破壊的カルトである統一教会によるマインドコントロールだと言うこともできるだろう。

３　家族をどうごまかすか

「氏族復帰マニュアル１　証詞（あかし）の流れ」と題する統一教会の内部資料３の図も重要である。伝道されてきた本人がどの様に理解し、家庭にどの様に証（あかし）をするか。その対策が書か

資料3　氏族復帰マニュアル１　証詞（あかし）の流れ

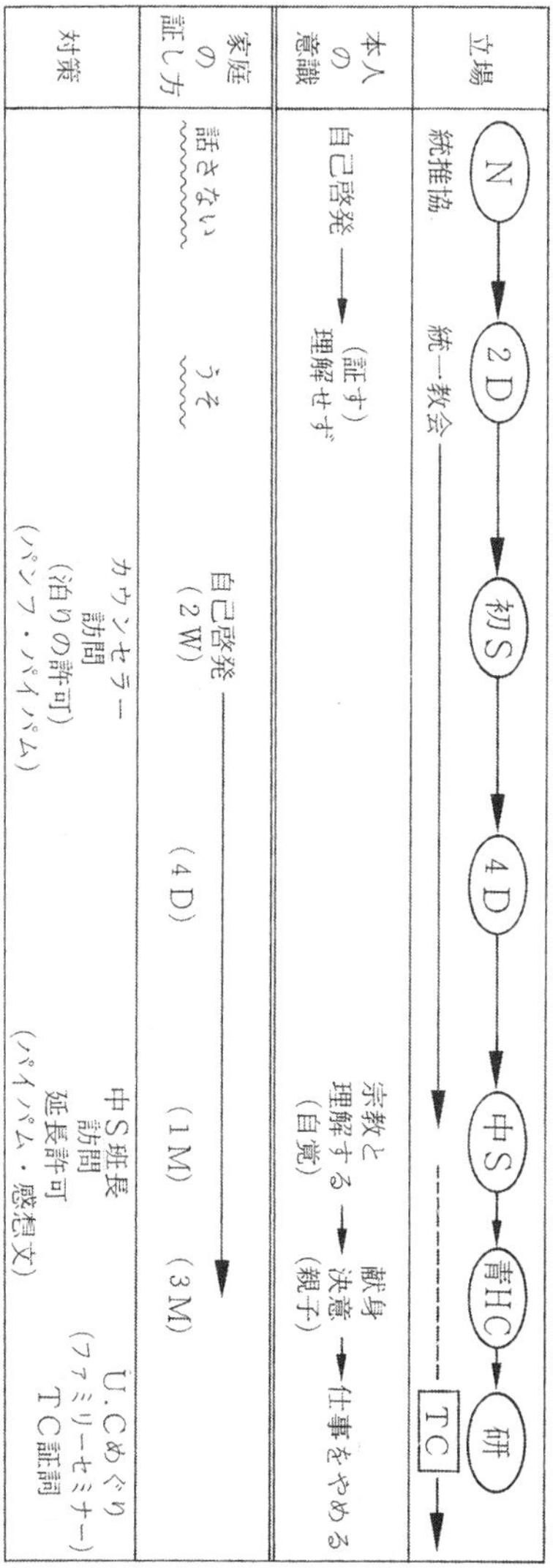

れている。上の段「立場」は、本人の進んでゆく段階と本人の立場である。Nは新規で伝道されたばかりで、その時は、本人は認識していないが統一運動を推進する、という立場。ツーデーからは統一教会としての活動に参画している（本人はフォーデーの前まで知らない）と統一教会内部では勝手に位置づけている。

次の「本人の意識」の段はこう見る。初め本人は自己啓発のつもりで入ってくる。伝道する時、紹介者もそのように言い、ビデオセンターでも自己啓発を前面に出して迎える。ツーデーでも、本人は統一教会と理解していない。それ以後、何度も何度も繰り返し、統一教会の教義と再臨主（メシアのこと）の実在を教え込むので、本人もわかったような気がしてくる。「中S」の段階になると、宗教と理解し段々と自分の進むべき道を示され、本人も献身を決意させられる。そして仕事を辞めるよう仕向けていく。

「家庭の証し方」の段は、ゲストの家族にどう説明させるかについて書いてある。初めに伝道された時点では、ビデオセンターのことも話さないように本人を説得する。ツーデーの参加については、友人との旅行だとか自己啓発セミナー等の合宿だと嘘をつかせる。その後も自己啓発センターに泊まるという説明でこの嘘はつづいていく。中級スクーリング（中S）は一ヵ月、青年ホームチャーチ（青HC）は三ヵ月の泊まり込みを一応のメドとする。

「対策」の段は家族の反対について、どう対策をとるかについて書いてある。初級スクーリングは約二週間の外泊になるので家族への説明が必要になる。このため、ビデオセンター（VC）のカウンセラーや教育部のスタッフがゲストの家庭に行く。パンフレットなどをもって自己啓発センターであるという嘘の説明を聞かせるのだ。献身の準備段階で、家に手紙を書いて初めて統一教会の信者として活動していきたいと家族にうちあけさせる。その時ビデオセンターなどの施設に親に来てもらって「ＵＣめぐり」や「ファミリーセミナー」に参加させ、統一教会への理解を求める。このように本人にも、伝道する時に自己啓発という意識で参加させ、家庭に対しても一貫して嘘をつかせることが前提のマニュアルになっている。

このように本人へも嘘で誘い込み、家族に嘘をつかせることが、本人が入信した後の家族との話し合いを困難なものにさせている。家族は内緒で信者になったわが子や妻から裏切られたと怒る。一方、信者は先輩格の信者から、どう嘘をついて反対を克服するかくわしく指導される。つまり、信者と家族は心を開いて相互の信頼のもとで話し合う基礎が故意に奪われた条件の下で対話するという困難を余儀なくされることになる。

４　フォーデーの内容

「４ＤＡＹＳ　ＷＯＲＫＳＨＯＰ　スケジュール」（資料４）

これは、フォーデーの四日間のスケジュールをあらかじめ細かく決めた内部資料だ。まず、フォーデーの前日の午前中にスタッフが修練所に集合し、準備に入る。スタッフは講師、マザー役、司会をする進行役、歌唱指導をするピアノの担当が各地区から選ばれる。この四人の外、班長が参加者五、六人にひとりずつわりあてられる。これらのスタッフは各教区で慎重に選抜される。

フォーデーの中心は講師だ。彼が神・文鮮明の代身《だいしん》（身がわり）として、この四日間の中心者となる。霊感商法では霊能師役（中心）だ。そして、班長はこの講師をとてもえらい人物であると参加者に思い込ませ、講師の話が絶対的に正しくて信ずべきものであると実感させる支え役になる。

前日の夜、参加者は各地区からおくり込まれて集まってくる。オリエンテーションやゲームなどで気分をほぐす。進行役の信者が諸注意を説明し、一班五、六人に分ける。その班ごとに班長が班員の心を完全に掌握するようにしなければならない。期間中、班員につきっきりになる。班長は、班員がバラバラになったり、班員同士が個人的な話をしないように注意し、参加者のそばから離れてはいけない。参加者は班長やスタッフなど統一教会以外の人とは話してはならない。疑問があっても、他の参加者にではなく班長を通して講師に質問するよう徹底される。

一日目のスケジュールは「堕落論」という講義で終え、自分がどれだけ罪深い人間であるかを自覚させる。二日目は「復帰原理」の内容を中心に講義を行う。こんなに罪深い人間を神は許し、救いの手をさしのべてくれていると希望を持たせるが、イエスは人類を救うのに失敗したと教え、次の再臨主への希望を持たせる。そして、三日、四日と二日間をかけて「主の路程」の講義を行い、文鮮明の美化された路程（経歴のこと）を聞かせる。その間に巡回師と呼ばれる幹部が特別に参加して、再臨主文鮮明との出会いなどの体験談を感動的に聞かせる。修練生は再臨主である文鮮明を、このうえなく素晴らしい人だと思いこまされる。

資料4　4DAYS WORKSHOPスケジュール

4DAYS' WORKSHOPスケジュール

30日

AM. 10:30	全員集合 / 進行集合（打ち合せ）
11:00	講師，修母，ピアノ集合ーミーティング / 班長集合ー清掃
PM. 12:30	昼食（自己紹介）
1:30	方針発表
3:00	班長学習会（修母）
3:30	外的情報 / 班長の面接
4:30	スタッフ / 復興会
6:30	うたのれんしゅう
7:00	夕食
8:00	出発式 / 祈祷会
9:30	受付
0:30	オリエンテーション（他の話をおいて!）
2:00	全体就寝

第1日目（31日）

A. M. 6:30	起床，洗面，体操，清掃
7:30	朝食
8:30	開講式　序論
9:30	聖歌練習（賛）
10:00	創造原理Ⅰ
11:30	TEA TIME
12:00	創造原理Ⅱ
P. M. 1:30	昼食
2:30	レクリエーション
4:30	TEA TAIME
	聖歌練習（22）
5:00	創造原理Ⅲ
6:30	夕食
7:40	聖歌練習（69）
8:00	堕落論（お父様の話）（閉読）修母
10:00	感想文
10:30	面接 / VTR / 入浴
12:30	就寝

第2日目（2/1）

A. M. 7:00	起床，洗面，体操，清掃
8:00	朝食
9:00	聖歌練習
9:30	緒論 / アダム家庭
11:30	TEA TIME
12:00	アブラハム家庭
P. M. 1:30	昼食
2:30	大運動会
4:30	TEA TIME
	聖歌練習（53）
5:00	モーセ路程
7:00	夕食
8:00	聖歌練習（40）
8:30	イエス路程
10:30	感想文
11:00	面接 / VTR　キャプテン / 入浴
12:30	就寝

第3日目（2日）

A. M. 7:00	起床，洗面，体操，清掃
8:00	朝食
9:00	コーラス
9:40	VTR（日帝）
10:10	聖歌練習
10:30	国際情勢
A. M. 12:30	VTR
1:00	昼食
2:00	入浴 / 面接
4:00	聖歌練習
4:30	巡回師講話
6:00	夕食
7:00	聖歌練習（1）
7:30	主の路程（閉読）講師
10:00	感想文
10:30	面接 / VTR
12:30	就寝

第4日目（3日）

A. M. 7:00	起床，洗面
7:30	朝　修母　拝
8:30	朝食
9:30	聖歌練習（5）
10:00	主の路程（閉読）講師
11:30	TEA TIME
12:00	VTR（真実）
P. M. 1:00	昼食
2:00	主の路程（閉読）講師
4:00	TEA TIME（67）
4:30	現代の摂理
6:00	感想文，荷物整理
6:45	閉講式
7:15	解散 / 班長は、清掃，班長所感を書く。
9:00	夕食 / 反省会

この四日間、毎日夜に面接がある。班長やマザーが個別に面接し、参加者の心の動きや、教義に対する姿勢、次の段階に進む意志がどの程度あるのかなどをチェックする。前向きでない人に対しては何度も面接して、説得する。この面接の時も、他の参加者の気持ちが散漫にならないように面接待ちや終わった人達は講義室に集められ、進行役の人が監視しながらビデオなどを見せる。このフォーデーは「主のセミナー」とも言われ、これに参加した時点で信仰歴が開始するとされる。

「主の路程」の講義で、終末の現代を救えるのは文鮮明だけであると教え込む。そして最後の講義である「現代の摂理」では、今はこんなに摂理（文鮮明が信者を指示し導く事柄。ただし、その内容は頻繁にかわる）が進んでいると教会にとって都合の良いように解釈した世界情勢や社会の動きなどを教え込む。統一教会にとっての勝利はそこまで近づいてきているのだ、とあたかももうすぐ文鮮明の指導による地上天国の実現が達成されるように思わせる。

参加者には「あなた達は最後の最後、こんな良い時期に導かれてきてよかったですね」「最後の摂理に間に合ってよかったですね」と、参加者に優越感と使命をもたさせる。完全に外部から断絶した中で、四日間も過ごすので、参加者はその気になりがちだ。この期間中、班長が班員一人一人の様子を講師に報告して、参加者全員が、しっかりと教義を受け入れるようにする。途中で、精神的におかしくなってしまう（教会内では「霊的」になると言っている）人が時々出るが、その場合だけは途中でも帰す。精神的に極度に強い緊張と重圧を強いるので時々発狂寸前になる人が出てくるのだ。

第4章　霊感商法の実態

勧誘の手口——街頭アンケート

1　変わらぬ手口

霊感商法の手口は、統一教会に勧誘する手法と基本的に同一パターンだ。この手口も三十年間悲しいほど変化がない。被害のきっかけは次のように様々。

第一に、「手相の勉強中です」などと言って戸別訪問してきた販売員に印鑑・念珠などの購入を押しつけられたり、ビデオセンターやサークル会に誘いこまれる場合。

第二に、街頭で「アンケートに答えていただけませんか」と話しかけられて住所・氏名を聞き出されたり、「転換期の相が出てます。手相を見せていただけますか」と喫茶店に誘われる場合。

第三に、友人や親族、職場の同僚などに宝石・着物などの展示会に誘われる場合。

この三つの外、運勢鑑定を無料でするとか結婚や本当の幸せを考える講演会、最近は結婚相手の紹介（お見合いパーティー）の勧誘はがきを市中の全戸の郵便受けにポスティングして、その気になって電話連絡してきた人を誘う手口が目立っている。

いずれの場合も、印鑑などを売りつけて金を出させるとともに、統一教会の信者にしていく目的だということを隠している。

被害者に警戒感を与えないために、最後まで勧誘の本当の目的は伏せておく。もちろん統一教会の資金獲得目的で行われていることは最後まで知らされない。

2　街頭アンケート

駅頭や繁華街でいきなり声をかけたり、街頭アンケートをきっかけにしてビデオセンターに誘ったり、印鑑などを売りつける典型的な手口を見てみよう。

突然通行人に寄ってきて、「ちょっとすみません。ひたいに転換期の相がでてますよ」「あ！　あなたにしんがんそう（心眼相）がでてますよ」などと、声をかけられた相手がビクッとすることを言って立ち止まらせる。そこで「今、手相の勉強中なんですがちょっとよろしいでしょうか」と話し込んでいく。何分かすると先輩格の仲間が近寄ってきて、三人でもっとゆっくり話したいのでと、喫茶店やレストランに誘う。喫茶店では姓名判断をしてみせる。その会話の中で客が気にしていることを聞き出す。そして、霊界にいる先祖の因縁のせいで、今の悩みや将来の不安が生じていることを信じ込ませる。その因縁を断つためには名前をかえるか、名前が書かれた印鑑・表札・墓石をかえるのがよいと話をつなぐ。印鑑に関心がなさそうな人には数珠が開運になると説明する。物品販売を中止している二〇一〇年以降は、ビデオセンターやサークル会で本当の幸せや結婚のあり方を学ぼうと誘うようになった。

話が数時間に及ぶうち、客も根負けして、数十万円で開運できるならいいか、あるいはそんなにいいところなら一回行ってみるか、という気になってくる。途中で話を打ち切ろうにも、次々とおそろしげな先祖因縁の実話が出て打ち切れなくなってしまうのだ。

相手の反応や年齢などから、まずビデオセンターに誘うか、印鑑などを売りつけるための場所に誘うかを決める。年輩者の場合は喫茶店に誘い込むのではなく、マンションの一室でゆっくり運勢鑑定をすると称して、因縁トークでビデオセンターに通う約束をとりつけることが多い。

印鑑・念珠から献金まで

1　印鑑展（I展）

「展」とは言っても、印鑑を展示するのではない。期間を決めて、公民館のような会場やマンションの一室に客を動員し、運勢鑑定士と称する霊能師的役回りの信者が因縁トークをする。印鑑・念珠等の集中販売のイベントである。このイベントが直接運勢鑑定をして先祖因縁を解くための勉強をするためにビデオセンターに誘い込む場にもなっている。

街頭で声をかけて連絡先を知った人、職場の同僚や同窓生・親戚、ビデオセンターに通いはじめた人、ポスティングされたはがきを見てただで運勢鑑定してくれるならと思って電話をかけてきた人。信者は印鑑展に動員できそうな全ての人物名を書き出してアベル（先輩格の信者）に提出する。アベルからことこまかな指示を受け、できるだけ多くの人に電話して、動員を追求するのが信者としての使命なのだ。

マンションにつれて来られたゲストは、あらかじめ「とてもえらい先生」と聞かされている運勢鑑定の「先生」に姓名判断や手相占いをされたうえで、延々数時間にわたって次のような話をされることになる。内部のマニュアルから紹介しよう。

・「奥さんに会って、ふっと感じたんですが、奥さんの背後はとても霊的に明るいんですね。奥さんとお話していても、とっても軽いんです。たくさんの方にお会いしていると、なかには会っただけでムッと急に重々しくなる方もあるんですよ。きっと奥さんが人のために尽くしてこられたので功労があるんですね。でもなにか、ちょっと寂しそうな感じの人がきているように思えるんですが、ご親戚などで、どなたか早く亡くなられた方でもいませんか？」

（などと客が最も心にかけている亡くなった縁者の氏名を聞き出そうとする。霊界が存在すること、先祖の因縁が子孫に及ぶこと、先祖供養が必要であることなどを時間をかけて確信あり気に話す。相手の話を涙を一緒に流すくらいに親身になって聞く）

・「印鑑をさずかると運勢が必ずよくなります。私もさずかって今は本当に幸せなんです」

（絶対的確信をもって相手を主管する〔注〕。完全に主管できれば値段は問題にならない）

（注＝「主管する」とは、天に遠い者〔非信者〕を管理・主導するという意味）

・「今日はどなたかの命日にきっとなっていると思いますわ。先祖が開運を切に願っています」「主人に相談しなければ」などと客が否定的反応を示した場合の応酬のしかたもこと細かに指導している。例えばこんな説得方法がある。

・この家にとって奥さんがメシア的な存在である事を話す。
「奥さんでなければ、この家の因縁を解放できません。ご主人は神仏に疎く霊界も信じないタイプの人でしょ。奥さんを通して以外にこの家に開運のものが入る道がありません」
・決まったあと礼状はすぐ出す。奥さんがご主人に内緒で買った時には特に注意する。

これは被害の導入部にすぎない。印鑑販売はあくまでそれにつづいてもっと高額商品を支払わせ、ビデオセンターに誘って信者にしていくための導入部として位置づけられている。印鑑をえさに、高額な被害へ、そして伝道に導いていくことが、戦略なのだ。

印鑑販売は「印鑑を販売するというよりは、印鑑を通して救いをほどこす」ということであり、「そのために自分のなかに絶対的確信が必要となってくる。だから販売担当の信者は原理的意義、摂理的使命をはっきりと知って、実践で確認してみる必要がある」とされる。統一教会の信者のエネルギーは理念にとどまらず、これを霊感商法によって信者に「実践」させて、体得させることから生み出され維持されている。統一教会にとってこのような違法活動の実践は欠かせない組織活動でありつづけた。

2　献金の強要

印鑑や念珠を売りつけられたあなたは、ビデオセンターで統一教会の教義を知らず知らずのうちに教えこまれる。あなたが既婚者だったり、三十歳以上ならば「カトレア会」などの壮婦（既婚女性のこと）向けの場所に通って学ぶように言われるだろう。

十回前後通って、そろそろあなたの心の中に統一教会の教理が浸透したと思われる頃までには、あなたの財産やあなたが自由にできる夫や親の預金がどこにどのくらいあるかについてもすっかり聞き出されている。もし、あなたが数十万円以上の自由にできるお金を持っていると判れば、次のターゲットにされる。あなたの金でなくてもよい。夫や親の名義のものであっても、こっそりおろせる資金ならそれが狙われるのだ。

これまで担当していたカウンセラー以外の「霊界に通じていて、運勢が見通せるとてもえらい先生」が紹介されるだろう。その先生は、数時間いや何日もかけて、あなたには先祖のおそろしい因縁があって、これを解放しない限り大変な災難がくると迫ってくる。因縁を解放するためには出家しろ、出家の代わりに血と汗と涙の結晶である「金」を天にささげるくらいの決意が必要だと迫る。この因縁トークは今もより巧妙につづけられている。

３　献金勧誘の手口

献金を迫る手口、仏像や文鮮明のみことば集をさずかるため数百万円、数千万円の高額の支払いを迫る手口の概要を紹介する。

説得の場所はさまざまだ。マンションの一室、旅館、墓参後の休憩の場。長くいても時間の感覚がなくなるようになる。もちろん時計など関係ない。

被害者は、印鑑販売やビデオセンターを通じて知り合った統一教会員から、「偉い先生があなたのことを聞いてぜひ会ってみたいと言っています。年に数回しかいらっしゃらない先生です」と聞かされて、緊張して先生に対面する。もちろん、大金を出させるための説得であることは事前には告げられない。同行する統一教会員からあらかじめ詳しい家系図を聞きとられ弱味をにぎられている。先生に改めて、先祖がいつどんな原因で亡くなったか、家族に病気、離婚をした者はいないかなどを尋ねられる。場合によっては、「お焚きあげ」という儀式のため「誰も見ないから」と財産の一覧や家族と自分の悩みごとを全部用紙に記入して提出させられることもある。

その後のやりとりについては、彼らのマニュアルである「ヨハネトーク」から引用して説明しよう。このマニュアルは一九八五年当時の多宝塔などを売りつけるためのものだが、大金を天にささげる浄財を決意させるための手口は基本的には今も同一のパターンである。

4　ヨハネトーク（セールスマンが霊能者・先生を紹介して販売する方法）

（一人は霊能者・先生役を演じ、もう一人はその紹介者・弟子役を演じる）

(1)　ヨハネトークとは

・ヨハネは、自分を信じ従ってきたユダヤ人達をイエス様の前にひき渡すという仲介者としての使命を果たした後、自らも信仰と忠誠をもってイエス様を信じ侍《はべ》るべきであったが、不信して逆らうようになったのでユダヤ人達も自然にイエス様を信じないという立場に陥らざるを得なかった――こんな歴史的な過ちを繰り返すことのないよう、紹介者の信じ侍《はべ》る姿勢が重要で、お客様を必ず信じ従えるようにするのが使命と教えこまれる。以下はその抜粋である。

(2)　先生に対する態度と証し方（紹介者＝ヨハネの協助の仕方）

①　先生を迎えるまで

「先生は今、奥様の為に御祈禱中です」

お茶、お菓子を共にいただく。緊張をほぐし、情を開かせつつ対話する。

・「先生はお若いですが、非常に霊感のある方なんです。見えない世界のこともよくわかる先生なのです。わからないことがあったら、何でもいいから、こんなことを聞いたら恥ずかしいとか思わずに相談されたらよいですよ。先生の御指導を受けて、その通りになさって開運に導かれ幸福になられた方が沢山いるんですよ」

②　先生を迎える姿勢

・（先生の入場）「あっ、先生が来られました」と手で示してあげ、座ぶとんをおりて仰ぎ見るようにしてから、深々とお辞儀をする。

「先程御紹介した○○先生です。先生はお若いながら修業を積まれ、御苦労の道を通過して来られました。解らないことがあったら、何でも御相談なさり心を素直にして先生の語られる内容をお聞きになられたらよいですよ。私も一番苦しいときに救っていただいたことのある私の尊敬する○○先生です」

③　トーク中での紹介者（ヨハネ）の和動の仕方と態度が重要（注＝和動とは時間をかけて相手の心を動かし説得すること）

・紹介者は先生の一言一言にお客様と共に考え、合槌を打ち、先生とあるいはお客様と同一心情に立つ。人ごとのようにして無反応、無感動で同席しないように注意する。

④　クロージング（注＝セールストークの詰めのこと）中での紹介者の和動

イ　浄財をすることを考えてもよいとお客様が言って、先生が祈禱のため抜けたとき

・紹介者が積極的に仲介者としての立場を守りながら話をする。

「先生がこのように言われるのですから、奥さんは本当に御先祖と御子孫に対して責任をもって面倒を見てゆかなければならない特別の使命を持たれた方なのですね。生みの苦しみがあると言われるように、この浄財を通じて御先祖、御子孫が報われていくのですから、苦労のしがいがありますね。御主人が残された遺産は、この日の為に準備されたものじゃないでしょうか」

ロ　最後の決め手。

紹介者がヨハネの立場（仲介者と聖霊の役目）を逸脱せず、絶対授けたいという心情、私が責任をもちますという霊の親としての心情、涙で訴える心情が必要である。タワー

長（この浄財獲得計画の責任者役の幹部信者）のもと、先生（イエス様役の信者）と一体となってお客様を生み直す心情でのぞむこと。

(3)　お客様の次のようなウィーク・ポイントをつかむ

1　自殺者はいないか。
2　精神病者はいないか。
3　どういう病死か（ガン、心臓病、脳障害等）。
4　事故因縁（水死、転落死、交通事故死等）はないか。
5　色情因縁はでていないか。
6　水子がないか。
7　家運衰退ではないか。
8　家庭不和（肉親血縁相、因縁）はないか。
9　女系の家系ではないか。
10　直系の中に養子縁組がないか。
11　財の因縁（貧乏因縁）がおりていないか。
12　短命の家系ではないか（男性、女性別にみて）。
13　生まれた年のえと（干支）は何か。鬼門にあたらないか。
14　親子関係は良いか（嫁と姑も）。

15　夫婦縁障害の因縁はないか。
16　結婚運はどうか。高齢独身者はいないか。
17　後家相はでていないか。
18　武士（殺傷）の因縁はないか。
19　離婚、再婚はないか。
20　いつから後家、男やもめになっているか。

「先生」（トーカー）は、付添いの紹介者（ヨハネ）と共謀して被害者の悩みや弱点をできるだけくわしく聞き出す。そして、被害者をとことん不安に陥れたうえで、その原因である「先祖の因縁」を指摘する。「先祖が武士で人を殺《あや》めたためその殺生因縁がある」「先祖に姦淫の罪を犯した者がいてその色情因縁が及んでいる」というような根拠のない因縁話をまことしやかにして、それを現在・将来の不幸の原因であるかのように言う。身を切るような病気が続く、結婚しても夫が浮気してうまくいかない、長男が早死する絶家の家系であるなどと将来の不安を予見してみせる。

こうした因縁話を被害者が信じるにいたる舞台装置は実に巧妙だ。

ビデオによる視聴覚的効果、作り出された霊界に通じている「先生」の神秘的雰囲気、「先生」と紹介者の巧みな役割分担、「先生」があらかじめ紹介者を通じて得た情報をさも霊能力で見抜いたかのようにして被害者に信じこませる。

　このようにして、「先生」は、被害者を心理的に追いつめたうえで、「霊界のご先祖の言葉」「天の願い」などとして、その解決方法を提示する。最初は出家を勧め、家族も仕事も財も捨てて献身し、先祖の供養につくすよう迫る。しかし、被害者がそれはできずにほかの方法がないかたずねると、「先生」はさらに霊界からの言葉として、高額の浄財を迫り献財することで救われると告げる。その都度、紹介者は横で涙を流しながら「よかったですねえ。ありがたいですね」などと、被害者を「激励」する。

「先生」は当初、三四〇〇万円などと、法外な金額から始め、被害者が難色を示して悩み込むと、その使命感を鼓舞する一方で、さらに霊界の言葉として、一八〇〇万円、一〇〇〇万円、五四〇万円、四八〇万円などと、より低い価格の「逃げ道」を提示して、被害者を追い込んでいく。このようなやりとりが長時間続く。被害者がトイレへ立っても紹介者がついてきて話しかけ、自分だけでゆっくりと考える時間を与えない。被害者が決意するまでは、さらに不安をあおる言葉を重ねて説得をくり返す。子ども連れで霊場に来た場合は、入口で「預かる」として引き離されているから、一人でむりやり帰るわけにはいかない。制止を振り切って玄関に立とうとしても、履物は片づけられていて帰るに帰れない。

　そうこうするうちに被害者の金銭感覚も麻痺し、被害者にあきらめに似た気持ちが生まれる。「一刻も早くこの場を逃れたい」「お金を払って家族が幸せになれるなら」「さしあたって使う予定のあるお金でもないし」。

そうした心理状態を見すえて、「先生」はさらに追い打ちをかける。「ご先祖が、霊界で小躍りして涙を流して喜んでいますよ」。被害者は、多額の献財を承諾するにいたる。

こうした説得を的確にするために、スタッフ信者たちは周到な計画を練り、ターゲットごとに詳細なカルテを作成している。身上、家族構成、心情交流度、トークポイント（弱点）、悩みごと、住居、財産、これまでにしたトークの内容、経済力、決定権、関心度、客層（後家、高額所得者、オールドミス、夫婦）、人間関係、愛情問題、家庭問題、仕事問題、経済問題、病気・事故、信仰、先祖供養、霊的体験、因縁、先祖の変死等々、こと細かな被害者別のカルテを作成して、説得する。「先生」はこれらの情報をあたかも霊能力により見抜いたかのようによそおう。

5　地獄で苦しみ続ける先祖の因縁

私は二〇〇九年頃、脱会者が持参した資料の中に、光言社が発行した『幸せの招待状（すぐそこにある霊の世界）』と題するA４判カラー一四頁のパンフレットを見つけた。光言社は統一教会の出版物を発行している会社で、まさに統一教会作成のパンフレットだ。そこに、これまで霊能師が口頭で語ってきた先祖因縁のトークが露骨にイラスト付きで解説されているではないか。統一教会は霊界の恐怖、先祖因縁による不幸の不安をあおって不当に献金勧誘をしてきたという我々の主張をまさに裏付ける内容を、統一教会自ら冊子にして信者になりかかった婦人に渡していたのだ。左頁がその一頁のコピーだ。天国と中間霊界はともかく霊界の地獄で永遠に苦しみ続ける私

資料5 「幸せの招待状」の1頁

天国

お互いがお互いのために生き合うことが自然で、一人が喜ぶことは全体が共に喜ぶ世界です。与えても何も見返りを求めない、真の愛の空気でいっぱいに満ちて、どこでも生命が躍動する世界です。

衣食住の心配はなく、願うものすべてが手に入ります。

天国は「二人の国」と書きます。文字どおり天国は一人では入れません。真の愛を完成した夫婦がそろって入るのです。

中間霊界

自分の生活が最優先という価値観、見返りを求める善良なる人が行く労働霊界です。そこは、ただ働くだけで、生活の向上はなく、自分に合う職場に転職は許されず、退屈で希望のない世界です。

中間霊界でも、地上で神様を信じてきた霊が行く楽園では、天国に行けることを信じて希望を持って働いています。

地獄

霊界の下に行けば行くほど、暗く、冷たく、悪臭が漂います。そこにいる霊は自己中心で、霊同士が互いに相争い、奪い合う場所です。

地上で犯した罪は、地上で償わなくてはならないので、自分の力では、上の霊界に上がれず、苦しみから逃れることはできません。そのため低い霊界にいる霊は、地上の子孫に救いを求めてきます。

4

たちの先祖は「地上の子孫に救いを求めて」地上の私たちに気づいてもらうために災いをもたらす。先生役の信者がターゲットに語った大金を決断させる肝の部分が書かれていた。

長年この説得をくりかえしてきた幹部信者らの感覚がマヒしてしまい、このような説得による献金勧誘が社会的・法的に許されないという当然の規範意識が喪失し、統一教会の刊行物に明記してしまったのだ。私は統一教会の組織的堕落、レベル低下を改めて痛感した。

6　アフターケア

高額の支払いをさせたあとも、その翻意阻止のため二つのことがなされる。

一つは、代金の早期納入を迫る。「○日は縁起のよい日ですからこの日までに収めてください」などと述べて、支払日を指定する。約束をさせたその日や翌日に担当の信者が被害者を銀行や保険会社へ連れていって定期預金等を解約させることも多い。預金などを解約する場合には、お世話役の信者が被害者に付き添って解約の手続きをさせ、現金を統一教会に持っていって献財式などをしてみせる。

もう一つは、口止め。他人に話すと浄財の効能が薄れるとして、一定期間は誰にも言わないようにと口止めする（たとえば四十日間）。被害者が家族に隠して献金をしたことの不安に耐えかねて、販売員である統一教会員に「もう隠しておけない」と相談しても、「まだ、その時ではありません。その時がきたら、先生がお話しするそうですから」と引き延ばす。このようにして、被害の発覚が遅れる。

その後も信者は、頻繁に被害者のもとへ連絡・訪問し、アフターケアを怠らない。古印供養、献財式、〇〇家先祖供養祭などを催したり、ビデオセンターに通わせたりして、被害者の翻意を防止するとともに、信者にさせようとする。

７　継続的被害

このようなアフターケア（信者らは「ケアー・心情交流」という）のなかで、被害者は統一教会の教義の研修に参加させられる一方、二度、三度と先生のもとに連れていかれて、同様の手法でさらに献金を迫られる。このように被害が継続することが霊感商法の一つの特徴だ。被害者からしぼりとる財産がなくなるまで、なくなった場合はほかから借り入れさせてまで商品を購入させたり献金を強いる。

その究極的な事例は、不動産を売却させて献金させたり、不動産を担保に借金させて、これを統一教会に提供させることである。

篤志家対策などと称して、億単位の浄財・献金をさせるターゲットをさがし出して実行させるチームが全国各地に組織されてきた。不動産売却や高額の借金を決意させる手口は、霊場での説得とほぼ同じだが、より時間をかけて懇切に行われる。霊界に通じている「先生」の説得によって、被害者に献金の誓約書を書かせて、不動産売却の手配、代金の受領、金融機関との交渉、借入の手続きはすべて担当信者が代行して手引きする。

世田谷区のある未亡人は、印鑑、壺、多宝塔、高麗人参濃縮液などを購入させられたあと、統一教会の事務所で「返事をしないかぎり帰れないよ」と、当時住んでいた土地・家屋の売却を迫られた。長時間の説得を受けて心身ともにくたくたになり、言われるままにその未亡人が売却と献金の誓約書を書いてしまったとき、茫然自失のその未亡人をよそに、隣の部屋では、統一教会員らによる目標達成のパーティーが始まったという。数日後、不動産会社へ連れていかれ、売却の手付金全額を同行した信者が持ち去った。売主本人の未亡人の手には全く渡ることがなかった。

統一教会の研修が続くなかで、被害者は財産を失ったうえに、今度は「入信」させられる。そして、元被害者が今度は誘われたビデオセンターで自ら「加害者」として販売や客集めを手伝わされる。

このような犯罪的な手口による高額の被害が今も新たに生み出されているのが現実だ。

霊感商法の商品の数々

今は休止されているが、一九八〇年から二〇一〇年にかけて霊感商法の手口で販売されていた商品についてふれておこう。監視の目がゆるむと、また販売が再開されるおそれがある。

印鑑

九〇年頃まではほとんど象牙製のものであったが、最近はヒスイやメノウなどもある。実印、銀行印、認印三本セットのものを、一七万四〇〇〇円から一二〇万円ぐらいの価格で売る。販売員は、「天運観相協会」の鑑定士などと名乗っていた。

大理石壺

韓国の一信石材株式会社という統一教会傘下の企業で製造された大理石材、機械彫りのもの。株式会社ハッピーワールドが韓国から一括輸入して、六〇万円から三〇〇万円ぐらいで販売された。台湾のみやげ物店では同種のものが三〇〇〇円で売られていた。

多宝塔

韓国の仏国寺に現存する「多宝塔」をミニチュア化したもので、大理石製のものは、韓国で製造され、五四〇万円で販売されていた。紅水晶製のものは甲府市内で生産され、一三〇〇万円から一八〇〇万円くらいで販売された。いずれも、細かい部品を接着剤でつけただけのもので、大量生産に近い。甲府市内の水晶加工業者に聞いたところ、紅水晶の原石はブラジルから一キロ約八〇〇円で輸入するとのこと。

高麗人参濃縮液

韓国の統一教会傘下企業である株式会社一和で大量生産したもの。一九八〇年代から三〇〇グラムの箱入り一本八万円で販売され、一度に一〇〇本、二〇〇本の単位で販売されることもあった。後述する古田元男が二〇一四年に再び責任者となって以来、一箱一〇万円を超える価格で売られるようになった。

この高麗人参濃縮液は、最高裁決定で、薬事法上販売にさいしては、都道府県知事の許可を受ける必要のある「医薬品」であるとされている（一九八二年二月十二日、第一小法廷）。しかし、霊感商法では健康食品との表示で販売され、なんら許可を受けずに販売されている。

被害例——四十歳既婚女性・藤沢良子さんの場合

印鑑・念珠→壺・多宝塔→人参濃縮液→入信→加害者へ。このような八七年までの典型パターンがその後どのように変わったのか。藤沢さんの被害の経過は二〇一〇年当時の典型例だ。彼女の手記からその一部を紹介する。

一　自己紹介

私は、長野市で商売を営む両親のもとに生まれました。弟が一人います。地元の高校を卒業し、県外の短大を出て長野に帰省し、団体職員として働いた後、結婚し四人の子に恵まれました。弟が継いだ稼業を手伝いつつ母親、妻として働いています。夫は公務員です。

二　入信する前に高額献金

平成二十二年、統一教会信者の六十歳台の女性Sが、我が家を訪問したのが始まりでした。いつものように朝自宅の玄関の掃除をしていたら、Sがやって来て、いきなり「家系に興味ある？」と、なれなれしく声を掛けてきました。私は、そのころ地元の新聞の広告欄に載っていた家系についての本のことが気になっていたので、つい「興味あります」と答えてしまいました。

それから十五分程家族のことなどを聞かれ、私も気を許して話してしまいました。この時の私の対応が「誘ったら来そうだな」と言う感じだったのでしょうか。Sは何度も我が家を訪ね、「家系について学んでみましょう。大勢の方が、楽しく通っていますよ」と、再三誘ってきました。

私は、余りにもしつこいこの女性に、「なにかの宗教ですか。宗教でしたら私は止めておきます」と断りましたが、「宗教ではありません。家系を学ぶ所ですよ」と言われました。そのうち、「十月二十一日にとても偉い先生の講演会があるので来ませんか」とSが誘って来ました。

断ってばかりなのも、申し訳ない気もしましたし、正直家系のことは知ってみたいという気持ちもあったので、とりあえず講演会だけは行ってみようと、また一回行けば諦めてくれるだろうと承諾したのが運命の分かれ目になってしまいました。

講演会は、長野市内にあるワンファミリーという施設で行われました。自宅まで迎えに来たSの車で行くと、会場には、私のように連れて来られた参加者七人と、それぞれを勧誘した信者やスタッフを含め一八人程いました。

講師は聖苑先生という熊本出身の五十代の華やかで知的な感じのする女性でした。スタッフから、「先生は全国を講演して回り、とても忙しい方なので、この講演を長野で聞けるのは、とても貴重なことです」と紹介されました。

講演の内容は主に先祖供養の大切さについてでしたが、分かりやすく興味をそそられました。

講演会の後昼食のお弁当を食べている時に、Sから、「先生が特別に個人の運勢鑑定をしてくださるので是非受けた方が良いですよ。何か悩みがあれば相談できるし、こんなにすごい先生に見てもらえるなんてめったにないチャンスです」と、強く言われ断りにくくなり、言われるままに三〇〇〇〇円の鑑定料を払い先生の鑑定を受けました。

当時長男が大学三年生で就職活動をひかえていたので、どのような職場が適しているか見てもらうことにしました。

先生はそれについては、四柱推命《しちゅうすいめい》の表を見ながら、「長男は伝統的なことを継承していく仕事が向いています。いま大学で学んでいる経済の関係には向いていません」と言っただけでした。そして先生は、「長男は、この年末年始にかけて運勢的にとても良くない時期にあります。命にかかわるような大変なことがあるかもしれない。母親である貴方が守ってあげなければいけない」と、私を不安に陥れるようなことを言いました。そして、「長男を救うためにもここに通って家系の勉強をしたら良いですよ。そうすれば、先祖も喜び家も発展し悩みの解決方法も見えて来るのです」と強く勧めました。後になって分かったことですが、この先生は長野教会の宮下明美代表婦人部長であり、長野県の教会を引っ張っている人物でした。

先生の鑑定が終わると、お世話役のスタッフとSからワンファミリーに入会するように説得されました。今は、ワンファミリーと言う部署はなくなり、孝誠という部署が勧誘の唯一の入り口となっています。

　私が入会を決めかねていますと、お世話役のスタッフから、「今日ここに来たのも、先祖が招いた大切な御縁です。貴方は先祖から願われている人なのだから、先祖や子孫のためにも、今ここで入会を決めないと、与えられたチャンスを逃してしまいますよ」と、即断を迫られました。受講料は一年分で五万円と言われ、それ以上費用は掛からないという話でした。

　入会申込書にはワンファミリーの連絡先だけは書いてありましたが、入会規約等は書かれていませんでしたし、受講料の領収書も貰えませんでした。

　後になって、お世話役のスタッフも、私を勧誘したSも、統一教会の熱心な幹部信者だと知りましたが、その時は家族の幸せのあり方を学びたい人のためにボランティアとして活動している人達なのだと信じていたのです。

　ワンファミリーに入会した私は週二回のペースで通いました。ワンファミリーに行くと、まず二時間程ビデオを見て感想文を書かされます。スタッフから、今の気持ちや家族の様子、悩みなどを事細かに聞かれました。ワンファミリーには、いつも綺麗な花が飾られ、毎回淹れたてのコーヒーやお茶でもてなされ、些細なことを褒められるので良い気分になってしまったことを覚えています。

　暫くすると、女性信者のT先生が付けられ、十一月末にそのT先生が作成した家系図が出来て来ました。T先生から、私の父方の家系には殺傷因縁があり、このままではその影響を長男が受けると言われたのです。私の父は後継ぎがいないおばの家に養子に入り、その家を継ぎました。このおばが、当時二十五歳であった一人息子を、戦争で亡くしてしまったからです。T先生は、私の長男も、この戦死した一人息子と同じく、二十五歳の時に同じ運命をたどると言いました。

私は、この祖母に可愛がられて育ち、小さい頃から戦死したその方のことを良く聞かされていました。私の名前には、この戦死した方の名前の文字が入っています。この戦死した方のことは私の中では、とても身近な存在となっており、私の長男も同じ運命をたどると言われると、とても不安な気持ちになりました。T先生から、「貴方は家系の代表として、学んでいく使命があります。そのために、まず今までの人生の中で、犯してきた罪を告白し、人生のお浄めをしましょう。なにか悩んでいることもあれば、正直に話してください」と言われました。目つきの鋭い威圧感のある先生に言われると、全てをさらけ出さないと、いけないような気になってしまったのです。

このため私は、今までの人生の中で後ろめたく思っていることを正直に話しました。またその当時結婚前に知り合った男性から、しつこく付きまとわれたりして困っていたので、そのことも話してしまいました。

私の告白を聞き、T先生は、「貴方はとても大変な罪を犯して来ましたね。それは先祖に色情因縁があるためです」、「今ここで罪の清算をしないと、その因縁の影響は子ども達にも表れ、大変なことになります」と言ったのです。

その後、財には因縁が付きやすいので財のお浄めをするという理由で、私名義の通帳、カード、保険証書などを、全て提出するように指示されました。T先生は私が提出したものを「お浄めをして来ます」と言って、その場を離れ、それから二〜三時間後に返してくれました。後で分かったことですが、提出したものを見て教会の幹部と話し合い献金させる額を決めていたようです。

この財のお浄めをした頃、先生から、「これまで学んできたことは統一教会の教えであり、再臨のメシアは文鮮明先生です。この方を通して先祖の解放をして行きます」と告げられました。

私は統一教会については、霊感商法の悪い評判のことをテレビで見た覚えがあったので、とても驚き、「大変なところと関わってしまったのかもしれない」と、不安になり、そのことをT先生に正直に話すと、「偏見に満ちた報道をするマスコミを、信じてはいけません。正しいものは、迫害される運命にあるのです」と、言われました。

そう言われると、マスコミの報道を信じてしまう自分は、駄目な存在と思われるようで従うしかありませんでした。

また、T先生は、「インターネットの情報も間違いだらけなので、決して見てはいけません」と強く言いました。このため私は、四年後に、夫と話し合いの機会を得るまで一切インターネットで統一教会についての情報を見ることをしませんでした。「インターネットの情報を信じるのは罪深い事なのだ」とT先生に言われるままに信じていたのです。

そして「貴方の家系は、男性の運が弱いので、選ばれた貴方が、何とかしないといけない。そのために、文鮮明先生にすべてを委ねていくことが唯一の救いの道であり、そのための条件として七〇〇万円を天に捧げるように」と告げられました。

私が、そんな大金を出すことに躊躇していると、T先生は「貴方は財に囚われています。その囚われの心を超えて誠の愛に生きるためにも、今こそ七〇〇万円を出す決意をしないといけません」と私に決断を迫り、結局、私は平成二十二年十二月に七〇〇万円を浄財として献金させられたのです。

本当にこれで良かったのかと、後悔の気持ちも湧きましたが、「これで霊界で苦しむ先祖を救えて、家族に降りかかる不幸からまぬがれることが出来るのだから」と自分自身を納得させるようにしていました。このように大金を納めてしまったことにより、統一教会から逃れられないような心持になってしまったのです。

教会を脱会した今は、この様に人の心の痛みや不安につけ込み脅していくやり方に、心から強い怒りを感じます。それから私は週二回位のペースで通い、統一教会の教義のビデオなどを見せられました。

三　新生トレーニングと祝福への勧誘

平成二十三年の秋からは長野教会の敷地内にあるジーペックという教育施設に通い、新生トレーニングを受けました。

私は、忙しい時間を割いてまで通い続けるのを止めたかったのですが、「せっかく頑張ってここまで学んで来たのに、次の段階まで行かないと七〇〇万円出した効能がなくなります」と言われ、さらに、「今ここで辞めたら、先祖が地獄で苦しみ続けることになる」とも説得されました。

（長野教会は長野市北尾張部七三〇にある。六九七平米の土地と地上二階地下一階の昭和五十六年新築の教会は、統一教会が平成十六年十二月に購入したもの。長野市桜新町六六九―一にあるモニカ隊の賃借ビル〔地上四階地下一階〕は平成六年九月新築で地元の有力者が所有。長野市大字大豆島字本郷前六一九七にあるライフビジョン孝誠の土地一七六平米と地上四階建のビル〔昭和六十二年十二月新築〕は、平成十八年二月に統一教会が買った。いずれも無担保であり、教会財源の豊富さをうかがわせる）

十月に進級式があり、私と同じように学び、献金したと思われる一二名の既婚女性が出席しました。若い母親から七十歳位の裕福そうな女性まで、いろいろな年代の方がおりました。

その進級式で、責任者である宮下明美代表婦人部長を紹介され、私は初めて彼女がワンファミリーで講演をした聖苑先生であることを知り、びっくりしました。

受講生は四つの班に分けられ、それぞれの班に班長の信者が付けられ、以後、班長の指示の下、最低でも週二回は来るように言われました。

班長から「ホウレンソウを徹底するように」と言われ、「毎日その日の心境を、少なくとも一回以上は、メールで報告するように」と指示されました。しかし、私は煩わしく感じ怠ることが多かったのです。感じ方や毎日の生活状況を、手に取るように班長に把握されることに抵抗を感じました。このため、私はたびたび注意されましたが、そのうちこの「ホウレンソウ」は当然のように習慣化して行きました。

平成二十三年十二月末から祝福を受けるための教育がなされました。「合同結婚式に参加して、祝福を受けることが原罪清算の唯一の道であり、そうしない限り、先祖も私達も永遠に霊界の地獄で苦しみ続けることになる」と説かれて、霊界が存在することを納得させるビデオや映画を頻繁に見せられました。このため私は「何としても、祝福を受けないといけない」と、考えるようになってしまったのです。

祝福の条件として、一四〇万円の献金をするように、再三班長から指示されました。そして、班長からは「夫には内緒で良いのです。合同結婚式に夫の写真を持参すれば、霊的に祝福を受けたことになります。時が来れば、夫にも本当のことを話せるようになります」と言われ、私は一四〇万円を献金して、三月に長野教会で行われた合同結婚式に参加しました。

平成二十四年六月からは、実践トレーニングへと進級しました。神様に愛されるための実践的な学びをする所だと説明されました。清掃などの奉仕活動をしたり、礼拝もしました。私は流れに乗せられて来てしまったことを少し後悔しながらも、代表婦人部長や班長から、「原理を全く知らないのは罪なことですが、原理を知った後に辞める事は先祖を苦しめ家系にさらに深い穴を作ってしまうとても恐ろしい事です」と言われ続け、納得せざるを得ませんでした。

また実践トレーニングでは神への感謝として家庭全体の収入の一〇分の一の金額を、毎月納めるように指示されました。

四　夫にウソを言って清平へ

この頃、先祖解怨のために、韓国の清平修練苑ツアーに是非参加するようにと言われ、何度も「先祖は、貴方が解怨してくれることを、心待ちにしているのですよ」と迫られて承諾させられました。夫や家族には、「友達が韓国旅行に行くが、友達の同伴者がキャンセルしたので、私が代りに行くことになった」と話しました。いくら家のためとはいえ、嘘を付いてまで行くことが後ろめたく心穏やかではありませんでした。

五　特別修練班の五期生

平成二十五年三月からは次の段階である伝道者になるための教育をされました。毎週水曜日と金曜日には、必ず来るように義務付けられ、昼食をはさみ午前十時から午後三時まで拘束されました。

最初の二ヵ月は、テキストを基に原理講論の内容を一人ずつ黒板に書きながら発表する練習をさせられました。その後は路傍伝道と言って、駅前の広場で通行人に向かって大声で統一教会の教義を発表することもさせられました。この路傍伝道はかなり恥ずかしいことでしたが、そう思うのは堕落している証拠で、それを超えるためにも「天に向かって叫ぶつもりで、大声を出しなさい」と指示されました。

伝道実践では、班長から訪問の仕方を指示され、決められた地区内を二人ペアを組んで回りました。七月に入ると参議院選挙での選挙運動もさせられました。統一教会が推薦する自民党の議員候補者の為に、知り合いに葉書を出したり、また電話をかけるように指示されたのです。

私を含め、ほとんどの人がこの特別修練で、終わりと思っていたのですが、終盤になると初めて「これからは統一教会の信者として活動していただきます」と告げられ、勝手に作られた会員証を渡され、いつのまにか、統一教会の信者になってしまったことを受けいれざるを得なかったのです。

六　伝道隊モニカ所属

そして私は、七月から伝道隊として、「モニカ」と言う部署に所属させられました。その部署は、幹部信者である隊長と班長を含め六〇人程で構成され、週に三日は教会の為に活動することを義務付けられました。そのために仕事を辞めさせられた信者もいました。そこでは、伝道活動として親戚や友人を勧誘したり、個別訪問して講演会に誘う活動をさせられました。

私は、言われるままに、家系の勉強に興味のありそうな友人を誘って勧誘のための施設に連れて行きますと、スタッフの信者がとてもしつこく入会を勧めるので、友達は気分を害し疎遠になってしまうことも多々ありました。

戸別訪問においても、正体を隠し女性向けのカルチャーセンターから来ましたなどと言うように指示され、訪問の様子を逐一班長に報告し、少しでも脈がありそうな人には、指示されるとおり何度もしつこく訪問し誘ったので、しつこいと嫌がられ断られてしまうケースもありました。毎月、伝道目標として講演会に動員する人数が決められ、各部署がその目標に向かって競い合わされていました。

またこの頃は、教義の中で天一国建設の記念日とされた基元節《きげんせつ》のための、一四〇万円献金完納の詰めが、激しく行われました。お金のない信者に対しては借金をして支払うように幹部が攻め続けました。

また、その頃、平成二十五年春に私の父が亡くなってから、母の認知症の進行がひどくなったこと重ねて、長男が体調を崩し休職していることを相談すると、霊界の父が地上にいる母と祝福を受ければ全てが解決されると言われ、亡き父と母を祝福するための霊肉祝福の条件として、二八〇万円の献金をさせられました。

そして、母の代理として、霊肉祝福の一連の儀式をするために続けて三回も清平に行く事となったのです。このように、絶対服従の指示のもと五年間に、一六三六万円もの献金をさせられたのです。もちろん、献金だけではなく、大切な時間も、友人も失いました。

七　脱会

伝道隊モニカに所属して二年ほどたった頃には、私が勧誘した四人の方が統一教会にかかわるようになっていました。けれども、その内の一人が多額の献金をしたことを夫に知られ、教会に来られなくなってしまったのです。

その件で、私は幹部に「霊の親である貴方が、夫を入会させれば、その問題は解決できます」と説得され、私はいよいよ夫に話す時が来たのだと覚悟を決めさせられました。

まず、講演会に誘うように指示されたので、「とても良い家系についての講演会があり、実は私もずっと学んでいて役に立っているので、是非一緒に行ってほしい」と切り出しました。いずれ分かることなのだからと、統一教会が主催する講演会ということまで話しました。

夫はびっくりしましたが、「講演会だけなら」と、しぶしぶ承諾してくれました。私は、もうこれで統一教会で学んでいることを隠さないで良いのだとほっとしましたし、教義の中で最終目標と教えられていた夫を復帰させる、つまり夫と共に教会員になることが果たせるようになるのだと思って心底ホッとしました。

十二月に入り、二回目の講座を受けた帰りの車の中で、夫は、「長男が家を継がないと、三代後の子孫に悪い影響が及ぶと言う考え方の根拠が、良く分からない」と、私に疑問を投げかけました。盲目的に教会の教義を信じ込まされて来た私は、夫の単純な疑問にはっとさせられました。そしてその夜、次の予定を聞く私に、夫は一冊の本を差し出したのです。文鮮明の長男の元妻であった、ホンナンスクが、文鮮明一族と共に暮らし体験してきたことを告白したものでした。本の題名は『わが父、文鮮明の正体』。私は、このあまりにも衝撃的な題名を見て、気が動転しましたが、夫の「頼むから読んでみて」と言う切羽詰まった様子を見て、勇気を出してページを開きました。読んでいるうちに、自分が信者として活動して来た中で、なぜ心から文鮮明夫妻のことを慕うことが出来なかったのか、なぜ献金ばかりを要求されて来たのか、その答えを見出せた様に感じました。

また夫の勧めで、インターネットで統一教会に関する記事を、何かに憑かれたように三日三晩読み続けました。余りにも矛盾の多い指示をする幹部に対する不満の気持ちが、堰を切るように溢れ出して来ました。無理やり積み上げてきた教会への忠誠心がガラガラと崩れ落ちたのです。信者になることで幸せになるはずが、毎日伝道目標に追われ、絶対服従（アベル・カイン）の名の下に、時間的にも金銭的にも全く余裕をなくしていた私は本当に疲れ切っていました。

私を責めるわけでもなく、本当に困ったような夫の顔を見ると、こんなところに引っかかってしまい、心から申し訳ないという思いで、一杯になりました。

私の様子の変化に気付き連絡してきた班長に、「もう辞めます。統一教会に神様はいません」と伝えました。班長からは、「貴方の気持ちは分かったけれど、辞めるには隊長の了解が必要です」と言われ、隊長に会いました。隊長からは、「辞めることは神様を悲しませることです。もう一度考え直してくれませんか。大切な人ほどサタンは奪って行くのです」と説得されましたが、私の気持ちは変わらないと伝えました。

もうこれで、辞められたのだと思っていましたが、宮下代表婦人部長が「是非会いたい」と連絡をして来ました。宮下代表婦人部長は「必ず、また貴方が、ここを必要とする時が来るでしょう」と、半ば脅すように言いました。

藤沢さんは、私たちに依頼し裁判をするべく準備中だったが、統一教会側が請求額全額返済の譲歩をしてきたので提訴前に示談した。

七億円余の被害――稲垣家の場合

藤沢さんの場合、献金被害は全て取り戻したし、夫や親族がまきこまれるのも防ぐことができた。しかし、統一教会側の説得が奏効して億単位の被害が発生した例も多数ある。

千葉県の中都市に住む稲垣さんの被害は、七億七〇〇〇万円余にのぼった。念珠や釈迦塔等の物品被害にとどまらず、家・土地すべての財産を統一教会に取られるところだった。

きっかけは、例によって「手相を見て上げましょう」と言って、統一教会員が家に上がりこむところから始まった。そして、家系図を作られ、稲垣夫人は霊場に誘導され、因縁トーク。その頃、夫人は、夫の肝臓病を心配していた。そこを攻め口として、霊界で苦しむ先祖、絶家、夫の命がない、このままでは一家がダメになると言われ不安になった。夫人は、二三〇〇万円の念珠を買わされ、ビデオセンターに通うようになる。そして、釈迦塔、人参液を次々に購入させられた。

統一教会は、先祖供養を口実に、夫もビデオセンターや霊場に誘導した。夫は、妻ほど説得されたわけではなかったが、もともと他の宗教団体の信仰をもっており、妻が教会員たちとつき合っていることもあって、講義や供養祭につきあっていた。

夫は初め、妻が多額の物品を買わされていたことを知らなかった。知ったときは、非常に驚いたが、温厚で真面目な夫は、妻に「お前が、俺の体と家のことを心配してやったことだから」と言って、済んだこととして妻を責めなかった。

しかし一旦、稲垣家に喰いついた統一教会は、それだけでは容赦しなかった。不動産があることを調べ上げると、これにねらいを定めた。

まず、使われていない空地について、「土地をお清めして上げましょう」と言われ、夫妻は信者らと現地でお清めの儀式をした。次いで霊場に呼ばれ、幹部らから、こう言われた。「力になってほしい。教会の活動に協力して。象徴献祭（注＝献金にかわる献物）として一億円貸してほしい。献金ではない。二年後に返す。あの空地を抵当に入れてノンバンクのＦ社から一億円借りてほしい」。

いきなり億の献金をしろと言われれば、構えもしようが、そこまではしなくていい、象徴でいいと言うのだ。あとで返すから貸してと。イヤとは言えない雰囲気だった。同氏は、ノンバンクのＦ社から一億円借り、これを統一教会に貸した。借りる段取りから手続きまで全て統一教会の担当者がした。借用書を渡されたが、借り主の名義は教会の幹部個人になっていた。

この一億円の借入れは、期間二年の約束のところ、一年で返された。利息は統一教会が払った。象徴献祭に対するお礼の儀式も行われた。同氏は安心した。

ところが、一億円が返される直前のころ、地区の幹部たちから夫妻に対して強烈な働きかけがなされた。ＵＣツアー（統一教会の施設見学）に誘う、幹部宅での会食、夫妻の結婚記念パーティー、夫妻のそれぞれの実家の供養祭、等々の催し事が次々と行われ、至れりつくせりの歓待。

そうしておいて、一億円の弁済と同時に、稲垣氏はこう言われた。「Ｆ社に一億円返すかわりに、ノンバンクのD社から七億三〇〇〇万円借りる手続をしてほしい。もちろん、利息は教会の方で払う。一年後に返す」。一億円が期限前に返されたことでもあり、同氏はことわれなかった。このときも、家系図を示され、献財してきれいな家系にしないと、子供たちに若死や離婚が出ると脅された。

「ノンバンクのD社には、借入金は賃貸マンション建築費に使う、利息は蓄えから払うと言うこと」と事前に指導されて、夫妻はD社に契約に行った。申込み手続きは、担当の信者が済ませていた。

同氏は、自宅とその敷地を含めて、所有する一切の不動産に抵当をつけさせられ、七億三〇〇〇万円をD社から借り入れた。現金で貸し出された金は、その場から、信者たちが車で運び去った。借用書は後日送られたが、やはり個人名の借用書だった。

半年余りたった九〇年の夏、幹部たちが中元を持って同氏宅を訪れ、弁済を三分割にしてほしいと申し入れた。同氏は、「これは、変だ」と思った。しかし、強く言うと貸した金が返ってこなくなるのではないかと思い、イヤとも言えなかった。この後この七億三〇〇〇万円の弁済を受けることを諦めさせ、「象徴献祭」を「献金」に変えさせるための働きかけが続いた。

信者が毎日線香をあげに来訪した。訪韓ツアーに強引に勧誘した。夫人は、パスポートまで作らされた。訪韓ツアーが実現していれば、夫妻も抵抗できなくさせられ、七億三〇〇〇万円の詐取は完了していただろう。稲垣家は、住む家も何もかも失っていただろう。

しかし、幸いにもこの時点で、稲垣夫妻は統一教会のからくりを知る機会を得た。夫妻はこれまでのもやもやした思いが晴れ、弁護士に依頼することになった。稲垣夫妻は統一教会のために設定した抵当権を抹消させると共に、支払った被害金も全額取り戻した。

一九九〇年頃、この種の億単位の被害が次々と明らかになった。バブル経済のもとで、金融機関は担保にとる土地の価値に見合う金額であれば使途など全くチェックしない。農家のあとつぎや一介の主婦が数億円もする絵画などを購入するはずもないのに、統一教会の担当信者の事前の折衝だけで簡単に億単位の融資申込みに応じた。

統一教会では、不動産の調査やノンバンクからの借入れ手続きに手慣れた専門家が養成された。ノンバンクの方も、被害者は統一教会に言われるがまま担保提供させられていると判っていながら、営業実績を上げんがために融資していると考えられる事実が次々と明らかになった。

稲垣家のように、所有不動産に担保をつけて数億、数千万円の借金をさせられた家庭が全国に多数ある。一時期、日本の統一教会は四〇〇〇億円の借金をかかえているとの情報があった。バブル経済のもとで、このような違法な借入れをさせられた被害者は、統一教会が返済資金を捻出しないために、数年経過後これをノンバンクに自分で弁済しなければならなくなった。借りる時には、統一教会の方で責任をもって返すという約束だった。しかし、統一教会は借り入れさせた被害者家族を弁済期限までに説得して、担保提供した不動産を売却させてその代金を献金に切りかえさせることをねらっていた。一部または全部の土地を売らせて献金させるのが、統一教会の最終目標なのだ。

借金させられた本人はまだ統一教会が返してくれると信じていた（あるいは信じるしかない）ものの、事態を知った親族が気をもんでいる事例が全国に多数あった。

犬も歩けば棒にあたる。統一教会信者は連日ターゲットを求めて街頭アンケートや戸別訪問をした。ＳＫ隊（信者献金の略）と称する金持ちの市民を専門にひっかけることをねらっている部隊があった。信者たちは、不動産を持ったひとり住まいの老人や相談相手がなくて悩みをかかえた金持ちの主婦などにたどりつくよう祈って頑張れと指示された。そういう人にめぐり会ったら、報告を受けた統一教会の幹部は「サミット」や「篤志家隊」と称するチームを編成する。そのターゲットにどうアプローチして、誰がどう説得し、大金をせしめるか謀議をこらすのである。

統一教会側の弁明

五〇億円以上の借金をさせられた都内のＴさんは、交渉では返還しなかった約一六億円について、統一教会と責任者の二人（西東京ブロック長の堀井と山本専務）を被告にして訴訟を提起した。原告代理人である私たちは当然のことながら、原告が借り入れさせられて統一教会に提供した金が何に使われたのかを追及した。Ｔ家の被害はその後殆ど回復することができた。

被告統一教会の代理人は、宗教法人統一教会はこの一〇億円以上の金を受けとっていないと主張した。他方幹部信者らの代理人は次の如き主張を書いた書面を裁判所に提出した。少々長いが重要なので、引用する。

「原告は宗教法人の組織と信徒会の組織を同一の如く考えている様であるので一応その違いを主張する。（中略）昭和六十三年当時法人で東京第一教区があった。この教区の管轄は新宿区、世田谷区、目黒区、千代田区、港区、新宿区、中野区、三多摩等がその中に含まれていた。教区には、会長、総務、会計がいるが、彼らは教会の職員である。教区は経済的には献金のみによって賄われ、礼拝、伝道活動等の宗教活動のみに止まる。

信徒会には西東京ブロックがあり、このブロックは第一、第三、第四、第七、第一一の地区に分けられていた。原告らの所属していたのはこの第七地区であって、武蔵野、三鷹、保谷、田無、小金井等がその対象地域であった。（中略）昭和六十三年当時被告堀井は西東京ブロックの信徒会代表であり、右ブロックの中に於いて被告山本はサニー担当として堀井のスタッフであった。第七地区の信徒会代表は当初Mであり、後にAに交替した。信徒会の任務は信者を増やすこと会社を通じて経済活動をすること等であった」

つまり、宗教法人たる統一教会ではなく、信徒会がやったことだというのである。しかし、信徒会が実質的に統一教会の活動を展開する地域組織であることはこの弁明からも明らかだ。しかも被告らは、この一六億円余の大金が一体どこで何に使われたのかを明らかにしようとしない。一体、統一教会の会計はどうなっているのであろうか。一方、これほど法外な資金の流れが判っていながら、なぜ税務署や検察庁は動こうとしないのだろう。

ノルマに追われる日々——販売員の実情

統一教会は霊感商法の責任を問われる度に「宗教法人として営利活動はしていない。信者は営業の自由をもつし、宗教法人はそれに関知しない」という趣旨の弁解をくりかえした。

しかし、これはウソだ。元信者の誰もが、統一教会の信者だったからこそ、その教義に基づいて霊感商法をしたと述懐する。統一教会は組織をあげて霊感商法による資金集めをしてきた。末端信者はどんな気持ちで霊感商法にかりたてられているのか。この裏付資料は山ほどある。

その中から典型的な実例を紹介しよう。

綿貫高子さんの資料から

高子さんは、都内の大学を卒業後、六年間会社につとめたあと、献身のため退職させられた。新宿駅近くでアンケートに答えて、ビデオセンターへ。そのあと更にツーデー・ライフトレ・フォーデー・新生トレと型通り深入りさせられてアンケートから三ヵ月後にはホームに住み込んで資金集め活動に協力させられるようになった。

まずは「雲母（きらら）親子の集い」と題した着物展に母を誘い出して、自分のために一一九万円の着物を買わせた。献金をして、勝共連合主催の安保セミナーの韓国ツアーに参加。六ヵ月後には退職して、献身し、伝道機動隊に「人事」になり、ビデオセンターへの勧誘や印鑑・念珠の販売を新宿界隈ですることになる。その後、マイクロ隊に人事になり物品販売のテクニックをさらに身につけた上で本格的に「店舗」の担当として、霊感商法に奔走させられた。

高子さんは、九〇年一月から九一年三月までの間に、自ら担当してノートにメモしていただけでも三一名の被害者に印鑑・念珠・仏像・宝石などを売りつけた。このうち二七名が新宿の街頭で手相占いを口実に声をかけた人だ。残りの四名は友人だった。

高子さんが書いた陳述書から少し引用する。

「当時は、とにかく売りつけて統一教会つまり『神側』に万物（つまりお金）をささげることが、被害者を救うことにもなる。それが原理を知った食口（信者）の使命だと信じ込まされていました。私たちがこのような使命を果たしてノルマを達成しないと、私も私の一族も皆サタンの手におちて、救われないと教えられていました。

九〇年十二月から九一年二月までの三ヵ月間、私は西東京ブロックで実績が一位や二位になって、化粧ポーチや筆記用具セットを坂本専務や鈴木伸介本部長から西東京ブロックの決断式でもらいました。

私が売りつける印鑑、念珠、仏像の形式上の売主は株式会社カリタスでした。カリタスは統一教会の信者が経営している会社で、実質的には統一教会が資金集めするためにつくったものです。

代金はほとんど私が被害者の方から受け取って、それを第一地区や第一二地区店舗の会計担当の女性に全額わたします。そのお金はカリタスの事務所に運ばれて集計され、経費やお父さま（文鮮明）への献金になると思っていました。

店舗では毎月目標が上から与えられます。一二地区店舗の時は、小さい店舗なので、ほとんどの月は目標が一〇〇〇万円でした。でも、なかなかこれを達成できないため、月末になると『どんな形でもいいからお金を集めなさい。ゲストをリストアップして電話動員しなさい。それができないなら親に献金してもらってきなさい。高麗人参液（マナと言っていました）を買ってくれる人をさがしなさい』などと鈴木本部長、野副所長などから再三言われました。『実績が出ないということは、あなたたちがお父様のために歩んでいないということだ。もっと祈って、やれ』とも言われました。

時々ブロックから個人別や地区別、店舗別の実績表がファックスでおくられたり、ブロックの上の人の檄文がファックスされて、中心（各セクションの責任者のこと）が朝の出発式の時に読み上げたり、ホームに貼り出したりしました。

毎月の目標は店舗だけでなく、班や個人別にもありました。私は三、四人の班で一月三、四、五百万円位の目標を立てていました。私個人の目標も数百万円でした。とにかく背伸びした目標を立てて、その達成のために毎日歩むことが信者としての使命でした。

今考えると、よくもあんなに巧妙にマニュアルがつくり上げられたものだと、おそろしい気持です。わずか四ヵ月程の間に二〇名以上の方々に数万円あるいは一〇〇万円以上ものお金を出させることができてしまったのも、私自身が考え出したものでなく、与えられたマニュアル通りにやってそうなったものなのです。私自身も外側から改めて見るとマニュアル通りに『洗脳』されて、組織のいいなりに動くようになっていました」

高子さんは、献身してホーム生活をしていた期間の手帳を持っている。高子さんがメモした幹部の発言の一部を紹介しよう。またその意味を高子さんはどう説明しているだろうか。例えば次の記載がある。

「一二〇名、基台（注＝基盤のこと）を組んでやるとかんたんにできる。ＴＥＬ動員でもＡＰ（アポ）かんたんにとれる。み旨歩めば歩むほどアボジの苦労や心情を知ることができる」

一人で一二〇名の霊の子をつくるのが信者の使命。だましてでもビデオセンターに来そうな人を書き出して、それらの人のことを思って電話をかけなさい。そうすれば会う約束も容易にとれる。み旨つまり文鮮明のことば通り苦労して実践しなさい。アボジつまりお父さま（文）の苦労や神の心を知るためにも、指示通り資金や信者集めに奔走すれば、雑念も入る暇がなく、確信をもてる。

責任者はこの日、外的目標、つまり支部の二月の目標を合計一億円だと言った。また、コース決定（ビデオセンターへの入会申込み）者を一〇〇人確保し、そのうち献身までできそうな青年を七〇名、社会人を三〇名と指示した。一億円のうち、高子さんがいた店舗では一五〇〇万円が目標で、二一名をビデオセンターに入会させる。Nつまり新規の客三〇名から四〇〇万円、その外一五名から合計二一〇万円を物品販売でかせぐことが指示された。このように末端の各組織まで、毎月の目標が立てられ、それを実現するため個々の信者たちもそれぞれ目標を立てて、その実現に向けて奔走するのだ。

綿貫さんの説明からも判るように、組織内部では特殊用語がやたら使われている。この原理用語とも言うべき外部に判らないことばを信者同士で使う連帯感が、閉鎖されたホームでの信者のきずなを維持することにもなっている。

いかにきめ細かく月や週ごと、また各組織ごとの目標が決められているか理解いただけたろうか。もちろんこのような目標を立てるために、幹部はどんな人が自分の組織にいるか、特に資金を出せそうなどんな人が何人いるかを詳細に把握するようにつとめているのだ。

ノルマ・目標に追われる毎日

この目標はどこで誰が決めているのか。

久保木修己が統一教会の会長を外され、古田元男がハッピーワールドの社長（実際は統一教会の資金集めの責任者の地位）を外されることになった九一年までは次のように決められていた。

古田元男は内部的には経済活動の責任者として、日本の統一教会の中で久保木以上の実力者だった。信者の誰もが、古田コマンダーと称して、おそれかつ絶対視していた。というのも古田は文鮮明に最も近い幹部だった。古田は毎月、文鮮明のもとに、毎月の内的目標（精神的スローガン）と外的目標（文におくる資金のノルマ）についての指示をあおぐために渡韓した。古田は毎月、文鮮明に親しく接することができるというだけで、日本の信者の中でも特別の存在だった。

文鮮明の指示を持ち帰った古田は、日本の幹部を集めて「お父さまはこうおっしゃった」と「メシア」のお告げを知らしめる。統一教会の組織は、北海道・東北・関東・東東京・西東京・南東京・東海・中部・近畿・大阪・中四国・九州などのブロックに分けられていた（この分け方や、名称は頻繁にかわる）。この各ブロックの長が一堂に会するブロック長（管区長・教区長）会議において、古田あるいはその代身が、お父さまの指示を伝える。例えば、八六年末は一ヵ月一〇〇億円だった。これを達成した十一、十二月の翌八七年一月には三〇〇億円の指示が下された。八九年あたりは月数十億円だった。ただし、例えば八八年十月末の合同結婚式の直前四十日間は特別に資金を余計に集めさせられた。文鮮明がゴルバチョフに会うため、文鮮明が「北韓」の金日成に会うため、中国広東州に自動車工場をつくるため（パンダモーター摂理）、文鮮明の古稀の祝いのため、文鮮明夫婦に飛行機やヘリコプターをプレゼントするため、米国のワシントンタイムズ赤字倒産救済のため——実に様々な名目で法外なノルマが日本の組織に課せられた。

ブロック長会議では、このノルマを各ブロックの献身者の数や過去の実績などでふり分けた。この各ブロック毎のノルマはさっそくブロック長が主催する各ブロック内の幹部の会議で「お父さまはこうおっしゃった」と、絶対実現するべき指令として知らされる。そしてブロックの責任者があらかじめ割りふった各支部毎のノルマが下される。例えば、西東京ブロックで言えば、第一、三、四、七、一一、一二、一四の各支部があった（この支部も頻繁に名称や地区割に変更がある）。さらに西東京ブロック全体をエリアとする着物・宝石・絵画などを担当する店舗がある。各支部毎に霊感商法を担当する店舗があった。これらの「店舗」は外向けには一応法人格を有する会社を名乗っているが、実際上は統一教会組織のセクションを構成し、担当者も頻繁に「人事」で異動する。この支部や店舗毎に毎月のノルマがブロック全体のノルマを見ながら決められていく。末端の信者たちが聞かされる目標がこの数字である。

従って、各支部及びその支部内にある店舗は、その支部でかかえるホームやビデオセンターなどの施設の家賃・管理費・食費・こづかいなどの必要経費を捻出した上に、ブロックを通して、統一教会本部、そして文鮮明にわたすための資金を毎月つくり出すことが使命とされている。このほかに、毎月絶え間なく霊感商法の被害者が本人・家族あるいは弁護士を通して返金要求をしてくるため、その資金も手当てしなければならない。

私たちは、末端の交渉担当者に対し「あなたのセクションで返済資金を用意しようとするからおかしくなる。本部に言って、上納した金を返してもらいなさいよ」とくりかえし主張した。しかし、本部も文鮮明も、一度吸い上げた資金を下部に下ろすことはしてくれない。末端の交渉担当者の「返します。返したいけどお金がないんです。分割にしてくれませんか」という懇願は、交渉上のテクニックだけでもなさそうである。末端担当者の苦しみをよそに、文鮮明をはじめとした幹部達は、「お父さまのみことばはこうだ」と下達して資金集めをあおっている。毎年、十二月三十一日の深夜まで、ノルマの達成のためにキリキリと狂奔している末端信者はまことにあわれだ。深刻な被害をもたらしてはいるのであるが、別の角度から見ると、彼らも、文鮮明や幹部が課すノルマに追われて走りまわるロボットなのだ。

統一教会信者の悲鳴

末端信者のほとんどが借金にあえいでいる。それでもエバ国家の使命だとして献金の指示が容赦なくたえまなく押しつけられる。脱会者が私に述懐した献金指示の口実は次のとおり極めて多様だ。

1　月例献金　収入の一〇分の一を毎月。
2　名節献金　給与の一〇分の三の献金。
3　自分の誕生日の感謝献金。
4　神の日（一月一日）献金。
5　真の御子女様献金（文鮮明の子どもや孫たちのため）。
6　その時々の摂理献金（いつまでに一人いくらの指示）。
7　あらゆる形に変化した会費という名目の献金（機関誌購読費を含む）。

8　おどしてとる清平での先祖解怨献金（一代から七代まで一氏族七〇万円。その後七代ごとに三万円加算、今は二一〇代まで。行く度に韓国清平までの渡航代、宿泊代もかかる）。

9　先祖解怨の次は先祖祝福（一氏族ごと一〇〇万円、二一〇代まで献金、何百組も先祖祝福献金がある。その度にまた、渡航代、宿泊代がかかる）。

10　祈願書を無理やり書かせる。一枚一万円で一〇〇枚単位を強いられることもある。

11　天聖経代（お金の出せる人によって代金額も冊数もちがう）。基本は一冊四三〇万円（一冊三〇〇〇万円の「聖本」をさずかるため献金するように言われた時期もあった）。

12　サラ金で借りていない信者はいないので毎月のサラ金返済もある。

13　強制的に二十一日や四十日間の教育を韓国・清平で受けさせられるので、その修練費もかかかる。

14　いろいろな理由で年数回韓国（主に清平）などに動員されるのでその費用もかかる。

15　天運石一個二〇〇万円～五〇〇万円（悪霊を吸いとってくれる大理石の壺。定期的に清平に運んで中を清めてもらうよう言われる）。

信者たちはこのような様々な口実の献金や動員指示を、神から与えられた絶対実行しなければならない試練だと信じて日々邁進して自分と家族を結果として苦しめ、人生と家庭を破綻させているのだ。これが統一教会が破壊的カルトとされる実態だ。

第5章　霊感商法の背景と歴史

霊感商法の創世期

霊感商法を組織的に展開している統一教会の信者たち。壺や人参濃縮液の販売はいつごろ、どのようにして始められたのか。霊感商法関連企業の実態はどうか。そして彼らは今後どのようにして統一教会の財源を確保しようとするのか。

1　神戸事件から——創世期の実態

一九七七年に判決が言い渡された神戸事件裁判で、被告人・藤本三雄は検察官に対しこう述べている。

統一教会は文鮮明が設立して、本部は韓国のソウルにある。「支部」とはいわないが、日本、アメリカなどに支部にあたる統一教会がある。日本、韓国ともに事業部門と政治部門とがある。政治部門とは国際勝共連合のことである。

「事業部門と云うのは教会の宗教活動をしていく上で、カンパとか献金だけでは到底資金面で追いつかないので営利事業を営むことによって得た利潤を教会へ納めると共に、活動のより一層充実した資金源とするためです」(「　」内は調書の引用)。

日本の教会における事業部門としては、当時、統一産業、幸世商事、幸世自動車、幸世不動産があった。また、韓国の事業部門としては、統一産業、一信石材工芸、東和チタン、一和製薬の四社があった。

霊感商法に関係のある韓国の一信石材と一和製薬、日本の幸世商事（のちにハッピーワールドと社名変更）に焦点をあてて、神戸事件の公判記録を見よう。

［一信石材工芸株式会社］
目的　石材工芸品制作および販売等
［一和製薬株式会社］
目的　医薬品製造業および販売業等

両社とも一九七一年に設立された会社で、両社の株式のほとんどは、財団法人統一教維持財団と韓国統一教会の幹部個人の名義になっていた。

当初、韓国の財団法人の代表理事だった金元弼は、財団と統一教会との関係をつぎのように述べている。

「財団法人は……国内外の宣教あるいは教化教育、慈善事業あるいは文化活動、それをしている統一神霊協会（統一教会のこと）の財産を所有管理し、資金を調達することを目的としております」

要するに統一教会の諸活動の資金調達・管理をする韓国の団体だ。この財団と一信石材の関係についてはどうか。

「会社（一信石材のこと）が統一の信者の人と一緒に混って構成しておりますし、社長が信者ですし、またうちの財団の理事でもあります」

金元弼は当時、一和製薬の代表理事（社長）でもあった。

つぎに日本の幸世商事株式会社（のちのハッピーワールド）はどうか。統一教会の資金集め部隊（熱狂グループと称していた）などから中堅信者が抜擢されて、一九七一年六月に幸世商事株式会社が設立された。これがハッピーワールドの前身だ。同社は設立後、韓国から大理石の壺や人参茶を輸入して、日本国内で販売した。

長く同社の社長だった古田元男は、愛知県の定時制高校卒業後、家業の衣料品店手伝いをしていたが、一九六五年頃、統一教会に入信して伝道活動に従事し、統一教会の徳島地区本部長兼勝共連合徳島本部長、兵庫県でも同様の役職を兼ねたあと、社長になった。

藤本は、幸世商事の設立資金と営業資金は石井光治（長く統一教会の財政責任者だったがその後統一教会の会長になった）と会社代表者が出している旨警察で述べている。信者である会社代表者には独自の資産はないのだから、すべて石井すなわち統一教会の資金によってスタートしたことになる。

石井は同社設立の目的について、次のように述べている。

「統一教会の経済的基盤が従来やっていたキャラバン隊等からのカンパ金では不安定であるし、また行き詰まりますので、各種の事業面に進出しようという狙いから始めたものです」。

韓国の統一産業（株）（代表取締役・金元弼）の専務である黄忠雲から、「韓国国内全州市内で大理石が採取できるが、なんとか製品化できないだろうか」と石井に相談があった。藤本は石井の指示で大理石の研磨技術を研究するとともに、再三にわたって渡韓して黄忠雲らに技術指導をした。

そして、機械を日本から持ち込んで一信石材（株）を設立し営業化したのである。一九七二年当時、一信石材は一五人ほどの工員で毎月、大理石壺を二五〇から三〇〇個つくった。これを幸世商事が一手に輸入して、日本国内で一個三万円〜五万円で販売した。韓国からの当時の輸入価格は税関の記録によって一個五〇〇〇円〜六〇〇〇円であることがはっきりしている。

それが十一年後の八二（昭和五十七）年には日本国内で一個八〇万円以上で大量に売りつけられた。十一年間で十倍以上に値上げできたのは、霊感商法で巧妙に売る手口が開発されたからにほかならない。ちなみに日本銀行調査統計局の統計によると、消費者物価指数は一九七二年から八二年の十一年間で二・三倍に上昇したすぎない。

ところで、警察に押収された藤本のメモがある。このメモからも日本の統一教会や幸世商事の運営は、文鮮明が深く関与していることが明白だ。藤本は「事業を興すとか、人事をするとかの場合、問題が複雑になって解決しないときには大先生（文鮮明のこと）の指示を仰ぐこともある」と述べている。

これらの事実をつなげると、統一教会が組織ぐるみで壺、多宝塔を製作、輸入し、販売し、その利潤が統一教会に吸い上げられていく構図が明らかだ。

藤本メモ

9／30　大先生様（文鮮明のこと：著者注）のお話

①　○藤△子、□田○　両婦人は巡回師に人事すること

②　名古屋地区の人事、１５０名　10／1より6ヶ月の間は名古屋地区からはなれて、幸世商事人事になる。その間に名古屋地区に於いて、新たに１５０名復帰した場合には、以前の１５０名と新たに１５０名交換するか、しないかはその時になってみなければわからない。

③　そのために本部の経済８５０万位、幸世商事にて責任をおわなくてはならない。

④　幸世商事の人事を早く１００名位にしなくてはならない。

⑤　73年末までに祝福家庭がアパートを建てて家庭を安定出来ないと困る。

⑥　ヨイドの教会本部の建物

設計3年半、建築2年　　79年までには完成

80年代には入る。

⑦　日本の教会は始め１２０教会あったのが、現在70教会になっている。各県に3個所位ふやして、２２３教会にふやしては……

2　人参濃縮液・壺販売の開拓期

一五人ほどの一信石材スタッフ（韓国）と一〇人たらずの幸世商事（日本）でスタートした壺販売が、どのような経過で「ＴＶ一〇〇」（月間売上げ一〇〇億円）をめざすようになるまで肥大化していったのであろうか。

その経過は統一教会の機関紙「成約の鐘」などの内部資料からうかがい知ることができる。

一九七一（昭和四十六）年十月号で「幸世商事石材部、人参茶東京店キャプテン」の若山鈴江は「私の一週間」と題してつぎのように書いている。

「訪韓後、八月末に幸世商事内で人事異動があった。多くの兄弟姉妹がフラワー部から人参茶部へ異動した。それでも尚、畳の上に寝袋でねる生活を続けているが。午後、Ｔ建設株式会社へ行く。（中略）社長は花瓶を次々に自分の膝にのせて真剣に見入った。緊張した時間がしばらく続いた。真に、生命賭けの説得で現金十八万の販売に成功した。統一原理を基盤とした事業はこれから実に恐ろしいことになるんだよと、よく大山社長は言われた」

熱心な信者が懸命に売っている姿がよくわかる。「寝袋でねる生活」とは、熱狂グループとしての活動のなごりだ。「大山社長」とは、神戸事件のキーパーソン曺又億萬（統一教会幹部）の日本名だが、この大山はその後統一教会を離脱している。

「成約の鐘」の各地の活動報告のなかに、信者が人参茶販売に狂奔する状況が報告されている。

たとえば一九七〇年当時の記述から。

「南大阪　二月二日、韓国の食口来教された。マナ販売競争を三日間つづける」（食口とは信者、マナとは人参茶のことをいう）

「岐阜　マナ一二〇軒の伝道に対して基本的に確認して再出発」

「大阪北　マナ強化のため事業部で月曜から水曜まで三日間の訓練をした。残りの木曜から土曜の三日間は、一二〇軒家庭訪問している」

「東京第七　マナ販売順調にすすみ、一日平均一人一ケース」

「東京第六　三月四日よりマナ四〇日路程出発」

なぜ統一教会はこのように「マナ」（人参液のこと）の販売に組織をあげて狂奔したのか。

統一教会広報委員長・阿部正寿が「教会の活動方針」と題して、当時の「成約の鐘」につぎのように書いている。

「マナ販売についても今まで以上の努力が傾注されなければならない。天が要求する基準を勝利しなければ天宙復帰の重大な計画が狂ってしまうのである。しかも天が願っておられるのはマナ販売のみでなく伝道もしなければならないのである。むしろ伝道した基盤の上にマナを販売することが望ましいパターンである。……我々一人一人がかつて狭山湖で天に誓った個数が果されなければならない。これは天に誓ったものであるからいい加減に考えずに死力を尽してこれを全うしなければ天に対する負債は清算されないのである。日夜祈りの中に加え誓った個数を完全に勝利するよう意識を高めよう」

要するに、文鮮明が資金集めと信者獲得の大号令を出した。阿部はこれをふまえて「一二〇名伝道こそは天国実現のカギなのである」と強調している。これをふまえて人参液販売と伝道が一体となって推進された。この思考パターンや組織活動の実態は現在も全く同様だ。

ところで、一九七四年三月号に北海道第一の活動として「壺を一人の霊能者を通じて八〇個売る。尚月末には月二〇個の売り上げを確保」とある。霊能者を使えばバンバカ売れるぞ、という北海道の情報が全国に流されたのだ。どう考えてもあたりまえの売り方ではそれほどさばけそうにない大理石壺が、この頃からしだいに量が増えはじめた。霊感商法が彼らの手法として巧妙化していく端緒はこの頃にあった。

このいきさつについて、社会的批判をかわすために一九八七年春に急いで組織した「霊石愛好会」の文書にこう書かれている。

「私たちが、霊験あらたかで功徳のある霊石とであったのは、昭和五十年頃のことです。美術工芸品の高麗大理石壺に、まず不思議な模様があらわれたのです。ある壺には龍の姿が現われ、又ある壺には鶴の姿、さらにはお釈迦様やイエス様、観音様やその家のご先祖様の姿などが現われて大騒ぎとなりました。次に全国各地で行者や地元の宗教家と呼ばれる人たちが、この高麗大理石壺を証しするようになりました」

被害者の訴えによると、一九八〇（昭和五十五）年頃の壺販売のセールストークは、大理石の模様が壺に現われ出てくる形を見て、「不思議な顔が見える」などと強調する程度だった。ところがその後、各地に散在する「霊能師」的信者が実績をあげた経験に基づき、統一教会の信者が「霊能師」になりすまして販売する手口を試行錯誤的に「開発」し、効率化していったのである。

霊感商法の全国展開

1　霊感商法の事業化

「霊場」という舞台装置を整えて、「霊能師」の因縁トークで、一般の人びとに対して、壺などを売りつける霊感商法が手広く行われるようになったのは一九八〇（昭和五十五）年からだ。当時の統一教会の事情について、元『世界日報』編集長で統一教会の幹部でもあった副島嘉和は『文藝春秋』八四年七月号でつぎのように書いている。

「昭和五〇年、経済一本化という方針が出された。地方教会に所属する経済活動従事者は、全員ハッピーワールドに吸収されるというものだった。教会事業部門よりも、ハッピーワールドの方が、収益率が高いという理由だった。（中略）五五年、統一教会の構造を完全に変質させる、『文氏』からの命令が出た。それは、経済局の設置と、古田元男ハッピーワールド社長の経済局長就任である。（中略）この指示事項の中で重要な点は、統一教会の地方組織を統括する桜井設雄伝道局長が、ハッピーワールドの古田社長の部下になったことである。この時の『文氏』の命令で、統一教会とハッピーワールドの上下関係は逆転した。その結果、統一教会の久保木会長は完全にタナ上げされて、組織運営の実権を失い、統一教会および関連の諸団体が、ことごとくハッピーワールドの実質的な子会社となり、経済集金活動に狂奔するという、今日の状態が生れたのである」

その後、しだいに被害は拡大し、統一教会から文鮮明への送金は、一九七五年七月以来、毎月二〇億円、八三年までに二〇〇〇億円にのぼったという（前出副島論文）。

それから二〇一六年まで、更にそれ以上の資金が文鮮明と韓国、アメリカの統一教会組織に流失したのである。

元信者の述懐によれば、一九七五年ころ、東京・後楽園ホールに東京の信者多数を集めてハッピーとチャーチ一体化の式典を行ったという。そして、各ブロック及び地区毎に伝道担当と経済担当の信者をわりふるようにした。経済局長に就任した古田元男を中心に、資金集めのための霊感商法が統一教会全組織をあげて展開していく体制が整えられていった。そして、「ヨハネトーク」をはじめとした霊感商法の手口は、より巧妙かつ悪質なものになっていった。

２　霊感商法関連企業

〈ハッピーワールド〉

同社は、霊感商法の総元締であり、大理石壺・多宝塔・人参濃縮液などを輸入して、「世界のしあわせ」各社に卸していた。同社の古田元男社長は統一教会の財政面の責任者でもあった。同社役員はいずれも古参の信者である。他の統一教会系企業の役員を複数兼任している者も多い。

ハッピーワールドは統一教会の経済活動において、長く総元締的役割を果たしてきた。なお、同社の社長は、九二年にアメリカ帰りの寺田敏己に交替した。古田が文の指示通りの経済実績を上げられなかったので更迭されたのだ。しかし、寺田社長やその後の社長も文鮮明やその後継者への献金を指示通りにはできず、古田復帰の動きがくりかえしある。逆に資金集めのために手段を選ばない古田の手口について、嫌悪感を持つ幹部もいるようだ。そのせめぎあいが今も統一教会組織内でくりかえされている。

日本全国に八社あった「世界の幸せ〇〇」(〇〇は九州、名古屋等の地域名)と称する会社は、ハッピーワールドと末端販売会社の中間に位置して、商品の卸元会社ということになっていた。八六、七年頃の領収書には「お客様相談室」として、世界のしあわせ各社の電話番号が明記されており、各社の交渉担当信者が苦情処理にあたっていた。

この八社は、各エリアの経済活動を統括する表組織でもあった。しかし八七年に霊感商法への批判が高まり、壺や多宝塔の販売卸しを止めざるをえなくなり、人参濃縮液の売上げも急減して以降、この八社は一斉に社名変更し、統一教会の組織内でも急激にその役割を減じた。

〈末端販売会社〉

霊感商法によって、壺、多宝塔、人参濃縮液を売りつけている会社は八七年当時全国に一〇〇社あまりあった。全国に七〇前後ある各地区毎に別個の店舗担当信者を配置して霊感商法をやらせ、表向き会社法人の営業の形をとった。これらの販売会社の多くは三年程で清算してしまう。各地区の担当者や被害者（彼らのいう顧客）のリストは引き継ぐが、外向けの会社名は変更し、事務所も移転をくりかえした。税務署対策とクレームからの逃亡が目的である。しかし、各地区組織の担当者・顧客リストやマニュアルは引き継がれていた。

販売担当信者は万一、刑事上の問題になった場合に備えて、①警察等に聞かれたらあくまで自分で買った品物を売っていると答えること、②統一教会員かと聞かれてもそれはなにかととぼけること、③会社事務所やホームに居合わせても偶然来たので会社のものではないと答えること、などを厳しく指導された。定期的に内部文書を抹消する「フミの日」を設けて、統一教会との関係をうかがわせる書類はすべてＢ倉庫と呼ばれるウラの事務所にしまうかシュレッダーで廃棄した。

販売拠点のホーム備えつけのファックスに上部からの指令や情報が流れた。たとえば、「第○ブロックで○億円達成」とか、「○月×日の△時頃、どこそこにどういう趣旨のいやがらせ電話をしろ」というぐあい。読み終えたらシュレッダーで処理した。販売員が住むホーム（内部的にはここが霊感商法の本拠で「店舗」と呼ばれている）には、新規○件、○千万円達成などというスローガンが掲げられていた

３　組織ぐるみの資金集めの決定的証拠

一五五頁の「一月路程達成率」表（資料６）は二〇〇三年一月二十一日付の東京リージョンの本

部から東京全域の八教区（KYKとある）そして四四教域（KYIとある）の事務局などにおくられたものだ。実績三位の竹ノ塚教域の責任者として名が出ている熊谷義光は平成十七年十一月八日の霊感商法被害回復訴訟の証人としての証言においてこの文書を当時見たと証言した。実績九位の責任者として名が出ており、地方組織の責任者を歴任した木原均も別の裁判の証言でこの文書の存在を認めている。

まず右上に東京八教区の傘下信者が「六〇K勝利」つまり、目標の一人六〇万円の献金を何人達成したか、また、各教区の目標の何%を達成したか表で示している。その下にはこれを棒グラフにしてはっぱをかけている。

その下には「日々の聖業ご苦労様です」とある。教区・教域で目標の金集めをすることが組織をあげての「聖業」なのだ。そして左の四四教域の実績表をもとに、上位一〇教域「おめでとう」。しかしワースト一〇の牧会者（責任者）はあした朝十時に東京リージョンの責任者に電話報告を時間厳守でするよう指示されている。「必ず勝利しないといけないこと」として、ノルマになっていることも判る。更に明日午後三時と七時にも各組織の責任者に対してリージョン責任者への報告を指示している。

東京都内の四四の教域の責任者として名が出ている男女八八人は私たちが被害者から聞く資金獲得活動のまさに責任者の面々である。このような達成率表が毎日のように全国各地で作成され、ノルマ達成が強烈に指示される。「何をやっているんだ。信仰が足りない。地獄に落ちたいのか」

資料6　1月路程達成率

2003/1/21　　　　1月路程達成率

順位	KYI	担当者	担当者	1月路程R	60K
	中野	朴 宰範	西村 しつ子	101.030%	27
2	成真	江頭 邦彦	三本 美代子	73.786%	21
3	竹ノ塚	熊谷 義光	吉田 慶子	70.284%	29
4	本部	佐野 邦雄	窪谷 喜江子	70.030%	68
5	日野	金 長熙	鈴木 順子	69.870%	26
6	目黒	趙 鎮燮	玉木 弥生	62.815%	19
7	池袋	佐々木 一成	梅津 美千子	59.888%	32
8	町田	鄭 炳佶	今井 道子	57.143%	20
9	荒川	木原 均	中原 由美子	53.641%	17
10	大泉	鄭 敦采	八野 一恵	51.187%	12
11	足立南	吉澤 正紀	本山 美津江	50.922%	19
12	新宿東	三浦 健司	梁 賢淑	50.256%	6
13	豪徳寺	菖蒲 直幸	境 恵美子	49.615%	18
14	足立	垣内 勝男	岩田 紀代美	43.368%	35
15	成約	蘇 淳白	和知 洋子	39.472%	20
16	阿佐ヶ谷	鈴木 高雄	佐藤 勝代	39.080%	15
17	東大田	入澤 淳一	大野 良枝	37.218%	24
18	渋谷	金 顕辰	窪谷 喜江子	35.073%	15
19	世田谷	森 源八	森 照子	32.448%	29
20	江東	大河原 久志	小島 眞理子	31.763%	18
21	杉並南	諏訪 武	木村 育美	31.606%	8
22	赤羽西	石村 信一	得津 由喜子	31.409%	15
23	大塚	大越 生長	荻野 春代	30.867%	10
24	文京	郭 賢雄	富澤 玲子	30.833%	12
25	玉川	金 炯辰	高橋 由紀子	30.624%	10
26	江戸川	李 倉培	瀬畑 啓子	29.680%	20
27	成城	長津 静雄	直江 節子	26.570%	11
28	練馬	高 祥介	吉田 千恵子	26.019%	20
29	西武	徐 榮得	赤間 美佐子	24.211%	5
30	葛飾	李 勝敏	佐々木 静子	24.194%	15
31	八王子南	菊池 信一	櫻庭 征子	23.007%	5
32	立川	竹内 秀明	三橋 理津子	22.564%	9
33	杉並	星野 静男	友永 由紀子	22.489%	12
34	武蔵野	鄭 泰爽	吉岡 幸子	19.579%	16
35	八王子	和田 邦良	八木 一江	15.598%	16
36	品川	服部 修久	岡山 明子	15.075%	4
37	新宿	阿部 美樹	牟田 利枝	14.556%	18
38	調布	具 容主	牛腸 和子	14.400%	3
39	赤羽	鄭 仁永	内藤 百合子	14.341%	7
40	東葛西	裵 康錫	岡 則子	14.200%	10
41	青梅	徐 辰泰	平田 恭子	12.642%	4
42	葛西	兼平 隆史	宇田川 理恵	9.507%	3
43	町屋	宋 幸哲	坂本 聡子	9.149%	3
44	練馬東	野副 牧人	江口 美弥子	7.378%	6

順位	KYK	1月路程R	60K勝利数
1	南	57.44%	132
2	北	39.32%	137
3	中央	37.98%	71
4	西南	36.45%	87
5	西北	34.92%	80
6	多摩	32.14%	71
7	西	24.73%	68
8	東	23.04%	66
R全体		35.37%	712

1月路程KYK別達成率

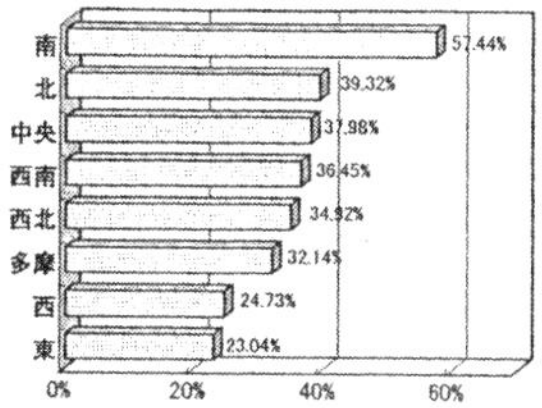

日々の聖業ご苦労様です。

今日ベスト10のKYI
おめでとうございます。

3つのKYIは0です。

本日(21日)の集計分から毎日、日計ワースト10の牧会者は翌日の朝10時にR責任者に電話報告をして下さい。時間厳守でお願いします。

今日は実績のよいところと、悪いところの差がはっきりしていました。

必ず勝利しないといけないことなので、1日も早く勝利しましょう。

今週は1月で一番重要な1週間ですので全KYIが100%勝利できるよう頑張っていきましょう。

明日も北・西は0.2、他KYKは0.1を守ってください。

明日(22日)、PM3時・7時にKYK長またはDFB長はR責任者まで報告をお願いします。

そんな罵声が幹部から末端信者にとばされる（これを内部では愛の「分別」という）。

この種の表が各リージョン、教区で作成され、更に全国の実績表も作成されている。私たちは北海道から九州までの各エリアで、このような実績表による献金ノルマ達成の指示が実にキメ細かく展開されている実態を裁判で立証してきた。

統一教会の実態はまさに金集めのための組織であり、金集めに狂奔する信者獲得のための組織なのだ。それを宗教活動として組織的に、また、システムとして展開しつづけている組織体質は、到底許されないものだ。

4　表面化しにくい被害

霊感商法被害の拡大は、社会的にも深刻な問題になった。一九八二年四月には東京で霊感商法の販売員が詐欺容疑で逮捕された。八四年一月には、青森地裁弘前支部で霊感商法の販売員三人が、恐喝罪で逮捕・起訴され、懲役二年六月（執行猶予付）に処せられた。

判決文によると信者が行った犯罪行為は次のとおり。

「被告人らはほかの数名と共謀の上、A（当時四十七歳）の家庭が不幸続きであることを知るや、これを利用して同女から金員を喝取《かっしゅ》しようと企て、昭和五十八年七月二十七日午前一〇時ころ、A方において、同女に対し、被告人Bが、『あなたのまわりには悪霊がついている。悪霊を取り除かなければ、いつまでも不幸が続く。悪霊を取り除くためには先生に祈禱してもらわなければならない』などと申し向けた上、同女をホテル甲に連れ込み、同日午前一〇時三〇分ころから同日午後八時ころまでの間、同ホテル四二二号室において、同女に対し、被告人Cが、『あなたがおろした子供や病死した前夫が成仏できずに苦しんでいる。苦しんでいる霊を成仏させないと幸せにはなれず不幸が続く。お盆前に今の夫との間に生まれた子供に大変な事が起こる。娘は酒乱の男と結婚して不幸になる。全財産を投げ出せば霊を成仏させてあげる。財産を全部出しなさい。霊が苦しんでいるのにお金を出さないのか。一五〇〇万円出しなさい。一二〇〇万円でもよい』などと繰り返し申し向けるとともに（中略）これに畏怖した同女が同室から脱出しようとすると出入口に立ち塞がってこれを阻止するなど執拗に同女を脅迫して金員の交付方を要求し、同女をして、右要求に応じない場合は、自己及び自己の家族がいかなる災厄に見舞われるかもしれず、また、引き続き同所に留め置かれ自己の身体にどのような危害を加えられるかもしれない旨畏怖させて現金一二〇〇万円の交付方を約束させ、現金一二〇〇万円の交付を受けてこれを喝取したものである」

しかし、この裁判の教訓は行政当局よりも統一教会のほうがより巧妙に学んだ。この事件以来彼らはより巧妙な手法を開発した。また、青森事件では警察官が信者らの住むホームへの強制捜査で統一教会関係の各種資料を押収したことに学び、経済担当の信者のホームには原則として統一教会の関係をうかがわせる資料を置かないよう厳命した。

全国の消費生活センターを指導している国民生活センターが、一九八二年十一月にまとめた「印鑑、大理石の壺および多宝塔に関する調査」によると、七六年から八二年までの間に、全国の消費生活センターに寄せられた苦情・相談は、二六三三件、約一七億円にのぼった。

霊感商法の被害者は印鑑などを買わされた後も統一教会の信者につきまとわれる。騙されたのではあるまいか、あの大金を取り戻したい、と思っても、苦情を言うと「たたり」があると脅される。家族にだまって大金をはたいてしまった人は誰にも相談できず一層深刻に悩みつづける。

しかも、統一教会は警察が動きそうになるとそれをかぎつけて刑事起訴の前に被害者に弁償する。損害賠償請求訴訟でも、被告側として不利になると請求額全額を支払ってでも和解をする。

私たち霊感商法問題に取り組んできた弁護士にとって、社会の表面に出にくい深刻な被害の実情をいかにして社会に広く知ってもらうかというテーマは今日に至るまで最大の難問である。

霊感商法の社会問題化

霊感商法と統一教会について、精力的に実態を追及してきたのは『朝日ジャーナル』誌だった。同誌および朝日新聞が、一九八六（昭和六十一）年十一月、全国の消費生活センターに八四年から八六年上半期までの間の霊感商法に関する苦情相談の受付件数を調査したところ、約一万件、総額約四〇億円にものぼっていることが判明した。同誌はその後、編集長が交替し、このような迫力ある取材報道をやめてしまい一九九二年五月廃刊となった。

一九八七年二月十三日、東京で「霊感商法被害救済担当弁護士連絡会（被害弁連）」（代表・伊藤和夫弁護士）が結成された。

それ以後、被害弁連の受付電話には、被害相談の電話のベルが鳴り続いた。そして、二月十九日の第二東京弁護士会館における第一回相談会には、二四八件（被害申告額九億七九七〇万円）、三月二十日の日本弁護士連合会館における第二回相談会には、三五三件（被害申告額九億八八〇万円）もの被害者がつめかけた。この相談を担当するため東京だけで一〇〇名を超す弁護士の協力を得た。

これを受けて、全国各地の弁護士会や弁護士グループが相談窓口を開設した。各地の被害者が窓口に殺到した。誰にも相談できずに悩んでいた被害者の相談はいずれも切実だった。各地で訴訟にふみきる被害者が出はじめた。当初の裁判の被告はハッピーワールドと世界のしあわせ各社及び末端の販売会社だった。

四月二十日にはハッピーワールドが国民生活センターに対し、「誤解を生ずる物品販売は一切禁止することを一九八七年三月末日をもって弊社関連業者に徹底通知」したと表明せざるをえなくなった。さらに、世界のしあわせ各社も国民生活センターに対し、「誤解を生ずる物品販売は一切禁止のむね、一九八七年四月三日をもって取引先販売業者に通知」したと表明。

「仏教テレホン相談」の窓口にも霊感商法の相談が相次いだ。

五月十六日、二四都道府県の霊感商法被害を担当する弁護士が「全国霊感商法被害対策弁護士連絡会（全国弁連）」を結成。私は全国弁連の事務局長になった。その役割がそれから三十年近くつづくとは。あの時全く予想していなかった。弁連の結成や霊感商法の実態について報道したN

HKに対し、放送当日からいやがらせ電話が殺到するとともに、その後数週間にわたって霊石愛好会と称する統一教会の信者たちが統一教会幹部の指示でNHKに押しかけた。

五月二十一日、衆議院物価問題特別委で警察庁の上野治男生活経済課長が、霊感商法について「不安を煽り立て、不安につけこみ、不当に高価な値段で売り付ける、最も悪質な商法」と答弁。その後も各地で訴訟が起こされ、弁護士の相談活動は活発となった。これを報道するマスコミに対する無言電話や集団でおしかける組織的ないやがらせが目立ってきた。

七月十一日〜十二日、全国弁連が大阪で全国集会を開いて対策を協議。弁護士への相談を集計したところ被害は二六都道府県で四三四八件、一四八億一八九〇万円にのぼっていた。

七月十七日、日本弁護士連合会が、霊感商法について詳細な調査報告書をまとめ各県弁護士会に相談窓口設置を指示するとともに、「極めて組織的で、詐欺罪や恐喝罪などにあたる疑いが強い」として警察庁や通産省に対し、取締りや行政指導を申し入れた。

日弁連は翌八八年三月にも「霊感商法被害実態とその対策について（その2）」と題する意見書を公表した。後に日弁連会長などを歴任し社会的旋風を起こすことになる中坊公平氏の強いリーダーシップによるものだった。この意見書は極めて緻密な分析をふまえて、「霊感商法にかかわる販売業者群の背後に統一教会の存在が推認される」と明示した。この意見書（その2）は朝日新聞一面トップの記事になるなど大きな注目をあびた（資料7）。また、この意見書を機に裁判所の反応も大きく改善された。

資料7　日弁連の霊感商法意見書（朝日新聞1988年3月19日付）

朝日新聞

発行所 東京都中央区築地５丁目３番２号郵便番号104-11
朝日新聞東京本社
電話 03-545-0131
郵便振替口座 東京0-1730

霊感商法

統一教会の存在推認

日弁連、販売網調べ意見書

「組織性明確」と結論

「先祖のたたりがある」などと不安がらせ、印鑑やつぼなどを売りつける「霊感商法」の実態について調べていた日本弁護士連合会（日弁連、北山六郎会長）は十八日、「霊感商法被害実態とその対策について」と題する意見書をまとめ、公表した。昨年七月に続いての二回目の調査報告で、今回は、証拠保全手続きなどで得た「霊感商法」の販売組織の内部資料などから、組織的一体性がさらにはっきりしたとして、「販売業者群の背後に統一教会の存在が推認される」と述べている。意見書はまた、全国各地で「霊感商法」を応援する集会を開いた「霊石愛好会」の道場を舞台に献金方式による新しい被害の発生などにも注目、訪問販売法の抜本的な改正を強く求めている。

（社会面に関係記事）

意見書によると、つぼや多宝塔などの輸入や卸の業者が「誤解を生ずる販売を自粛する」との文書を昨年四月に通産省などに出したあとも被害が続き、ことし二月までに弁護士会を通じてわかっただけで、被害者四十八人、被害総額約一億七千万円にのぼっている。

国民生活センター、都道府県消費生活センターにも同月までに弥勒（みろく）仏などに関する苦情・相談二百七十二件が寄せられていることを明らかにした。

前回の意見書では、五十五年から昨年四月までの被害総額は三百十七億円だった。

意見書は、つぼや多宝塔、ニンジン濃縮液などの輸入元の株式会社「ハッピーワールド」や卸元、末端販売会社が一体となって組織的に「霊感商法」の販売活動をしてきたことが一層はっきりしたと指摘。その理由として、まず輸入元の会社を頂点とした全国販売網のつくり方や、会社群が同一時期に解散、設立、社名変更などしていたことを挙げている。

とくに、普通なら地域的に見ていくつかの末端販売会社を渡り歩いている販売員がたくさんいる点に意見書は注目。日弁連などが取り扱った被害例にかかわった販売員の足取りを追跡したところ、例えば、五十八年十二月に京都の販売会社にいた販売員が、五十九年四月には広島で、五十九年十一月には尼崎で、同じように霊感商法をしているなどのケースがわかった、という。

意見書は「このことは全国規模で人事を統括する組織の存在を推認させる」と述べている。

さらに、霊感商法に関連する恐喝事件で押収された販売マニュアルや京都地裁で証拠保全された顧客カードなどから、勧誘方法や販売契約の書式などが全国的に統一されていることが確認されたが、この点からも組織性が裏付けられる、としている。

こうした霊感商法の組織性、統一性を基礎に、意見書は①神戸の外為法違反事件の判決（五十二年一月）で、輸入元の「ハッピーワールド」（事件当時は幸世商事）と統一教会との間に人的、金銭的関係があることが認定されている②五十年前後、統一教会の機関誌につぼなどの販売を統一教会の活動として紹介していた③合同結婚式をあげた統一教会信者が多数、輸入元や卸、末端販売業者らの役員を占めている――などから、霊感商法にかかわる販売業者群の背後に統一教会の存在が推認される、と結論づけている。

日弁連は、昨年七月に公表した意見書では「霊感商法全般にわたり、特定宗教団体の組織的関与がうかがわれる」と述べるにとどめていた。

統一教会　正式名称は世界基督教統一神霊協会。同教会によれば、文鮮明師が一九五四年、韓国で創立。五八年から日本への布教が始まり、その翌年、日本統一教会が発足。日本での信者は三十八万人という。久保木修己日本統一教会長は、同教会の友好団体である国際勝共連合の会長を兼ねる。原理研究会は統一教会系学生組織。

信者の職業選択は自由

坂詰博・統一教会広報部長の話　当教会は収益事業を行っていないので、いかなる商法とも関係がない。信者の職業選択は個人の自由である。日弁連の中の一部の勢力が、特定の意図に基づいてマスコミを利用しながら、信教の自由を侵害しているのは遺憾である。

被害継続止めたい

中坊公平・日弁連消費者問題対策委員長の話　霊感商法の被害は表面的には減少しているが、実は潜在化し、将来の拡大が心配される。隠れミノの内側で被害がふくらみ、それが表に出てきた時には救済が難しくなる。事前警告をしなければ、と二回目の意見書をまとめた。統一教会が背後にいることについて、「強く疑われる」という段階はすでに過ぎている。その実態を広く明らかにし、被害の継続を食い止めたい。

被害救済を妨げる陰湿な手口

こうした霊感商法被害の救済と根絶とが各界で声高に叫ばれるようになった一方で、それに対する陰湿な妨害行為も組織的にくり広げられるようになった。救済を担当する弁護士および弁護士会に対する業務妨害、威迫、名誉毀損、あるいは被害を取り上げた報道機関に対する威迫、嫌がらせ、そして霊感商法の根絶を主張する者に対するテロなど、さまざまな妨害行為があった。

こうした妨害活動の主体は、『世界日報』や「国際勝共連合」の機関紙『思想新聞』やビラ類で統一教会とのかかわりは明白だった。そのほかにも、「霊石愛好会」と称する統一教会信者の別働隊によるものも頻発した。嫌がらせ電話や脅迫状など匿名の者らによる妨害行為のように、その責任の所在を明らかにしないものも多かった。

私の自宅にも八七年三月から五月末にかけて、連日ひっきりなしに嫌がらせ電話がつづいた。後半になると受話器をとるとプツンと切れる電話が連日一〇〇回を超えた。あの嫌がらせに耐えてくれた私の妻子に今でも心から感謝している。

弁護士の活動を誹謗するビラが全国にまかれた。国際勝共連合の号外ビラは私を含め四名の弁護士の顔写真入りだった。私の自宅周辺にも再三投函された。関東一円くまなく配布されたのだろう。「うちの団地に入ってたけど大丈夫か」と多くの友人が心配してくれた。翌年になって統一

資料8　坂本弁護士一家の救出を訴えるパンフレット

教会を辞めた何人かの若者が、「私も統一教会のアベルに言われてまきました」と語った。マスコミに嫌がらせ電話をしたという元信者もいた。いずれも統一教会の組織的嫌がらせだった。

八八年五月三日、朝日新聞阪神支局の小尻友博記者が何物かに銃で殺害された。この直後、朝日新聞本社に統一教会名で脅迫状と散弾二発が送り付けられた。さらに、五月六日、霊感商法被害救済のために動き出した埼玉県弁護士会へ、「一億円を統一教会本部の入口へ置け。さもなくば銃を持って押しかける」という趣旨の脅迫状が届いた。そのほか、各地の霊感商法に取り組む弁護士や相談窓口に「朝日新聞阪神支局のようになってよいのか」という脅迫電話が相次いだ。

八九年十一月四日、坂本堤弁護士と妻都子さんと息子龍彦君の姿が自宅から消えた。状況から見て拉致されたとしか考えられない（資料8）。坂本弁護士は霊感商法の被害者の被害救済にも取り組んでいた。一九九五年になって、ようやくオウム真理教による殺害と判明した。破壊的カルト対策の必要性・緊急性を社会全体で認識せざるをえない事態となった。

警察による相次ぐ摘発と新世事件

1　相次ぐ刑事摘発

あまりにも広汎で深刻な被害であることから、全国の警察で霊感商法摘発の動きが始まったのは二〇〇七年（平成十九年）秋以降である。

1　沖縄の「天守堂」の従業員二名が同年十月二十五日、店主と従業員二名が十一月二十二日、代表者K・Mが十二月五日に、いずれも特定商取引法違反の容疑で逮捕された。そして、逮捕された六名のうち三名が十二月十四日と十二月二十五日に罰金刑に処せられた。印かん販売目的を告げずにビラを配布して勧誘し、来店した客に「家庭運が悪い、今年から来年にかけてすごく悪い年なんです。特別な印かんで運勢は上がっていく」などと長時間、執拗に迫って威迫して困惑させせたという犯罪だった。主犯の信者K・Mはその後自分は犯罪人だったと事実の告白をブログで公表した。これは後に詳述する。

2　長野県松本市両島に本店がある有限会社「煌健舎《こうけんしゃ》」の販売員M・M（六十三歳）らが特定商取引法違反（〇六年八月から〇七年三月の間、客の不安をあおって悪い運気を良くするためなどとして高額の印かん等を四人に売った）容疑で二〇〇八年二月に逮捕され、その後罰金刑に処せられた。

3　さいたま市の株式会社アイジェイヘルシーフーズに、人参濃縮液販売について薬事法違反の容疑で二〇〇八年二月十七日家宅捜索が行われた。

4　統一教会は、訪問販売によるニセの募金活動によって資金集めを行ってきた。そのためのダミーの団体のひとつであるSHINZEN（しんぜん会）の事務所に同年二月十八日、家宅捜索が行われた。信者の男（二十三歳）がウソの目的でマンションに住居侵入したというもので、信者は罰金刑に処せられた。

5　大阪府の有限会社ファミリーネットワークの社長I・K（三十七歳）外二名が、「絶対にがんが治る」などと効能をうたって高麗人参茶を販売したとして、同年九月二十六日、薬事法違反の容疑で逮捕された。同日統一教会貝塚教会なども強制捜査された。会社とI・Kが一〇〇万円、他の二人が七〇万円の罰金刑となった。

6　新潟市の株式会社「北玄（ほくげん、旧ケンコー）」社長Y・K（五十歳）と従業員女性二人（四十七歳と五十一歳）は、「不幸が来る」などと執拗に述べて水晶の購入契約を結ばせたとして特定商取引法違反（威迫・困惑、不備書面の交付）の容疑で、二〇〇八年十一月二十七日逮捕された。これら三名は、同年十二月十七日、二人が五〇万円、一人が四〇万円の罰金刑に処せられた。犯罪内容は、同年六月二十日、女性客（七十七歳）に約三時間半にわたって装飾品の購入を執拗に迫った件と、同年十月十五日、女性客（六十七歳）を家庭運がないなどと脅して数珠の購入を迫ったというもの。

翌二〇〇九年二月四日にも「北玄」の販売担当者K・S（五十六歳）外一名の二人の女が同種容疑で逮捕され、三月十七日、いずれも四〇万円の罰金刑に処せられた。両名は、「あなたの運勢は強いが、家相は前の所有者の影響で気の流れが悪くなっている。今のままでは病気になってしまう。夫も健康を害して会社を続けられなくなり、大変なことになる」等と脅して水晶玉の購入を迫ったというもの。

7

福岡市の有限会社サンジャスト福岡（代表取締役M・K、旧幸運堂）が二〇〇八年十二月十八日、「先祖の霊があなたの人生を悪くしている」「購入しなければ地獄に落ちる」などと不安をあおって、水晶の玉や彫刻など六〇〇万円以上の商品を買わせたとして特商法違反（威迫・困惑）容疑で家宅捜索を受けた。翌二〇〇九年五月七日、韓国人女性K（六十一歳）が逮捕され、同日、統一教会福岡中央教会なども強制捜査された。Kとサンジャスト福岡は同年五月二十八日特商法違反で罰金五〇万円の刑に処せられた。

8　二〇〇九年二月十日、渋谷区渋谷一丁目に本店登記のある有限会社「新世《しんせい》」の事務所や同社代表取締役T・Nの自宅などに強制捜査がなされた。更に六月一日、統一教会渋谷教会等に、また六月十一日に同じく豪徳寺教会等に強制捜査がされた。六月十一日新世の社長T・N（五十一歳）、営業部長（四十歳）の外販売担当信者の女性五人が逮捕された。七月一日、販売員五人が実行犯として各一〇〇万円の罰金刑を課され、T・NとF・J両名と「新世」が正式起訴された。いずれもことさら不安をあおって印鑑等を売りつけた特定商取引法違反。

刑事裁判は同年九月十日と十月五日、十三日、二十二日、二十七日に公判があり、十一月十日に判決が下された。「新世」は罰金八〇〇万円、社長T・Nは懲役二年罰金三〇〇万円、営業部長F・Jは懲役一年六ヵ月罰金二〇〇万円。二人は共に執行猶予四年。控訴されずこの判決は確定した。

9　衆院選大阪二区で当選した民主党の萩原仁氏の支援者で不動産会社経営の統一教会信者A・S（五十六歳）（元阿部令子秘書）が、公選法違反（買収、事前運動）容疑で二〇〇九年九月五日逮捕され、同年九月二十五日に再逮捕された。逮捕容疑は公示前の六～八月にかけ、大阪市内で女性運動員らに対し、萩原氏への投票を電話で呼び掛ける活動の報酬として現金を渡したというもの。十二月一日懲役一年六ヵ月執行猶予五年の判決が下された。萩原氏の選挙運動については、別の統一教会信者も九月十六日公選法違反容疑で逮捕され、十月六日罰金刑に処せられた。

10 大阪府の株式会社共栄の従業員らM・M（男・六十八歳）と女性三人（三十九歳、四十九歳、四十九歳）は、「息子の命がとられるかもしれない」などと迫り印鑑などを販売したとして特商法違反（威迫・困惑）の容疑で同年九月二十八日に逮捕され、共栄本社の外統一教会吹田教会などが強制捜査された。十月十六日に、二人が一〇〇万円、他の二人が七〇万円の罰金刑となった。

11 和歌山県の販売会社「エム・ワン」従業員の女性二人と店長M・T（女・四十五歳）の三人が、「運命を変えるためには印鑑を作ること」などと迫り印鑑を購入させたとして特商法違反（威迫・困惑）の容疑で十月二十日、逮捕された。同日「エム・ワン」と統一教会和歌山教会など和歌山市内六ヵ所が家宅捜索を受けた。十一月九日「エム・ワン」と店長は一〇〇万円、鑑定士役（説得）の女は七〇万円、販売員の女は五〇万円の各罰金刑となった。

12 大分県警は、二〇〇九年十二月十八日、統一教会大分教会などを強制捜査するとともに、翌二〇一〇年一月十九日、大分天一堂の販売員の信者夫婦二人（五十一歳と五十三歳）を逮捕。「先祖の災いで家が絶える。印鑑を作れば守られる」などと四十四歳の女性や五十歳台の夫婦を威迫・困惑させて印鑑セットの契約をさせた疑い。両名は二月十一日付で各五〇万円の罰金刑に処せられた。

更に、同県警は二〇一〇年一月十九日、別件で由布市の四十歳台の女と倉敷市内の女が、大分市内の五十四歳の女性に「奥さん名前の画数が良くない。大凶ですね」などと不安をあおり、印鑑を買うよう迫った疑いで、販売会社「サンハート健美」や統一教会大分教会など六ヵ所を家宅捜索した。その上で、三月四日、「聖和」の元販売員の女性信者二名が逮捕拘留され、その後罰金刑に処せられた。

13　東京都町田市の販売会社「ポラリス」の従業員Ｔ・Ｍ（女・三十一歳）が特商法違反で逮捕された。夫の癌再発で不安にかられた女性に対して、「先祖の協助で病気がよくなる。鑑定をしてあげる」と告げて、販売目的を隠したまま店舗に誘い四〇万円の念珠購入の勧誘をしたとして、七月二十三日罰金刑となった。

２　警察の組織力と信者らの抵抗

私はこのように悪質な組織的犯罪行為を警察はどうして放置しているのかと思っていたが、正義の歯車は動き出すと凄い威力を発揮することも痛感した。被害者は高齢で記憶が鮮明でないことも多く、逮捕された信者らはほとんど例外なく黙秘して正直に事実を供述しない。正式裁判になって事案が公開されることを嫌って統一教会の対策としては、逮捕された信者に対して最後には外形的事実だけ認める供述をさせて、罰金刑で終了するように指示をした。ともかく、統一教会の組織的指示で資金獲得活動のためにこのような違法な物品販売行為をしていたという供述証拠を残さないようにすることが統一教会の弁護の方針だった。

前述したように、沖縄の事件の主犯は、自分の犯罪行為について、統一教会信者として行ったことだったと懺悔する文を後にブログで公表した。しかし、これは間もなく取り消された。組織防衛のため統一教会本部から取り消しの指示が出たためであろう。

新世事件の二人以外、三〇人以上の信者が逮捕され、勾留されて、罰金刑となったが、この逮捕・勾留を機に統一教会を脱会した信者がいるという情報は、残念ながらない。逮捕・勾留された信者の家族が全国弁連の弁護士に相談することはあったものの、逮捕・勾留された信者らは、自分はこの世的には許されないことをしたかもしれないが、霊界に行けばほめられる正しいことをしてきたのだと、統一教会が手配した弁護士に接見の際に励まされたのであろう。逆に言えば、そのような組織的犯罪であることを捜査、特に信者の取調べを担当した警察官は実感したのではあるまいか。

私は弁護士だから、本来逮捕・勾留された側の立場に立って警察と対峙する。しかし、一連の統一教会信者らの摘発については、心から担当した警察官の方々の努力に敬意を表したいと思う。悪いことをしたと反省して自白するような一般の犯罪の捜査ではない。得体のしれないカルト宗教の信者の取調べは、証拠書類を固める作業とあわせて実に手間のかかる業務だったはずだ。

3　新世事件について

特筆すべきは、警視庁による新世事件の摘発だった。メディア関係者によると統一教会本部に強制捜査する予定であったが、長老格の大臣経験者の某議員からの圧力があって、それは断念したとのことだ。

しかし、捜索で入手した水晶置物や印鑑等の販売先リストに基づいて警察官が被害者に事情聴取し、堅実に立証できて被害深刻な五人の被害者の事案のみを起訴した。

検察官の冒頭陳述によると、有限会社新世は二〇〇〇（平成十二）年設立で、販売員・役員・出資者ら全員統一教会信者である。二〇〇七年四月から一年間の表向き（公表された）売上げは二億〇二四二万円。印鑑を買わされた人は少なくとも三三一名いて、（信者教育をして献金させるための：著者注）ビデオセンター（渋谷フォーラムと称していた）にそのうち六三名が行かされている。被害者の中には、印鑑購入後、ビデオセンターに通ううちに「先祖因縁の話をされ」「地獄にいる先祖を救うため、因縁を払うためにお金を天に捧げる必要があると言われた。四〇〇〇万円のお布施を要求された」。その結果一〇〇〇万円を支払ったという事案もあり、この被害者への販売も起訴された。

検察官の論告

新世の社長、Ｔ・Ｎが販売促進のために作成していたパワーポイントやレジュメなどによって、周到な組織性・計画性が見事に立証された。検察官が証拠によって立証されたとして、十月二十七日に論告で述べた情状についての事実は次のとおりである。長い引用になるが目を通していただきたい。

「一、被告人両名や販売員らが印鑑販売を信者獲得と献金獲得のための一連の一貫したシステムの入り口として位置付けていた。

販売員らが印鑑販売によって得た顧客をフォーラムに参加させた上、教育部や婦人部等でトレーニングし実戦部隊として世界基督教統一神霊協会の信者にする。この過程においてSK即ち信者献金をさせるということを恰も種を植えて花を咲かせ実を収穫させることに見立て、連続的に捉えていた。

『新しい伝道へのアプローチ』等によれば、被告人両名らは万物復帰という概念をSK即ち信者献金であるとし、SKを出させるのが最高の教育であるとし、伝道と経済は表裏一体、伝道こそが経済問題解決のカギとして、経済と伝道の教育を統合した摂理的要点に呼応できる一貫したシステムを生産ラインと呼んで物品販売から宗教活動まで一貫したトータル思想を掲げてきた。

二、印鑑販売の段階で既に統一教会に客のデータを贈ることになっていた。

印鑑販売と統一教会の信者や献金の獲得が一体になっていた。

統一教会の元信者で新世の印鑑販売員をしていたことのあるT証人は、『新世は伝道の最前線というか新世を通して伝道と経済即ちお金を復帰する重要な店舗だった』と述べ『印鑑を売ったり統一教会の扱ういろいろな商品を買ってもらって金を神様の前に供え、堕落した人間の位置を元の位置に戻していくという数えの下《もと》印鑑販売をしていた。販売員は印鑑販売によって経済復帰と共に霊の子を立てると言って統一教会の教えを伝えて信者にすることを目的として活動していた。印鑑を販売した後、客をビデオセンターに連れて行き統一教会の教えを教えていって供養祭などをして献金を出してもらう。その後、教育部で新世トレーニングや実践トレーニングもしていきながら実践夫人に教育していって壮婦として活動するようにしていた』旨、証言した。

印鑑販売がこれだけで完結するものでなくフォーラム・婦人部・実践と一連の流れに組み込まれていたものであった。（中略）

「五、被告人の述べる弁明は信用に値しない。

被告人両名はいずれも『新世の販売員の仕事は印鑑の販売及びそのアフターとしての印鑑供養までである。その後は信者としてビデオフォーラムに勧誘するなどした』旨供述したが、統一教会信者である販売員らが一連の流れとして顧客の信者化や献金復帰を求めることを指導され、そのような活動を展開していたことは隠しようがない。

被告人Ｔ・Ｎが作成した平成十八年一月五日付けの年頭の辞を見てみると、『新世は二〇〇六年は全国のモデル店舗として信仰的基準に於いても実績的基準に於いても感動的基準に於いても、今年は摂理的に南北統一のために勝負の年です。その摂理を支えるべく最前線部隊として勝負の年になるのは必然的なこと』などと新世の活動の宗教的な意味を盛り立てながら物品販売や献金獲得の目標を掲げている。被告人Ｔ・Ｎは自身の『伝道ハンドブック講義』と題する講義の中で

『販売員ではなく伝道師、印鑑販売というのは本当は天から与えられたとても素晴らしい伝道のシステムなのです』などと述べている。販売員としての活動と信者としての活動を区別する様な姿勢は全く見られない。

このような被告人両名の供述は、統一教会を庇護するための弁明として恣意的な分断を強弁しているとしか評しようがない」（中略）

「八．統一教会の組織を背景に同一手口で信者や献金の獲得のために活動している他の会社にも多大な影響を及ぼした点で更に悪質である。

被告人T・Nが新世をモデル店舗として全国の手本・モデルとなる店舗として位置付け、全国の同様な活動をしている会社の模範にしていたことは当人作成の年頭の辞から明らかであるばかりか、南東京教区に所属する被告人が東東京教区の販売員に新世を模範にした活動方法を講義したことによっても明らかである。

被告人T・Nが主導した新世に於ける信者や献金させるための活動は単に新世の販売員に徹底されたというだけでなく全国の同様な活動をしている会社のモデルとして多大な影響を及ぼしたものと認められる。

物品販売や献金として多額の金員を拠出させるノウハウを拡く全国的規模で拡散させた点でも悪質である」（中略）

「新世の営業成績は営業損益ベースでは第八期に約五六万円の赤字を計上するなど芳しく見え

ないが、全社をあげて統一教会の信者獲得や献金獲得のために活動している。元々新世そのものに形式的な期末利益が出るかどうかは重要なことではない。

新世での営業損益が赤字になっているのは販売員への報酬等人件費が半数を占める経費が大きいためであり、販売員は全員が統一教会の信者であり統一教会に於いては信者に対して義務献金を課していた。結局は販売員らに対する報酬の多くは献金として統一教会もしくはその関係者に還流する。統一教会信者が出資し、統一教会信者が代表し、統一教会信者が販売員を務め、統一教会の信者が献金を目的とした活動しか行っていないという意味で、まさしく統一教会の会社である新世は実質的には巨額の利益を得ていたと評価できる。

新世に対しても厳しい処罰を以って臨むのが相当である」

犯罪の組織性を認めた判決

そして、十一月十日に言渡された判決は、検察官の主張を認めるものだった。注目すべきはその量刑の理由として次の認定がなされていることだ。判決はＴ・Ｎら信者の販売活動は統一教会の「高度な組織性が認められる継続的犯行の一環である」と明示している。

「本件における印鑑販売の手法は、販売員らが、街頭で呼び止めた通行人に姓名判断をするなどと言って被告会社の営業所まで同行させ、長時間にわたって、姓名判断にかこつけて客の悩み事等を聴き出し、その悩み事と先祖の因縁を絡めて客の不安をあおり、因縁を断ち切るためには印鑑を変える必要があるなどと言って印鑑の購入を執拗に勧めるなどし、高額な印鑑の購入を即断するよう迫り、さらには、契約締結に至ると、不安感等を抱いた客の心理状態を巧みに利用して、即座に支払えるだけ現金を支払わせた上、印鑑を購入したことを他言しないように言って口止めをするというもので、巧妙で悪質である。

被告会社は、被告人T・N及びF・Jら会社役員も販売員ら従業員も全員が世界基督教統一神霊協会（以下「統一教会」という）の信者であるところ、被告会社では、設立当初から長年にわたり、このような印鑑販売の手法が、信仰と渾然一体となっているマニュアルや講義によって多数の販売員に周知され、販売員らはこのような販売手法が信仰にかなったものと信じて強固な意思で実践していたものであり、また、被告人T・N及びF・Jは、被告会社から印鑑を購入した客を統一教会に入信させるための活動であるフォーラムへ誘うなどし、統一教会の信者を増やすことをも目的として違法な手法を伴う印鑑販売を行っていたものであって、本件各犯行は相当高度な組織性が認められる継続的犯行の一環であり、この点からも犯情は極めて悪い。

本件に係る印鑑販売により、被害者五名から代金合計三七六万円の支払いを受けたものであるばかりか、本件犯行により被害者らが受けた精神的苦痛も軽視できない。

被告人T・Nは、長年にわたり被告会社の代表取締役を務め、印鑑販売のトークマニュアルを作成したり、自ら印鑑販売の方法を講義したりするなどして、多数の販売員らに上記のような印

資料9　I（BP）からBF・教育Sの全体像

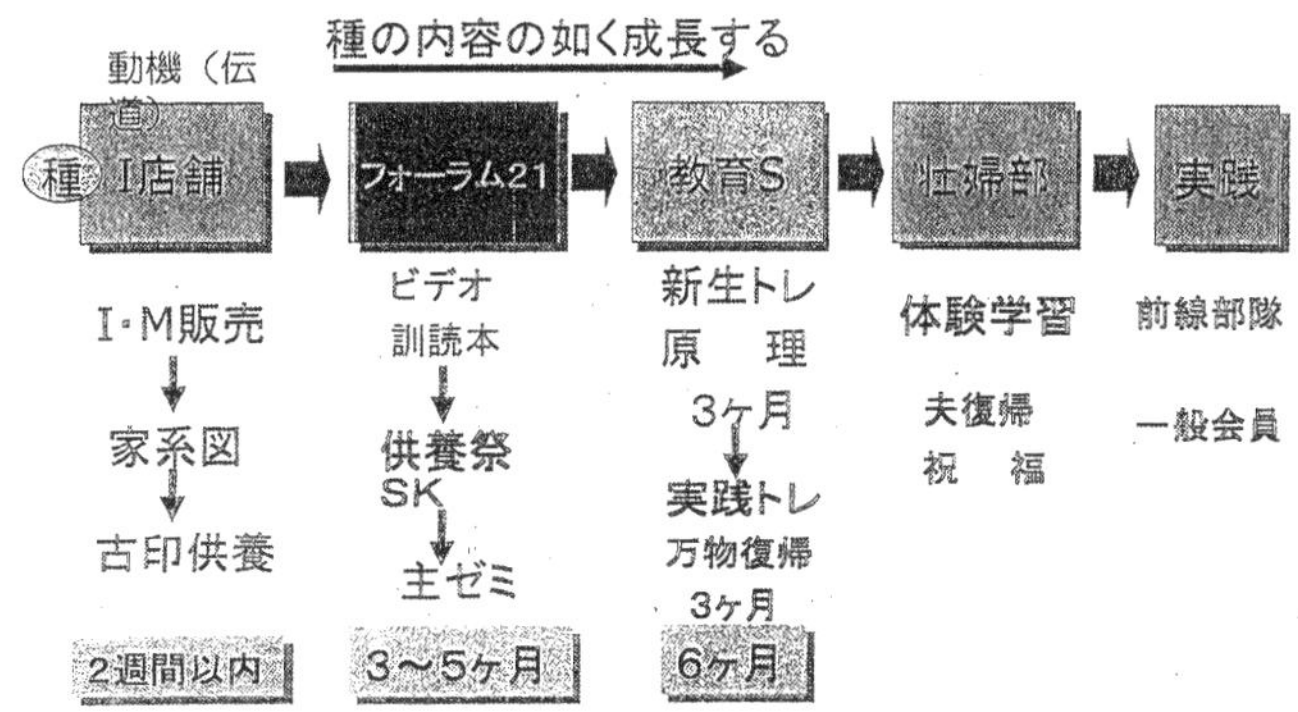

鑑販売の手法を周知して組織的に行わせたものであるから、その刑事責任はかなり重い。

また、被告人F・Jは、長年にわたり被告会社の営業部長等として、個別の印鑑販売において、販売員から直接連絡や相談を受け、それぞれの客との対応について具体的な指導をするなど、個々の印鑑販売に関わっていただけでなく、客の管理や被告人T・Nへ成約状況等の報告等をして被告人T・Nを補佐したものであり、被告会社の印鑑販売において重要な役割を果たしたものであるから、その刑事責任は重い」。

統一教会の組織的犯行であること

統一教会はこの新世事件をはじめ相次ぐ刑事摘発について、一部信者のいきすぎた行為であって、統一教会の組織的犯行ではないかの如き弁明を繰り返している。検察官の論告の内容からしても、そのような言い逃れができないことは明白だが、念のため主犯T・Nが販売行為とビデオセンターを通した信者勧誘の実績をあげるために作成したレジュメをいくつか見ておこう。いずれも渋谷区渋谷一丁目の活動拠点で押収されたハードディスクなどにあったものだ。

例えば、「I（BP）からBF・教育Sの全体像」のチャート（資料9）。T・Nは、印鑑販売（Iという）は、フォーラム21というビデオセンターに誘って、教育し、実践信者にしていくコースの入口だと明確に位置付けている。しかも印鑑を売って二週間以内に「古印供養」までして、フォーラム21に誘い込んで通わせ、三〜五ヵ月で「主ゼミ」つまりこれまで学んできたことは統一教会の教義であって、メシアは文鮮明だと教えるコースを経て、物品販売等の実践活動をさせ、「夫復帰・祝福」つまり、夫を信者にして夫婦で合同結婚式に参加させることを目指せと指示しているのだ。

次に「新規からV・Cまでの流れ」というチャートを見る（資料10）。前頁資料9の「全体像」のうち印鑑を売ってビデオセンターに動員するまでの手口を実に巧妙にシステム化していることが判る。

そしてT・Nが作成した「二〇〇二年の渋谷フォーラムの役割」と題するレジュメでは、

(1) SK（信者献金）を出して教域、教区を積極的にサポートする

(2) 人的基盤を拡大し、献身青年・実践婦人を輩出する

と明記している。資金と人材を提供するのが販売担当者の使命だと明示しているのだ。

そして「教育こそ天国の基盤」と題して、次の三点を強調している。

一、神様を教える

資料10　新規からV・Cまでの流れ

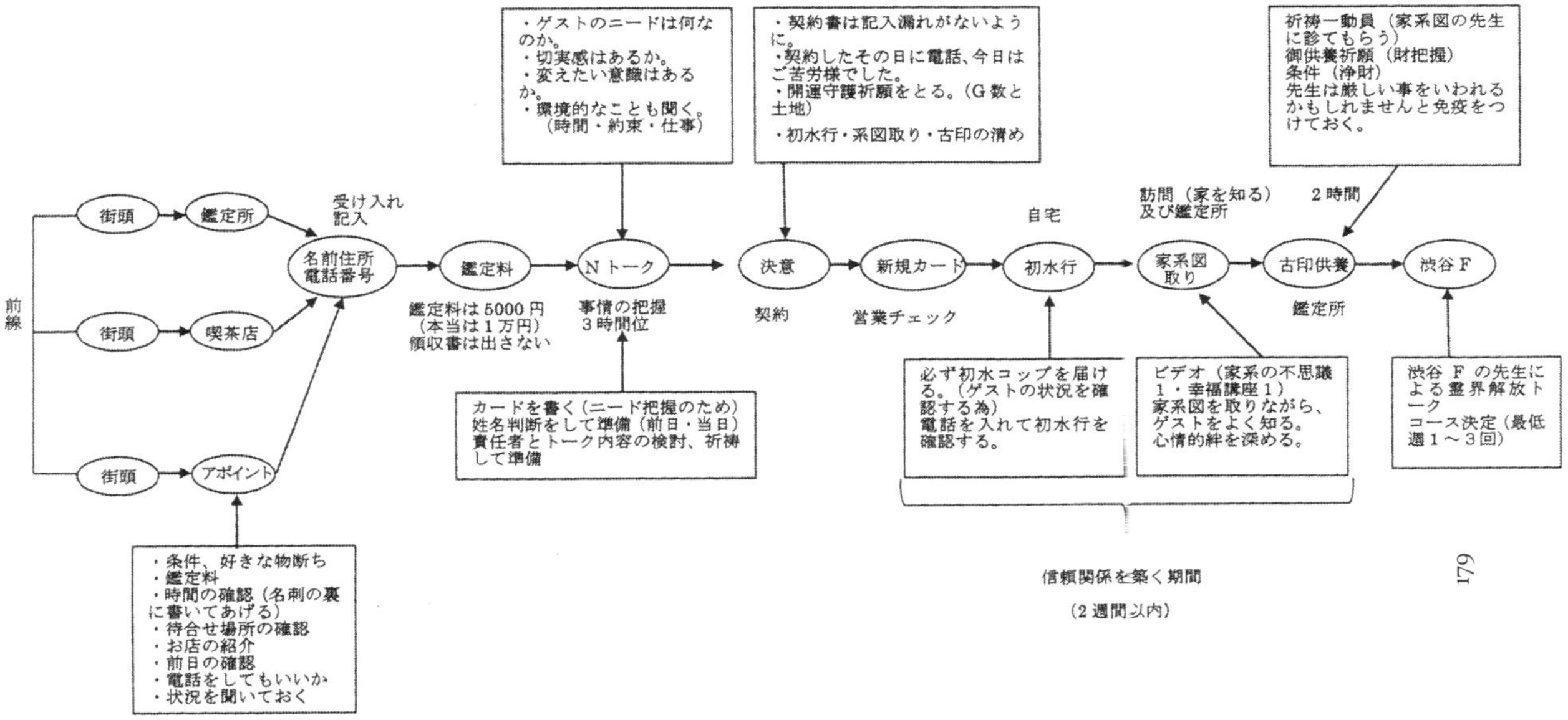

神霊（霊的）と真理（肉的）により心霊と知能を開発する（終末論）

二、霊界（永生）を教える

霊界を確信をもって教えられるのは私達しかいない。私達の専売特許である。先祖の霊界の様子を自信をもって伝え、先祖の救いを強調。

三、メシヤの必要性を教え、切望させる

その上で「SK（信者献金）を出させるのが最高の教育」と明記しているのだ。

そして、「二〇〇二年の目標」として次の五点をあげている。

「一．月SK一〇〇〇の定着化と月二〇〇〇への挑戦

（ゲストの一人の最高額を四〇〇から八〇〇へ）

二．各教域のSKの平準化

三．教材の充実

四．ソフトの充実

五．スタッフのみ言による武装を強化（月一回の研修会／佐野教区長）」

毎月一〇〇〇万円確保を定着させ、更に月二〇〇〇万円確保を目指すため、一人のゲストから八〇〇万円ゲットを目指す。教材研修を充実して全体の信仰レベルを上げるなどとしているのだ。まさに統一教会の組織は営業組織そのものであることが判る。このような、いつまでにいくら、何人確保という目標を立てさせて信者をあおる組織体質はその後も全く変わっていない。目立たな

くはなっているものの、新世事件と同質の犯罪的組織運営は今も続いていると、私は確信をもって言わざるを得ない。

沖縄天守堂の店長の告白

二〇一一年十一月十九日、店長だったK・Mは、自身のブログに統一教会本部は犯罪集団だと認める文書を公表した。K・Mは、冒頭にこう述べた。

「私は二〇〇七年に特定商取引に関する法律違反で逮捕されて前科一犯になりました。当事者の立場から統一教会の現実を公開したいと思います。

当時、私の所属する教会の礼拝会員は五〇人くらいでした。その中で、六人の統一教会員が逮捕されましたので、礼拝会員の一〇パーセントが逮捕された事になります」

そして私たちの次の批判、『すべてが、上からの命令で印鑑販売をしていたはずなのだが……教会の広報部は、決まって、教会とは関係ないという。彼らが好きでやった事……そういうニュアンスのことを言う。情けない組織だ』、について、こう正直に述べた。

「仰る通りだと思います。私は店舗の代表者でしたが、私が始めたお店ではありません。当時の責任者（教域長と呼ばれていました）の依頼によって、店舗の代表者になりました。

しかし、そこには逃げ道があって、当時、教域長と呼ばれていた教会の責任者は、統一教会の職員ではありません。ですから、『信者が勝手にやった事』と繰り返し報道している広報部の主張は理論上は成り立ちます。これが、統一教会本部の物の考え方です。ですが、当事者の心情としてはとても理解できません」

また、こうも書いている。

「どこまでも犯罪集団になってしまったのだ。このレッテルは、もう脱ぐことはできないだろう。レッテルと言うよりも、『犯罪集団そのもの』であると言うべきだと私は考えています」

そして、二日後にはこうも書いた。

「問題は、店舗の顧客を統一教会の責任者の指示によって、統一原理を学ぶ教育センターに連れて行く事です！　しかも、統一原理を学ぶ為の施設である事を隠して、家系図の話しをしたり、霊界の話しをしたりして、お客様を脅し、困惑させ、財産をもっている事が悪であるかのような誤解を与えて、浄財などと称してお金を出させるような生産ラインに問題があるのです！」

しかし、彼に統一教会本部から圧力がかかったに違いない。十二月一日のブログでこう書いて、この告白を全て撤回した。

「この度は、現役の統一教会信者である私、K・Mが、統一教会が犯罪集団であるかの様な印象を与える告発記事を書きましたが、私自身、深く考慮した結果、この二〇一一年十一月十九日付けの記事の内容を事実誤認である為、全面撤回したいと思いコメント致しました。

統一教会は私にとって命の恩人です！　命の恩人である統一教会を窮地に追い込む事は決して

私の真意ではありません……」

しかし、このような正直な告白が公表された事実を消すことはできない。

私はＫ・Ｍの心の叫び、統一教会信者ではあるものの、自分がやってきたことや統一教会のありように納得できないものを感じて発信した事実にこそ真実性があると確信してここに紹介した。

徳野会長名義の指導文と疑問

新世事件の摘発を受けて、統一教会は徳野英治会長名で「教会指導者に対する注意と指導」と題する文書を二〇〇九年二月十二日と三月二十五日の二度にわたって公表した。

しかし、二月十二日付文書では次の白々しい文章がある。

「特に物品販売活動等の収益事業は、法人としての目的外のことであり、法人指導者としてそれに関わることは出来ません。

従って、教会指導者が信者らの指導において、今般の報道に見られるような物品販売活動との関係において、関わりを問われるような誤解や嫌疑を受けるようなことのないように厳重に注意いたします」

霊感商法の手口による物品販売や献金勧誘活動は統一教会が組織的に展開してきたことなのに、信者が勝手にやっていることだから、「いきすぎは止めて下さい」と注意したふりをしているのだ。

三月二十五日付文書は、もう少し具体的なので、長いが全文を紹介しよう。統一教会はかつて自らこのように言明していたことをきちんと確認しておきたい。後述の注1～5の記入は筆者。この指導文が全く欺瞞的であることを述べている。

教会員の献金奨励・勧誘活動及びビデオ受講施設等における教育活動等に対する指導について

真の愛、真の生命、真の血統に基づく真の家庭実現を通して平和理想世界を実現するという当法人の目的を実現するために、より社会的に規範となる運動を一層推進拡大し、更に多くの人の理想と参加を得ていくことが願われています。

これまで当法人を被告とする一部の民事裁判等において、伝道や献金勧誘行為に関わる教会員の行為が不法行為と認定され、当法人に使用者責任が認められてきました。そこで当法人としても教会員の活動に対して、以下のような一定の指導基準を設け、指導を進めることに致しました。

つきましては教会員の献金奨励・勧誘行為、及び教会員が自主的に設立・運営するビデオ受講施設における統一原理を用いた教育活動について、教会指導者である皆様におかれましては、以下のような指導基準の趣旨を十分にご理解頂き、指導を進めて頂けますようお願い致します。

第一　教会員の献金奨励・勧誘活動についての指導基準

これまで教会員が信徒会等の活動の一環として献金を奨励・勧誘する際に、家系図等を用い、先祖の因縁ないし先祖解放等を理由に献金の必要性を説くようなことが一部行われてきたようです。しかしながら、当法人に対する民事裁判においては、このような行為が、目的・方法・結果において社会的相当性を逸脱する不法行為と認定され、当法人の使用者責任が問われてきました。本来、当法人への献金は、『信仰生活と献金』（光言社発行）で説かれているとおり、統一原理を学び信仰に至った結果、自らの自由意思で行われるべきものであり、あるいは、主の路程、及び統一運動を学んでその趣旨・目的に賛同した結果として捧げるべきものです。そこで今後は以下の事項をこれまで以上に遵守するよう指導してください。

一．献金と先祖の因縁等を殊更に結びつけた献金奨励・勧誘行為をしない。また、霊能力に長けていると言われる人物をして、その霊能力を用いた献金の奨励・勧誘行為をさせない。（注１）

二．教会員への献金の奨励・勧誘行為はあくまでも教会員本人の信仰に基づく自主性及び自由意思を尊重し、教会員の経済状態に比して過度な献金とならないよう配慮する。（注２）

三．献金は、統一原理を学んだ者から、献金先が統一教会であることを明示して受け取る。（注３）

四．上記一、二、三について教会指導者（地区長、教区長、教域長、教会長）が責任を持ち、教会員の献金奨励・勧誘行為において、教会員等による社会的な批判を受けるような行為が行われないよう指導・監督する。

第二　教会員が自主運営するビデオ受講施設等における教育活動等についての指導基準

これまで、教会員が自主運営するビデオ受講施設等における教育活動等については、当法人とは法主体の異なる信徒会の活動の一環であったため、当法人は協会員の信仰活動の自由の観点からその自主性を尊重し、指導・監督を行ってきませんでした。しかしながら、これまでの民事裁判の判決においては、教会員等が自主運営するビデオ受講施設等において行ってきた勧誘活動について違法性が認定されたものがあり、当法人に対して使用者責任が問われてきました。そこで、今後は教会員が自主運営するビデオ受講施設等における勧誘及び教育活動等についても、以下の事項が遵守されるようにご指導下さい。

一．勧誘目的の開示　教会員が自主的に運営するビデオ受講施設等における教育内容に統一原理を用いる場合、勧誘の当初からその旨明示するように指導して下さい。また、宗教との関連性や統一教会との関連性を聞かれた際には、ビデオ受講施設等の運営形態に応じた的確な説明ができるよう、ご指導下さい（注4）。

二．法令遵守（コンプライアンス）　特定商取引法をはじめとする法令違反との批判を受けないよう配慮して下さい。例えば、教会員が自主的に運営するビデオ受講施設等で受講料を徴収する場合には最初からその旨明示し、受講契約書等必要書類を交付しなければなりません。また、勧誘に際しては、「威迫・困惑させた」「不実を告知した」と誤解されるような行為がないよう、注意して下さい（注5）。

以上に関して、皆様のご理解・ご指導のほど宜しくお願い申し上げます。

以上

二〇〇九年三月二十五日

世界基督教統一神霊教会

会長　徳　野　英　治

注1　清平の役事などはどうなるのか

徳野氏は先祖の因縁とことさら結びつけたり、献金強要をするなと言っている。しかし、韓国の清平（チョンピョン）の施設はその全体が「先祖解怨」の場である。その清平での修練会に全国の統一教会組織をあげて大量の信者や信者になりかかった人を動員して、霊界の先祖のことなどを「実感・体感」させた上で、清平で、また帰国後も献金させ、統一教会の活動に従事させている。統一教会本部を含め組織をあげて先祖因縁を強調し、霊能力をふりかざしているのだ。

注2　毎月の目標を立てて、チームや個人に目標達成を宣誓させて実行にかり立てることはつづけている。

徳野氏は「教会員の経済状態に比して過度な献金」をさせるなと言っている。しかし統一教会では、各地域組織に於いて、文鮮明自らの指示として内的目標として信仰スローガン、外的目標として資金集め金額とビデオセンターさそい込み人数（コース決定数）の達成を指示してきた。これを受けて、各地にノルマの献金額をわりふり、毎月初めに各セクションで誓約させてきた。文鮮明自らあるいはその承継者である韓鶴子が、これまでの非を反省し、これまでのやり方を止めると言うべきであり、そうしない限り、末端信者は徳野会長ではなく、「メシア」文鮮明やその文鮮明に近い韓国人幹部に従って行動することは必至だ。

注3　統一原理さえ学んでいない婦人から浄財をとることを止めるのか

献金は、統一教会に出すものだと認識させて出してもらうようにと「指導」しているが、全く信用できない。

これまで、ビデオセンターや家系図勉強会などで、自称霊能師から、先祖の因縁等を強調され不安をあおられ、高額の献金（浄財などと称して）をさせられた多くの婦人は、「天にささげなさい」と言われていただけで、統一教会＝文鮮明に出すことの認識がないことがほとんどだった。

注4　全てのビデオセンターで統一教会と明示するわけではないことを明示している

徳野氏は、正体をかくしてビデオセンターにさそい込むな、ビデオセンターでは統一教会の教義の勉強だと明示しろと「指導」しているのだが、全く信用できない。「教育内容に統一原理を用いる場合」は統一教会と言うが、一般の映画やビデオ、家系図講演や信者による講演会の場合かくすつもりであることが見え透いている。ビデオセンターは決して「教会員が自主的に運営」しているのではなく、各地区組織の責任分担として開設運営しているものだ。その全ての施設がどこにあるのか明示し、その全てで正体かくしをしないことを明示すべきだ。

注5　全てのビデオセンターでの入会にあたって法律に従って入会契約書を作るべき

これは、経済産業省や消費者庁が特定商取引法に基づいて、ビデオセンターの入会契約については、同法所定の契約書を作成してゲストに交付すべきであるし、統一教会の正体をかくしたさそい込みも違法であると勧告していることを受けたものと思われる。

そもそもビデオセンターが統一教会の教義を教え込むための場で、統一教会の地区組織が開設運営していることについて、かくしたり、ウソをついたりすること自体、特定商取引法違反の「不実告知」であり、犯罪行為である。

これまで、いくつかのビデオセンターでは極めて不十分だが、「受講契約書」的な書面を作成して、受講生に交付していたこともある。これをすすめて、全てのビデオセンターで、特定商取引法所定の事項を明記した契約書を準備して、受講を承諾した人に交付すべきである。

これまでにも「証し伝道」と称して、予め統一教会の勧誘であることを明示する試みがなされた所と時期があった。しかし、これでは実績があがらないため、結局正体かくしの勧誘に戻ってしまった。文

資料11　徳野会長の辞任を伝える統一教会の機関誌『グラフ新天地』2009年8月号

ニュース・フラッシュ

「道義的責任を痛感」

【徳野英治会長が記者会見】

2009年7月13日、東京・都内のホテル

記者会見する徳野英治会長（左）、岡村信男法務局長（7月13日、東京渋谷区のホテル）

鮮明あるいは韓鶴子が自ら反省して、これまでのような手口はやめるよう明確に指示しない限り、再び「実績追求」を優先した違法な手口に戻ることは必至である。現実に正体かくしの誘い込みが今も各地でなされている。

この公表文はまことに白々しいもので、統一教会としての責任を認めようとせず、一部のいきすぎた行為をした信者のせいにして誤魔化そうとしている。いつまでこんなことで世の中の目をごまかすつもりか。

霊感商法や違法伝道（正体かくしの勧誘）について多くの判決が、統一教会組織をあげてやってきた違法性のある行為と認定した。ところが正体かくしの勧誘について、「一部行われて来たようです」などと白々しくコメントしている。とりわけ注1～5と印をつけた五点は重大である。徳野会長は同年七月十三日、渋谷区内のホ

テルにメディアを呼んで会長辞任の記者会見をした。彼は当日読みあげた声明文にこう書いた。

「さて、昨今の特定商取引法違反事件において、当法人の信者の関与が指摘されるとともに、当法人の施設に警察の家宅捜索が入るという事態を招きましたことは誠に遺憾であり、胸の痛みを禁じ得ません。

また、信者の個人的な活動とはいえ、上記の一連の事件における家宅捜索で、世間をお騒がせし、多大なご迷惑をおかけしましたことにつきまして、教団の責任者として深くお詫び申し上げます。

当法人は今日までいかなる営利事業も行ってきておりませんが、私は、今回。世間をお騒がせしたことに対する道義的責任を痛感し、七月十四日をもって会長職を辞任することに致しました」

結局、徳野会長は単に「世間をお騒がせしたことに対する道義的責任を痛感」して辞任するというのだ。そして、後任の梶栗玄太郎が病死した三年後には何食わぬ顔で会長職に戻った。

第6章　統一教会（家庭連合）とは

統一教会の信者数と歴代会長

管轄官庁だった東京都への届出書類によれば、統一教会が「宗教法人世界基督教統一神霊協会、代表役員・久保木修己」として設立されたのは一九六四年七月十五日である。

初代会長の久保木修己は立正佼成会の信者だったが、他の同会若手信者とともに集団で統一教会に移籍した。久保木は一九九一年まで約二十七年間会長だった。前述したとおり統一教会の組織活動の中心である経済活動（資金集め）は古田元男が仕切っていた時期も長いが、久保木は表の顔として知られていた。しかし、それ以降の会長は表3のとおり目まぐるしく首がすげ替えられている。これは、厳しく献金額を明示してその達成を指示する文鮮明やその取り巻きの韓国人幹部が満足する金額を達成できないため責任を取らされたもののようだ。こいつにやらせてみても駄目ならあいつにやらせてみようと韓国人幹部が文鮮明に上申して次々と交替させられてきたもののようだ。

なお、二〇〇九年七月に徳野英治が会長を辞任したのは前述した統一教会傘下の霊感商法の会社である（有）新世などが摘発された責任をとったもの。辞任の記者会見までしている。ところが、後任の梶栗玄太郎が二〇一二年十二月二十六日に癌で死去した（七十五歳）ため、徳野が会長に復帰した。外から見ても会長になる人材が不足していることは明らかで、組織の衰退は顕著である。

表3　歴代統一教会会長

初	久保木修己	1964年7月～1991年9月
2	神山威	1991年9月～1993年1月
3	藤井羡雄	1993年1月～1994年5月
4	小山田秀生	1994年5月～1995年6月
5	桜井設雄	1995年6月～1996年6月
6	石井光治	1996年6月～1998年3月
7	江利川安榮	1998年3月～1999年1月
8	大塚克己	1999年1月～2001年6月
9	小山田秀生	2001年6月～2006年8月
10	大塚克己	2006年8月～2008年5月
11	徳野英治	2008年5月～2009年7月
12	梶栗玄太郎	2009年7月～2012年12月
13	徳野英治	2012年12月～？

注：神山は3男派、江利川は7男派につき、本部から離反した。神山、久保木、桜井、石井、梶栗は故人。

表4　全国祝福家庭総連合歴代会長（略称「総会長」）

No.	名前	就任期間
初	金元弼（キム ウォンピル）	1993年5月～10月
2	金明大（キム ミョンデ）	1993年10月～1994年5月
3	黄煥チェ（ファン ファンチェ）	1994年5月～1995年1月
4	朴普熙（パク ポヒ）	1995年1月～1998年1月
5	劉大行（ユ テヘン）	1998年1月～2007年1月 ※1
6	任導淳（イン ドスン）	2007年1月～2009年2月
7	宋榮渉（ソン ヨンソプ）	2009年2月～2013年1月 ※2
8	宋龍大（ソン ヨンチョン）	2013年1月～？

注1・2：両名は後に、劉正玉（ユ ジョンオク）と宋榮錫（ソン ヨンソク）に、文鮮明の指示で改名している。

しかも、文鮮明ら韓国人幹部は、日本人幹部を信用できなくなって一九九三年以降日本人会長の上に韓国人幹部を「総会長（全国祝福家庭総連合の会長）」と称して表4のとおり配置した。韓国人トップは日本人信者が相次ぐ献金のため生活苦で貧困にあえいでいることもおかまいなしに「いつまでにいくら集めよ」という強引な献金指令を連発しつづけている。会長を始めとした日本人幹部は韓国人幹部の顔色を窺いながら、韓国人幹部の指示は文鮮明の指示つまり神様の指示（これを「摂理」と称している）と受け止めて、献金と集金・動員の目標達成を自己目的としている。

自らは「統一教会」と呼称していたが、「教会」としての宗教団体というよりも「統一協会」と称するさまざまな顔をもつ営利・事業団体、ブラック企業と考えたほうが実態に近い。韓国では統一教、アメリカではムーニズム（信者をムーニー）あるいはユニフィケーション・チャーチ（UC）と呼ばれてきた。

文化庁編の『宗教年鑑』によると、一九八二年版では日本国内に教師四七五四人、信者二八万七九一六人、一九八五年版では教師五〇七七人、信者三三万一四七三人と「届け出」がなされていた。現在はこの届け出がされていないのか『宗教年鑑』にはデータがない。

世界一三七ヵ国に三〇〇万人の信者を擁すると自称していたこともある。元幹部の副島嘉和によると、信者数は一九八三年時点で日本に八〇〇〇人、アメリカ・韓国に各二〇〇〇人、ヨーロッパ全体で二百数十人とされていた。

表5　ヨーロッパの統一教会（2015年5月）

国名	メインイベント参加目標人数	献金目標	献金達成
アルバニア	111名	1800ユーロ	3000ユーロ
オーストリア	550名	36300	19875
チェコ	98名	3700	2900
フランス	116名	29100	15450
ドイツ	358名	76500	29401
ハンガリー	119名	6600	1500
イタリア	206名	39900	9250
スロバキア	120名	5400	2600
イギリス	116名	66600	17022
その他の国など	523名	103730	68576
ヨーロッパ全体	2317名	369630	169574

二〇一五年五月、新メシアとなった韓鶴子がスイスとオーストリアを訪問した。これにあわせて、ヨーロッパでの統一教会五十周年記念イベントが企画された。

ヨーロッパの三七ヵ国・地域のイベント参加者と献金目標は表5のとおり。これを見ると、ヨーロッパ全体でも集会に動員できるのはせいぜい二三〇〇人で、集まる献金も二〇〇〇万円程度のようだ。三七万ユーロの目標が一七万ユーロしか集まらなかったという。

家庭連合へ名称変更と最新の陣容

二〇一五年八月二十六日、主務官庁である文化庁（宗務課）は、統一教会・世界基督教統一神霊協会を世界平和統一家庭連合に改める規則変更を認証した。文鮮明は統一教会の名称を世界各国で「世界平和統一家庭連合」に変更するよう一九九七年に指示し、韓国や米国などでは正式にそう改称していた。しかし、日本では、文化庁がこの名称変更申請を受理しない方針を明示していた。この名称変更のために統一教会だと気付かず深入りしてしまって被害を受ける人が増えるので、この方針は正しいものだった。私は文化庁宗務課の担当者と面談した際、この問題については、「大丈夫です。受理しませんから」と十年以上にわたって言われてきた。ところが二〇一五年八月末、唐突に受理して、認証してしまったのだ。

安倍晋三首相は、統一教会の各種会合に再三祝電を送るなど近い関係にあった。認証時の主務大臣だった下村博文文部科学大臣も統一教会との交流があった。しかも当時、国家公安委員会委員長として警察組織を統括する特命担当大臣だった山谷えり子も、かねて統一教会信者の組織的選挙応援を受けていた。このような政治家の圧力に抗しきれるか憂慮していたが案の定、文化庁の方針は腰砕けになってしまったのだ。

この名称変更を祝う集会には自民党や民主党の複数の保守系の議員が出席してスピーチしている。この名称変更のために被害が拡大することは避けられないだろう。その責任は文化庁のみならず、圧力をかけて認証させた政治家にもある。

ここに二〇一〇年末時点の統一教会の組織図、全国地区割表（表6）がある。全国を一二の地区に分け、各地区をいくつかの教区に分ける。例えば、東京は第五地区で、地区を五教区に分けている。そして、各教区を更にいくつかの教会（教域とも称している）に分け、手元の表では二八六教会（教域）に分けている。地区、教区、教会（教域）毎に資金集めと人集めの実績を競わせている。各地区、教区、教会の当時の責任者リストもあるが伏せておこう。

統一教会は勢力減退中であり、若者の入信者が激減し続けているため、信者の高齢化が進行して平均年齢は五十五歳になっている。かつて合同結婚式に参加した信者夫婦の多くは五十歳を超え、多くの二世が成人しているが、その七割は統一教会から離れている。現在統一教会は、既婚女性中心の二、三万人程度の集団と見てよい。ただ年一五〇億円が国内運営経費として必要であるとともに、韓国本部からは年に三〇〇億円余の送金指令があるので、その資金獲得目標の達成を常に目標とする資金集め活動が中心の教団である。しかも韓国清平修練苑での先祖解怨を人集め、金集めの中心的活動としているため、その教義は先祖因縁解放を中心とするシャーマニズムに劣化している。

常に社会問題を引き起こす

一九七六（昭和五十一）年六月十四日付「読売新聞」は、統一教会をこう紹介した。

「原理研究とも文鮮明教とも呼ばれる。韓国人の文鮮明氏がみずから『キリストの再臨』『全人類のおとうさま』としながら、『宇宙の根本〝原理〟（つまり神）は一つであり、全宗教を〝統一〟して世界平和を建設する』というのが主張。日本には六五年に入り、六九年宗教法人として認可さ

	地区	教区	教会（地域）
145		静岡	磐周
146	第7	富山	高岡
147			新川
148			富山
149		石川	金沢
150			加賀
151			能登
152		福井	福井
153			越前
154		岐阜	高山
155			各務原
156			岐阜
157			大垣
158		滋賀	守山
159			瀬田
160			大津
161			彦根
162	第8	南愛知	東海
163			岡崎
164			金山
165			知立
166			緑
167			豊田
168			豊川
169			豊橋
170		北愛知	伏見
171			津島
172			犬山
173			春日井
174			江南
175			名進
176			東濃
177			名古屋
178			一宮
179			瀬戸
180		三重	鈴鹿
181			伊賀
182			津
183			四日市
184			伊勢
185	第9	京都	伏見
186			京都
187			北山
188			北都
189		南大阪	花園
190			富田林
191			藤井寺
192			堺西
193	第9	南大阪	堺
194			大阪
195			泉佐野
196			八原
197			東大阪
198			貝塚
199			浪速
200			松原
201		北大阪	豊中
202			京阪
203			水都
204			門真
205			新大阪
206			吹田
207			高槻
208			茨木
209		兵庫	東神戸
210			神戸
211			姫路
212			尼崎
213			阪神
214			西宮
215			加古川
216		奈良	奈良西
217			郡山
218			奈良
219			壇原
220			高田
221		和歌山	和歌山
222			和歌山北
223			田辺
224	第10	徳島	阿南
225			徳島眉山
226			徳島
227		香川	観音寺
228			丸亀
229			高松
230		愛媛	今治
231			新居浜
232			松山
233			宇和島
234		高知	高知中央
235			高知東
236	第11	鳥取	鳥取
237			倉吉
238			米子
239		島根	浜田
240			松江
241	第11	島根	益田
242			出雲
243		岡山	岡山
244			東岡山
245			玉野
246			総社
247			倉敷
248		広島	福山
249			広島
250			西
251			北
252			中央
253			呉
254			三原
255			東
256			尾道
257		山口	防府
258			徳山
259			岩国
260			下関
261			山口
262			宇部
263	第12	福岡	福岡
264			福岡西
265			福岡東
266			久留米
267			八幡
268			北九州
269		佐賀	佐賀
270			唐津
271		長崎	長崎
272			諫早
273			佐世保
274		熊本	城北
275			八代
276			熊本
277			阿蘇
278		大分	大分
279			別府
280		宮崎	都城
281			宮崎
282		鹿児島	鹿児島
283			薩摩
284			霧島
285		沖縄	那覇
286			沖縄中部

表6　2010年末全国地区割り表

	地区	教区	教会（地域）
1	第1	北海道	札幌南
2			札幌
3			札幌手稲西
4			札幌創成
5			札幌北
6			札幌白石
7			旭川
8			江別
9			岩見沢
10			苫小牧
11			釧路
12			函館
13			帯広
14	第2	青森	十和田
15			青森
16			八戸
17			弘前
18		岩手	花巻
19			盛岡
20			一関
21			盛岡南
22		宮城	仙南
23			仙台
24			石巻
25			宮城野
26		秋田	横手
27			秋田
28		山形	庄内
29			山形
30			米沢
31		福島	会津
32			郡山
33			福島
34			いわき
35			南郡山
36			白河
37	第3	茨城	日立
38			土浦
39			水戸
40		埼玉	浦和
41			大宮
42			大宮南
43			浦和北
44			浦和南
45		南千葉	千葉
46			木更津
47			市原
48			千葉西
49	第3	南千葉	佐倉
50			若葉
51			佐原
52			両総
53		北千葉	船橋中央
54			柏
55			松戸
56			八千代
57			船橋
58		埼玉	所沢
59			大宮北
60			川越
61			越谷
62			鴻巣
63			鷲宮
64			久喜
65			熊谷
66	第4	栃木	足利
67			足利東
68			小山
69			宇都宮
70			那須
71			真岡
72		群馬	前橋
73			高崎
74			神川
75			太田
76			伊勢崎
77		南長野	飯田
78			伊那
79			安曇野
80			諏訪
81			松本
82		北長野	中野
83			長野
84			上田
85			佐久
86		新潟	新潟
87			新潟東
88			新潟西
89			長岡
90			新発田
91			上越
92			県央
93	第5	西東京	昭島
94			調布
95			町田
96			杉並
97	第5	西東京	立川
98			杉並南
99			八王子
100			西武
101			武蔵野
102			成真
103			甲府
104		西北東京	池袋
105			大泉
106			練馬
107		東東京	中野
108			江戸川
109			江東
110			葛西
111			新宿
112			早稲田
113		南東京	世田谷
114			目黒
115			渋谷
116			成城
117			南大田
118			豪徳寺
119			大田
120		北東京	竹ノ塚
121			足立
122			荒川
123			台東
124			葛飾
125			赤羽
126	第6	西神奈川	伊勢原
127			戸塚
128			小田原
129			藤沢
130			相模原
131		東神奈川	中原
132			横浜東
133			川崎
134			横浜
135			横須賀
136			港南
137			青葉台
138			宮崎台
139		静岡	富士
140			沼津
141			浜松北
142			藤枝
143			浜松
144			静岡

れたが、文師はかつて『メシア』とも称し、激しい反共教理を宣伝した。

特に日本では大学生、高校生たちに対する浸透が目立ち、街頭や酒場で男女の青少年が伝道や花売りをしている風景がよくみられる。彼らは合宿生活などをしながら親から金を引き出して活動に夢中になるため『対策父母の会』もできた。昨春、韓国で『集団結婚式』を行ったのも同教会」

この統一教会についての日本社会における認識は、一九九二年夏の合同結婚式騒動を機に相当広がり、かつ深まった。文鮮明は外向けにも自らをメシアだと言いはじめた。また、統一教会が霊感商法を組織的に展開している団体であることも公知の事実になった。

長年、統一教会の実態を取材してきたジャーナリストの茶本繁正氏は、日本で問題にされた一九六八年から三十年間を三つに分けた（『朝日ブックレット49――追及ルポ原理運動』朝日新聞社）。

〈第一期〉一九六八（昭和四十三）年夏以降の家出・親泣かせの時期。集団結婚式、原理運動特有の洗脳、インチキ募金が問題になった。

〈第二期〉一九七七（昭和五十二）年夏以降の反原理運動の時期。後にふれるアメリカ下院フレーザー委員会の追及などを通してＫＣＩＡとの関係なども問題にされた。

〈第三期〉一九八一（昭和五十六）年以降の物品販売・募金活動に走りだした時期。偏向教科書攻撃やスパイ防止法制定促進運動の下支えをしたのも統一教会だ。

そして、私は次の〈第四期〉〈第五期〉を追加したい。

〈第四期〉は一九八七（昭和六十二）年以降二〇〇九年までの組織衰退期。霊感商法が社会問題になり、厳しい社会的批判にさらされながら、韓国人幹部の強引な指揮により、様々な口実で献金摂理を提示して資金稼ぎをつづけてはきたが、組織としても信者個々人としても借金が増える一方で、組織の衰退が進行した期間と言えよう。

そして〈第五期〉は二〇〇九年から現在まで。警察の摘発が相次いだため、街頭で声をかけて一般市民に物品を売り付けることを中止せざるを得なくなり、信者への誘い込みの窓口がせばまった。このため集金力が格段に落ちた。しかも二〇一二年八月の文鮮明死去後、中枢の文鮮明ファミリー内でも組織分裂が深刻化している。幹部の高齢化が目立ち、組織としての活性化は望むべくもない状態になっている。

文鮮明の経歴と日本

文鮮明についてはすでに多くの文献でそのいかがわしい過去が指摘されている。たとえば『中央公論』一九七一（昭和四十六）年七月号の猪野健治氏の「原理運動の軌跡と変貌」にはこう紹介されている。

「文鮮明氏は平壌で布教中、『一九四九年ごろ、〝混淫罪〟のかどで北朝鮮警察に逮捕され、五年六ヵ月の実刑判決を受け、興南刑務所に服役中、朝鮮戦争が勃発、五二年九月五日、北進してきた国連軍によって解放された』と伝えられる。

文鮮明氏は、国連軍によって『解放』されたあと釜山、影島で布教、一九五四年五月、劉孝元氏とソウルに統一協会をつくり、独自の統一原理の布教を開始する。が、翌年七月、文氏らが女性信者らとの〝風紀紊乱罪〟で拘禁されたため、教勢は伸びなやみ、協会は幾度か移転、十月に現在の青波洞（ソウル）におちついた。その直後、文氏らは証拠不十分で釈放となり、統一原理の布教を再開、しだいに教勢をひろげ、六三年五月には社会団体として登録された」

文鮮明は二十三歳年下の韓鶴子との間に七男七女をもうけたが、そのうち四人は既に死亡、五人以上に離婚歴がある。先妻の崔先吉との間に生まれた文聖進（朴サミュエル）は良識ある成人男性であり、自分の母親がその両親の財産を含めて、自らの父文鮮明に搾取されるとともに、性的虐待を受けた事実などを、二〇一四年七月のＩＣＳＡ（国際カルト研究組織）の大会でスピーチしている。

現在でも、韓国内では特異の宗派として白眼視されている。韓国内のキリスト教各組織は統一教会が「キリスト教統一神霊協会」と称していたことが許せないとして、「エセ教会」と厳しく指弾してきた。

日本ではじめて伝道したのは崔翔翊（日本名西川勝――後に統一教会から離脱した）であり、増田勝の神戸事件での供述によると、一九五七年頃から西川と増田の二人で伝道したという。団体の体をなすようになったのは、一九六二、三年頃。西川と立正佼正会会長・庭野日敬氏が話し合い、同会から若い信者三、四〇名の修練生を出して両団体合同で修練会を行ったのをきっかけとして、若い立正佼正会の信者たちが統一教会の信者になってからだ。このとき、久保木、石井らその後統一教会の幹部となる人物が入信した。

統一教会は、おびただしい種類と量の機関紙誌や印刷物を発行している。しかしそれらのほとんどの資金は、末端信者の霊感商法によるものである。統一教会は、詐欺的伝道の実態をかくし、表面上の美辞麗句でおおわれた刊行物を出し続けている。カルト的体質は、この表面上の言説と内部で教え込まれる内容とが著しくかけはなれた点にあると言うこともできる。

しかし、この統一教会の内実が公的な場で明らかにされる機会が、一九八七年以前に日本とアメリカでそれぞれ一回ずつあった。

ひとつがいわゆる神戸事件である。

この事件は一九七一（昭和四十六）、七二年に、当時統一教会と勝共連合および資金集めグループとして活動していた「熱狂グループ」の財政面を取り仕切っていた石井光治ほか二名が、正規の手続きを経ないで数億円の小切手を韓国に持ち出したというものである。判決は一九七七年一月二十一日に神戸地方裁判所で言い渡された。

捜査当局は、当時の日本国内の統一教会・勝共連合の多くの幹部を呼び出して調書を作成した。統一教会側も韓国から証人として金元弼一和代表理事、安定国東和チタン代表理事、黄忠雲一信石材代表理事、文成均統一産業代表理事ら教会の中心的人物まで証人に立てて防戦した。

判決は、「罪を犯したものと疑うに足る相当な理由はあるが、……いまだ有罪とするに十分な証明はない」として、証拠不十分により無罪となった。犯行の中心的人物が海外に逃亡したのが捜査当局にとって致命的だったという評価がなされている。

結果はともあれ、その判決で認定している内容や約二〇冊の裁判記録（弁護人らが提出したものも含む）から、当時の統一教会や勝共連合の経済活動等の内部の実情がはっきりわかる。

もうひとつは、一九七七（昭和五十二）年、アメリカ合衆国下院のフレーザー委員会でまとめたＫＣＩＡの対米秘密工作活動計画に関する最終報告である。

この報告書によって、文鮮明を頂点とする政治・経済・宗教・文化の各方面における「文鮮明機関」ともいうべき組織の実情が相当程度明らかにされた。

この報告書の日本語訳全文が『世界政治資料』で連載（一九七八年十月下旬、七九年一月上旬、同年二月上旬、同下旬号）され、要約が『朝日ジャーナル』七八年十二月十五日号と同月二十二日号に掲載された。

統一教会の組織活動は神戸事件の反省をふまえて組織も財政も表と裏の二重構造で公権力からは更に見えにくくなった。資金のほとんどは銀行を通さず現金でやりとりされている。一九八四年四月、アメリカ最高裁は文鮮明と神山威を脱税で有罪と認定し、文と神山は実刑判決により下獄した。日本でもかねてより脱税のうわさはある。

統一教会の内情、活動の実態についての情報は様々なルートで私のもとにも入ってくる。その中から、「神奈川統一運動史」と新世事件の刑事記録などから公表できる事実を本書でも紹介する。

なお「神奈川統一運動史」は、高橋康二中央神奈川教区長（故人）が、二〇〇七年初めに編纂した冊子。外部に知られたらまずい献金集めの実態や地方組織の内情が正直に書かれていることから、間もなく回収されたものの、我々の手元に残った一冊が貴重な内情暴露の証拠になった。

実態と教義――神戸事件から

神戸事件の裁判記録から明らかになる一九七二（昭和四十七）年当時の統一教会や勝共連合の実情についてふれておこう。

統一教会の宗旨・原理について、弁護人の問いに対し、神戸事件の被告人・石井光治（九六年から統一教会会長、故人）は要旨つぎのように述べている。

『原理講論』を指導理念とする、とくに創造・堕落・復帰の三大原理が中心におかれている。

創造原理とは、神の存在、人生の目的・意義、愛、幸福な家庭・社会、平和な世界、死後の世界とは何か。創造本然のあるべき姿を説明している。

堕落論では、矛盾して複雑な世界、罪の世界がどのようにして起こったか。その罪をはっきり理解することでそれを拭い去ることができるという理論。

復帰原理とは、人間有史六〇〇〇年を通して、神が義人、聖人、予言者を通して人類を救おうとしてきた神の信条を語っている。とくに、二〇〇〇年前に神はこの地に主イエスキリストを遣わして地上天国、天上天国を創造しようとしたが、十字架にかかってしまった。ふたたび二〇〇〇年後の現在、再臨のキリストを中心にして、神の希望の日が到来する。この時代に新しい地上天国、天上天国はできる。こう原理講論に説かれている」

石井のいう「再臨のキリスト」とは文鮮明のことである。

ハッピーワールド社の前身「幸世商事」設立当時の取締役で統一教会の幹部でもある藤本三雄は、警察でつぎのように述べている。

「献身者となれば、個人の財産あるいは個人の活動といったものは存在せず、教会員の共同生活で伝道活動に従事しますので家族が別居することも当然であります。一言で教会の理念を言えば、神の存在を認め、神を中心とした平和な社会をつくる、ということになると思います」

また、他の幹部は統一教会の活動についてつぎのように供述している。

「大衆教化運動として、家庭訪問伝道、一般伝道、街頭演説、講演会、大会、修練会など。全国一二〇の大学に組織されている全国大学原理研究会の青年が、統一原理を基本にして新しい学生のあるべき姿を研究し、活動している」

一九七〇年から七二年にかけて、勝共連合の資金源は、第一に不特定多数の信者の献金、第二に全国巡回キャラバン隊の集めた金であった。この全国巡回キャラバン隊は、別名「熱狂グループ」といって、夜の繁華街での花売り、カンパ活動、人参茶の販売等を全国で展開した。現在のマイクロ隊の原型である。これらの資金は一旦、石井光治のもとに集められ、勝共連合の活動資金や選挙応援、事業体への貸付けに使われていた。

幹部は一様に、これらの多額の資金が組織的に韓国やアメリカに持ち出されていたとの容疑については否認した。しかし、この資金が国内の勝共連合の活動や、当時の政治的焦点であった都知事選挙及び蜷川京都府知事の追い落としのために、大量に使われたことを供述調書で認めている。

一九七二年頃の統一教会内の資金流動ルートについては石井は自ら作成した図6のとおり供述した。

危険な教義――二分法で惹きつける

統一教会の教義について統一教会文化部発行の『成約週報』第一七〇号（一九六八年四月二十日付）に掲載された久保木会長の発言から、そのエッセンスを紹介しよう。彼がいう「メシヤ」「先生」とは文鮮明のことだ。

「メシヤは人類に永遠の希望と最高の喜びを与えんとして地上に来られました。そして、メシヤにつながれなければそれらを得ることはできないとなれば、希望の実体であるところのメシヤに、いかに近づき、いかにつながれるかということが問題であります。また、我々自身の堕落という問題を深く考えれば考える程、全き清きメシヤを仰ぎ見る思いはそれに比例して浮き彫りにされざるを得ないのであります。だから、我々が希望あふるる、永遠の意志力ある生活をしたいと思うなら、いかに神と一つになり給いしメシヤと一つになることができるかということが、唯一の鍵であるのです。……

我々がこの運動に集いあったのは、自己の所有観念を捨てた立場であります。神の前に絶対マイナスなる立場になることができるかどうかが信仰の鍵であるという時に、一体、自分は天の前に自己主張をすることができるでありましょうか。自分の堕落というものを認識すればする程、我々は神の前に何も言うことはないのです。……

『生きるも死ぬも神様にまかせようではないか、ただみ旨一途に、天のみ意を慕っていく人間になってほしい』と先生はくり返し、くり返し言われるのです。最後の最後まで耐えて、耐えて、共に勝利していただきたい。『私と一緒に皆のふるさとへ帰ろうではないか。その道は私が先がけて開けますよ』と何でもなく先生は言われますけれど、その何でもないようにみえる言葉の中に、人類六千年の問題が掛かっているのです。……」

アホらしい、と切って捨てずによく読んでいただきたい。案外、生きがいを求める若者には強烈なアピール力があるようにも思えるが、どうであろうか。

若者は、統一教会の言う「地上天国」がいまにも実現するような幻想を強烈にたたきこまれる。

「あと三年後に転換期がくる。このためにメシアは九五%の力を貸してくれる。実現するか否かは、残りの五%の義務をあなたがたがいかに努力して果たすかにかかっている」

図6　統一教会資金流動ルート

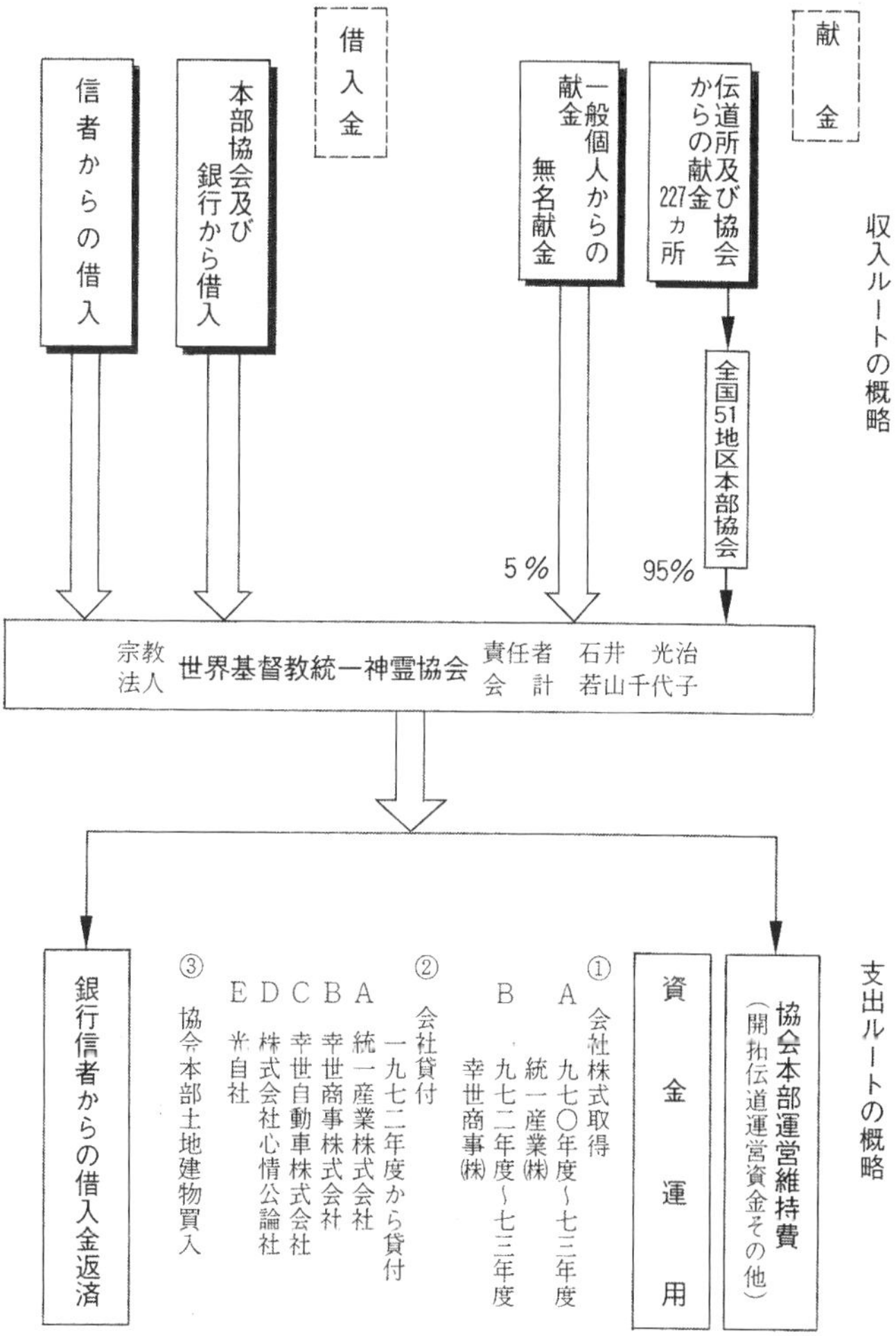

若者は五％の義務を果たすべく、終日印鑑を売り歩き、ニセのカンパ箱を持って街頭に立ち、一日二〇〇人にアンケートカードを押しつけつづけるのである。

「いまは理解されないが、歴史の必然。きっと近い将来私たちの家族だけでなく人類全体が我々に感謝するときが来る」

こう言い聞かされて、若者は疲れをものともせず、幹部の言うがまま「献身」するのだ。

すべての事物は男と女、陰と陽、メシアとサタンに二分される。物事はそう単純ではないが、統一教会は強烈にこの二分法を若者に植えつける。共産党はサタンだ。全国霊感商法対策弁連もサタン。霊感商法を報道するマスコミもサタン。自分たちの主張に反する信者の父や母、兄弟も「サタン」。こうレッテルを貼る。世の中そう単純に割り切れるものではないはずだが、〇×式の入試技術修得に馴れ親しんだ若者にはなじみやすくできている。

メシアの言うことなすことすべて善。霊感商法は、メシアの側に万物復帰する活動（俗界の財物をメシアが地上天国実現のため、めしあげる）だから「善」ということになる。霊感商法では嘘をつく。嘘をつかないという「小善」にこだわることは、摂理の実現という「大善」の前には無視される。かえって、小善をなす、つまり嘘をつかないために摂理に反して霊感商法を拒否することは「大善をなさない」という大きな罪を犯すことになる。こんな理屈を教えこまれる。一〇〇〇万円出すよう説得されて悩み苦しむ被害者を見て動揺する販売員は、信仰が足りないとして強い反省を迫られる。販売実績の上がらない販売員は「蕩減《とうげん》条件が足りない」（贖罪のためのつぐないの程度が足りないという意味）として、断食などを勧められる（これを「条件を積む」と称している）。

このような二分法について、日本カトリック司教団のP・ネシェギ師はつぎのようにその危険性を指摘する。

「特に憂慮すべきことは、『原理』があらゆる国々、諸宗教などを『天の側』のものと『サタンの側』のものとに区別していることです。この区別に従って人間行動の善悪の基準を定め、この区別が『われわれの常識や良心による判断と必ずしも一致するもの』ではないとし、人の行為は、それが『天の側』の勝利を助けるなら善であり、『天の側』の勝利を妨害する行為であるなら悪であると主張している点です。自分たちの運動の成功を絶対善とみなし、良心の声を無視してまでも、その運動に有利と思われることを偽って語り、行ってもよい、否、そうすべきであるという姿勢は、人類史においてすでに度々おそるべき災いをもたらしてきました」

統一教会の内部構成

つぎに統一教会がどういう立場や階層の人々から構成されているかみてみよう。

1　祝福家庭

霊感商法の中核をなすのが「祝福家庭」の面々だ。合同結婚式、即ち、教祖文夫妻による祝福を受けて「結婚」した信者たちが、この祝福家庭なのである。「結婚」しても同居して家庭を持ち子を生むことができるのはさらに信者としての任務を果たしつづけ、幹部から承認されたあとだ。

日本人ではじめて祝福を受けたのは一九六八（昭和四十三）年、四三〇双（組のこと）の久保木修己前日本統一教会会長らだ。つぎが六九年、一二双の梶栗玄太郎前国際勝共連合理事長ら。続いて七〇年の七七七双（彼らはスリーセブンといわれる）の古田元男前ハッピーワールド社長らであり、七五年一八〇〇双、七八年一六一〇双、八二年六〇〇〇双（七八年の一六一〇双を含めて六〇〇〇組だったとのこと）と続く。

その後九二年に三万組、九五年に三六万組のカップルが参加したという合同結婚式があり、その後は更に大きな人数が公表されているが、実際に生まれた新婚カップル数は格段に少ない。

これら祝福を受けた人びとのなかにも、かなりの割合で教会を離脱した人がいる（半分以上がやめているという説もある）。しかし、日本国内に二万人程度の祝福家庭のメンバーがいて、各分野の中核を形成してきた。

「堕落論」を教えの中心におく教会信者にとって、メシア＝文の祝福は「堕落」から救われる唯一の道である。だから若い信者にとってあこがれであり、大きな目標だ。信仰生活のひとつの「ゴール」とも位置付けられてきた。

ところが一九九二年八月の三万組以降はこれまでとかなり質を異にしている。これまでの合同結婚式では日本の場合、既に数年間の献身生活でかなりの「実績」（資金・信者の獲得）をあげた者だけが参加を命じられ同居を認められた。ところが、九二年以降は、ビデオセンターに通いはじめて数週間しか経っていない者、献身していない者も多数参加させられている。既成祝福（既に普通の結婚式をあげた既婚者カップルを文鮮明がその信仰の実績を評価して、神が認めた結婚とするもの）では、統一教会のことなど全く理解もしていない高齢の男性が、信者になった妻の懇願で参加している。

一九九二年以降の合同結婚式参加の信者たちは「実績をあげる前に『祝福』を受けたのだから、文鮮明の僕《しもべ》として、資金面、信者獲得面でこれから特別の働きをしなければならない」と繰り返し言い聞かされている。九二年八月の式典以降の参加者は、一人一四〇万円の祝福感謝献金（祝福に感謝する献金と理由づけされている）をするよう指示されている。

2　悲惨な祝福家庭の信者

信者同士が文鮮明の指示で結婚し、家庭をもって、二十年以上経つ祝福家庭もでてきた。祝福家庭の男女は統一教会から離脱しない限り、その組織の指示した献金や組織活動を実行しなければならない。一般社会で働く信者は、無限につづく献金ノルマで生活資金までしぼり取られつづけ、極貧にあえいできた。生まれた子どもを、将来、合同結婚式に参加させることが信者・親として至上の責任とされる。祝福家庭で生まれた子は理論上「無原罪」のはずだが、現実は甘くない。活動に奔走しつづける信者夫婦の子はネグレクトに近い虐待を受け、親に恨みをもつ子も少なくない。

「どうして好きでもない異性と合同結婚式に参加しなきゃいけないの」。「ガールフレンドと手をつなぐとどうして罪なの」。年ごろになってこのような当然の疑問をもつ普通の子が、信者夫婦の強引な教育方針に反発して、家出をする。好きな異性との交際を信者の父母がどうしても認めようとしないため、自殺したり、精神疾患をかかえる若者も少なくない。某私立大学に入学したが、自分が嫌いな原理研究会（ＪＣＡＲＰ、統一教会の学生組織）に参加して活動しないなら学費を出さないと言われて、悩む若者も多い。二〇一三年には信者夫婦の十七歳の女子高校生が七十七日間行方不明となって社会問題になったが、信者夫婦の教育方針に反発した家出ではないかと報じられた。

信者自身も四十歳台になると体力が減退し、それまでのように肉体を酷使して霊感商法やビデオセンターへの誘い込みができなくなる。後輩信者の指導がうまい一部の中年信者以外は組織の邪魔者になる。組織から放逐されてタクシー運転手やパートで働く祝福家庭の中高年の信者が増えている。彼らは長年、脱税組織で献金捻出のため酷使されてきたため、年金受給もできない。健康保険未加入の信者もいた。

自業自得とも言えるが、生涯を統一教会・文鮮明に捧げてきた祝福家庭の中高年信者の老後は憂慮すべき社会問題だ。そして、もっと深刻なのは、その信者夫婦の間に生まれた「無原罪」のはずの子どもたち。文鮮明・統一教会が絶対正しいと考える両親に育てられたものの、どうしてもそれを受容できない子は、とんでもない親不孝扱いされるし、自分でもそんな自分を許せなくて苦しみつづける。教義を押し付けようとする両親に心底反発し、憎悪を抱き、成人前後に一人立ちしようとする子の苦しみに同情を禁じ得ない。しかし、そんな割り切りができず、中途半端に従い、かつ反発しつづける子どもたちの苦しみはいかばかりか。精神のバランスをこわして精神疾患をかかえる二世が多い事実は、ある意味必然的とも言うべきである。

3　韓国で生活する日本人女性信者

韓国の農村では嫁不足が顕著である。日本人女性と結婚できるという誘いに乗って、にわか信者になって合同結婚式に参加した韓国人男性も多い。中には酒乱や精神疾患、低学歴で仕事がないため結婚相手が見つからないことから、にわか信者になった男性もいる。

日本人女性信者は、アダム国つまり父の国である韓国の男性と家庭を持つことは教義上救いが大きい、エバ国つまり母の国である日本人の女性が父の国の男性と結婚することで理想の家庭ができると教えられた。文鮮明があてがってくれた韓国人男性とカップリンクされて、渡韓し、家庭をもつに至った日本人女性信者は約七〇〇〇人にのぼる。

合同結婚式の時初めて会った、言葉も通じない異国の男性と、教義上救いが大きいと信じ込んで家庭をもった女性の悲惨な実態が見えてきた。片や文鮮明の代わりの韓国人男性と教義上教えられたとおり性関係をもち、家庭生活を夢みた女性。一方、韓国人女性と結婚できずリッチで賢いとされる日本人女性を嫁にしたつもりの男性。勿論、何とかうまく家庭生活を維持し、好成績の子どもを育てている在韓日本人女性もいる。韓日男女間の子はすでに二万人いると思われる。

しかし、なお男尊女卑の家父長制の意識が強く、夫が妻を殴ることも珍しくない韓国の嫁は、夫の両親や兄弟などから女中扱いされがちだ。浴槽に湯をためた風呂がなく、シャワーだけの農家も多い。子供は母親との対話で育ち考える。ところが、母親はハングルをろくに話せないため無口になりがちだ。このため成績が振るわない子が多い現実がある。日本以上に学歴偏重の韓国では深刻だ。しかも日本人の子として学校でいじめの対象になることも少なくないという。

更に悲惨なのは、そんな日本人女性信者に、献金や清平のイベントへの参加指示が繰り返されることだ。にわか信者の夫だけでなく、韓国人の統一教会信者にとって、日本人信者の献金はあまりにも法外で、生活破壊と受けとめられる。夫に隠れて献金したことがバレて、怒った夫に殴打され、夫の両親・兄弟からも疎んじられるようになった女性がいる。夫の反対を押し切って家出のように清平の修練会に参加したため、戻ったあと夫や家族から困り者扱いされている女性もいる。ただでさえ厳しい生活環境のもと、日本では当たり前のように実践させている統一教会信者としての活動が、韓国では更に深刻な家庭内亀裂を生じさせているのだ。ところが、韓国の統一教会組織は家庭内で孤立し苦しむ日本人女性を扶助する気もないし、そんな体制もない。

逃げて日本に帰りたいと思っても、それは文鮮明の指示に背くたいへんな罪を犯すことだからできない。勿論日本語を話せないわが子を連れて日本に戻ることはできないし、わが子を韓国に残して一人日本に帰る決心もつきかねる。

日韓友好のかけはしになって活動する子が出れば幸いだが、悲惨なことになる子も出るだろう。

二〇一二年八月二十一日、生活苦と夫の酒乱、暴行に苦しみつづけた日本人女性信者が韓国人の夫の口をタオルでふさいで窒息死させる事件があった。前述した実情を聞いていた私から見ると起こるべくして起きた不幸というべき事件だった。統一教会が手配した弁護士の弁護活動はそんな実情を踏まえたものでなかったためか、二〇一三年一月二十九日の地裁判決は懲役九年という重いものだった。

二〇一三年八月二十二日、清平修練苑内で五十二歳の日本人女性信者が、五リットルの容器内のシンナーを自ら浴びるとともに、近くにいた日本人幹部男性にもかけてライターで火を付ける自殺事件が発生した。本人と幹部男性の二人は間もなく死亡し、近くにいた女性信者もやけどの重傷。自殺したと見られる女性は一九八八年に合同結婚式に参加して、韓国人男性幹部信者との間に五人の子を産み育てたが、その後、離婚していた。韓国統一教会家庭局は「精神疾患に近い症状を患ってきた人の突発的な行動」だと言い逃れたが、やむにやまれぬ抗議の自殺と見る知り合いの信者のネット発言もあった。

4　献身者――独身の若者

祝福家庭のベテラン信者の下で「献身」した独身の若い男女が活動している。七割以上が女性なので、男性の献身者が少ないのが彼らの悩みだ。一九九二年の合同結婚式でも男性の参加希望者が不足したため、入信間もない男性信者も根こそぎ参加させられた。そんな男性を指名されたベテラン信者の女性はかなりがっかりしたという。これが契機で脱会した女性が多数いる。

献身した信者は、修練所などで集中的教育を受けて、メシア＝文のために身も心もささげる決意をしている。「献身」までは親・兄弟や友人、恋人にも隠れてビデオセンターやトレーニングに通うが、「献身」のさい突然会社を辞めたり、家に帰ってこなくなったり、下宿を引き払ったりするので、この段階で親・兄弟は事態に気づいて驚き、本人に翻意を促す。しかし、「献身」の段階まですすむと、彼らも相当深みにはまり込んでおり、文をメシアと仰ぎ地上天国実現のためにあらゆる犠牲を払うことを決意している。親が涙ながらに説得してもそう簡単に統一教会から離脱しようとしないのが実情だ。

彼らは「ホーム」に住み込み、ある者はビデオセンターでの伝道に、またある者は霊感商法にと、幹部の命じる「人事」のまま動かされていく。販売や伝道にどうしても向いていない者、さらに大卒の男性で弁のたつ人物の一部は勝共連合の活動や、あとに述べる「定着経済」などに割りふられることもある。勝共連合の担当者の中には国会議員の秘書になる者もいる。

ホームでの生活ぶりは、前にふれたとおりだ。教会に誘う契機となった人物を「霊の親」、誘われた人を「霊の子」という。彼らの世界ではすべてが上下関係で成り立っている。組織の中で、それぞれ負わされた「責任分担」で、資金獲得や信者獲得のノルマに休みなしに追われつづける。

「中心」（各機関の責任者）の言うことは絶対であり、先輩格の人物は「アベル」、後輩は「カイン」といわれ、神に近いアベルの指示に下位の信者（カイン）は絶対服従するよう指導される。カインはあらゆることをアベルに「報連相」（ホーレンソーといって、報告・連絡・相談のこと）しなければならない。後輩同士で協議するとアベルや組織、活動や教義への不平不満や疑問が出るため、「横的に流れる」と称して厳にしてはならないこととされている。そのかわり、「アベルのお姉さま」はいつも「カイン」の話を聞いてくれるし、組織のためとはいえ親身になって、反対する家族の対策などについて心配し個別指導してくれる。統一教会から離脱させようと努力する両親をごまかす手だてを考え指示するのもアベルの重要な役目である。

5　壮年壮婦――既婚者たち

統一教会が力を注ぎ、現在資金集めをはじめとする活動の中心になっているのが「壮年壮婦」だ。メシア＝文の祝福を受けずに、つまり信者になる前に「俗界」で結婚したあと、霊感商法の被害者になったことなどを契機に入信した人を指す。中・高年の主婦層に多いが、配偶者をなくした高齢の信者もいる。女性（壮婦）がほとんどで九割以上を占める。

彼女らは祝福家庭や献身者らの指導を受けて、まず自分の夫を統一教会の信者、少なくとも理解者にするよう指示される。急に従順になった妻を見て「統一教会も捨てたもんじゃない」と軽率に理解者になってしまう夫も少なくない。ところが、妻が夫に隠れて多額の夫の金を献金していることを知ってあわてて相談に来る男性も多い。

このため夫婦関係が破綻することも多い。他方で「アベル」の厳しい指導と夫の追及に耐えきれず、精神神経科に入通院を余儀なくされるという痛ましい例も聞く。夫にかくれて借金して壺、人参液などを買わされつづけたため、借金が返せなくなってサラ金から多額の借金をしてしまった婦人も多い。

彼らにとって大きな目標は、既に結婚した配偶者との結婚を文鮮明に祝福してもらうという「既成祝福」である。なぜ文鮮明が認めて所定の儀式を経ると俗界での罪多いはずの結婚が「無原罪」になるのか、どう考えても理解に苦しむところだ。一九九二年八月の三万組の中には、既婚の夫婦が七〇〇〇組以上いたという。

九二年以降「霊界祝福」までやっている。夫や妻が死亡してしまった高齢者や未婚の高齢女性を霊界の配偶者と改めて結びつける儀式だ。そのねらいは高齢者の資産を統一教会に献金させることにある。「霊界の夫や先祖が願っている。霊界で苦しむ先祖を救うため、地上の子孫に不幸が及ばないようにするため」などと説得されて数億円の献金をさせられた高齢女性の被害が多発している。

壮婦は内部でつぎのようにランク付けされていた。このランク付けは壮婦の実情を知る上で参考になる。

F……ビデオセンターに通いはじめた人。

Ｇ１…修練会に通いはじめた人。一定段階でメシアの証しをする。

Ｇ２…教育部に所属する教育段階の人。ビデオセンターのお茶くみ、アンケート活動、男女美化粧品の販売、各種サークルの主催などを実践する。霊感商法もこの段階の人に手伝わせる。この段階になれば、いやでも配偶者との関係調整が必要となる。

Ｐ……実践会員。信者として霊感商法や伝道の実践をする人。夫の目をぬすんで連日活動している主婦が多い。

Ｈ……本部会員。献身者やそれに準ずる信者で、指導者的立場で資金集めや信者勧誘をやり、またやらせる。

６　親交会

若い信者の親を統一教会に引き込むための組織と位置付けられていたが、二〇〇〇年以降親交会の活動は聞こえてこなくなった。統一教会は我が子が統一教会に入ったことを心配する親の対策をする。定期的に親との交流会を開いて、親に統一教会の各種施設を見学させたり、各種講演会に誘ったりする。更に、信者の親に物品を売りつけたり、統一教会へ貸金させるよう説得することもあった。所有不動産を担保に金融機関から数億円を借金して統一教会に全てをとられた被害家族の半数は、まず子供が信者になり、その上で親がまき込まれていった。

この意味で、統一教会にとって親交会は重要な組織活動のはずだが、親交会の活動への勧誘が親を警戒させることになり逆効果と考えていることもあるようだ。

7　サークル・ボランティア活動組織

統一教会の活動は、霊感商法とその周辺の企業活動、伝道活動、勝共連合などの経済的活動がメインであるが、その周辺にじつに多種多様の会を組織して運営させている。もちろんその活動を指導するのは、祝福家庭や献身者だ。

さくら会、カトレア会、ボタン会、スズラン会、白ユリ会、ひまわり会、ゆり会、タンポポ会、若葉会、おあしす会、山びこ会、野の花会、しらさぎ会、なごやか会、若枝の会、たいようの会、杉の子会などいかにもほんわかした会の名称で、実態を知らない既婚・未婚の男女をサークル活動に誘い込み、しだいに統一教会や勝共連合の活動家に仕立てていくのである。

たとえば「野の花会」は、一九七七年に発足、身障者・精薄児・老人施設などを慰問、ボランティア、観劇招待等を行ってきたというが、活動を支えているのは統一教会の信者だ。

しんぜん会の名で、ニセカンパ活動をしていたという元信者も多い。これらのカンパのほとんどは統一教会のホームや食費などの費用に使われている。二〇〇八年二月、警察はしんぜん会の事務所を、信者の男がしんぜん会を名乗ってマンションに侵入した容疑で家宅捜索した。二十三歳の信者は罰金刑に処せられた。このようなことを契機として、野の花会やしんぜん会のニセカンパ活動にもかなりのブレーキがかかったようだ。

ついでに組織かくしのボランティア活動にもふれておこう。

各種ボランティア活動を支えているのは、実質は統一教会の信者だ。

アジアボランティアクラブ、日本青年ボランティアなどのほか、地域の名前を冠した××ボランティアクラブなどで、中味は一緒でも名称だけはたくさんある。国際救援友好財団、ベトナム難民の真実を知らせる会、アジア友好難民支援の会、多文化交流フェスティバル等々。各地で清掃活動をするような得体のしれないボランティア団体については、一度は疑ってみたほうがいい。

アフリカの困窮を救うという名目で「世界復興援助協力委員会」、ギニアビサウの「エスペランサ」などの会を名乗ってカンパを集めている。善意のボランティアやカンパ活動をしている人々にとっても、いらぬ誤解をされてしまう事態になっている。

統一教会の財源国——日本

統一教会では「救世主」として絶対的立場にあった文鮮明は、一九七三年から七五年にかけてチェースマンハッタン銀行など一七〇万ドルの預金などについての利子収入一六万二〇〇〇ドルの脱税で有罪実刑判決が確定し、八四年七月にアメリカのダンベリー刑務所に収監された。

権威は地に落ちたと見られたが、文はこの有罪判決を宗教迫害事件にすりかえようと試みた。

彼の教義や行動を好ましく思わないアメリカの多くの宗教家に対しても、宗教団体に対する課税反対の名目で統一教会への同調を求めるキャンペーンを展開したのである。一九八五年九月二日号の『ニューズ・ウィーク』誌によると、統一教会は、同年夏全米の教会に本やパンフレット、ビデオテープなどの小包計三〇万個を送りつけ、自説への理解を求めようとした。さらに、巨額の資金を費やしてアメリカの新聞に文鮮明擁護の一面広告を次々と出してキャンペーンを展開した。アメリカの識者は統一教会が彼らの正当性を金で得ようとしていると評した。このような統一教会のアメリカ、韓国をはじめとした世界各国での散財ぶりが目立っている。

『ニューズ・ウィーク』誌は、統一教会の精神的祖国は韓国だが、その財源は日本、とくにハッピーワールドによると報じた。『ムーニーズ・イン・アメリカ』の著者デビッド・ブロムリーは「日本は長年教会を支えてきており、もし、日本からの送金が止まったら教会の活動は危機に陥るであろう」と述べている。

一九八四（昭和五十九）年七月号の『文藝春秋』誌上で貴重な内部告発をした「世界日報」の元編集長副島嘉和氏は、七五年七月の文鮮明の送金命令以来、日本から統一教会本部に毎月二〇億円、合計二〇〇〇億円余を送ったと書いている。

韓国の月刊誌『新東亜』の尹在杰記者が同誌一九八六年十二月号に書いた特集記事「『財閥王国』統一教財産の内幕」によると、日本の統一教会は、ハッピーワールドなど一五〇余りの企業の利益から、毎月七〇億円をアメリカの統一教会本部に送金しているという。また尹記者は、「統一教会の財産は数十億ドルに達し、その資金の大部分は日本から送られてきた」とする。

元信者の話によれば、一九八六年を通して「ＴＶ一〇〇」（トータルビクトリー一〇〇）のかけ声のもと、毎月日本で一〇〇億円を集金するよう指示が出て、同年十一月、十二月にはこれを達成したという。もっとも「ＴＶ一〇〇」を実現したのは一九八六年十一月と十二月だけであり、これを達成するや文鮮明は今後「ＴＶ三〇〇」を実現しろと指令したというから、ずいぶん欲ばりの「メシア」がいたものだ。八七年二月以降、霊感商法批判の世論が盛り上がると、統一教会内部では、「これまではゼロからのＴＶ一〇〇だったが、これからはマイナスからのスタートだ。古田コマンダー（古田元男ハッピーワールド社長で統一教会財政責任者）は毎日三時間しか寝ないで頑張っている」と鼓舞したという。クレーム対策費が必要になったということを指している。

日本からの莫大な資金はいったいなにに使われるのだろうか。第一に、後に述べる各種団体や会議、ワシントンタイムズや韓国世界日報（セゲイルボ）など新聞社の運営・開催費用。第二に、米・韓両国で文鮮明や幹部信者などの名義で購入される不動産などの購入資金。第三に、つとに指摘されている文鮮明とその妻子や幹部信者らの豪勢な生活の資金。そして数多くある韓国や米国企業の赤字補填費用。

韓国で統一教会が刊行した『統一教会実録』には、文鮮明の経歴中「企業体」としてつぎの記述がある。

「一九六六年度韓国の統一産業株式会社創立をはじめとして、韓国に株式会社一和・韓国チタニウム（株）・一信石材（株）・一成綜合建設（株）・興栄水産（株）・日本に統一産業（株）・ハッピーワールド（株）、米国に統一産業（株）・一和人参会社など、世界に数百個の企業体を創立・経営している」

日本での実態および韓国の一信石材・一和などは既に述べたが、これら数百の企業の資金繰りは決して順調ではない。

第7章　統一教会の世界戦略

韓国で——ヨイド島のビルと兄弟の抗争

「文鮮明師の指導する統一運動は、アジアの一角韓国より始まり、戦後数十年にして全世界百三十七か国に広がり、混迷を極める現代世界に希望の光を投げかけている。その運動は宗教、思想、文化、科学技術、経済、政治、言論等、多様な分野を網羅し、明日を目指す青年と国民指導層に対し、深い感銘を与えている。師の思想は、人類の父母に当たる神を出発点として世界の諸問題を解決しようとするものであるため『神主義』といわれ、民族、文化、人種、国境の壁を越えて、右も左も包摂しうる、まったく新しい次元の思想であるため『頭翼（ヘッド・ウィング）思想』とも呼ばれている」

これが彼らの表向きの戦略だ。「地球村をめざして」と題する福田信之・小山田秀生共編の文鮮明の思想と活動を宣伝する一九八九年十一月刊行の単行本からの引用である。

九〇年代に入って、彼らは勝共―反共産主義にはほとんどふれようとしない。政治・言論・文化・宗教など多面的な活動によって文鮮明の教義を世界にひろめること、「神の愛」即ち「メシア＝文鮮明の導き」によって朝鮮半島の南北統一を果たすことが最大の世界戦略とされる。しかしながら、文の本音は、要するに世界各国の有力者とつながりを持つことによって、様々な利権に結びつきたいというものであろう。もちろん、故郷の南北朝鮮の統一に手柄をたてて権威づけすることやどちらかの国で高い地位につきたいという欲望もあっただろう。宗教人とはとても思えない、あまりに世俗的な、金と地位を希求している文の正体が世界各地の活動の実態からも見えてくる。

一九九二年八月二十五日の合同結婚式の際のテレビ報道によって、韓国における統一教会の実像がかなり明確になった。

統一教会は、韓国に数ある新興宗教団体のひとつにすぎない。韓国には、九二年十月に世界の終末が来るとお告げして社会問題をおこした信者二万人程の教団をはじめ、メシアを名乗る教祖が多数おり、統一教会もそのひとつ。しかし韓国の統一教会信者は、日本のように高額の献金はしない。通常のキリスト教会と同様、日曜日の礼拝に参加するだけという人が多かった。

韓国では、文鮮明は教祖としてよりも、多くの会社を経営し、莫大な財産を持つ大金持ちとして知られていた。信者になれば、統一教会傘下の企業で働けるということで、信者になった者も多いという。

一九八八年のソウルオリンピックを機に急速に開発が進んだソウル漢江の中洲、ヨイド島に、統一教会は広大な土地を所有している。田中角栄の信濃川河川敷同様、早い時期に安く手に入れた土地で、文はここに一二〇階建てのビルを建てようとしたが、長く政府が許可しなかった。ワンフロアー一ヵ国で一二〇ヵ国に広がる教団だと自慢したかったようだが、政府関係のビルを見下ろす建物はけしからんということで建設が認められないために、長く駐車場用地になっていた。

二〇〇六年、当時文鮮明の後継者と目されていた三男文顕進《ヒョンジン》は、このヨイドの四万六〇〇〇平方メートルの土地上に六九階と五三階の一般商業用のツインタワービルを建てるジョイントベンチャーY二二を組織し、総事業費二兆三〇〇〇億ウォンの資金調達に目途をつけた。ところが、三男顕進は二〇〇九年に更迭されて、七男文亨進《ヒョンジン》が教会の後継者、四男文国進《クッチン》が統一教維持財団など事業活動の責任者となった。そして、四男国進は、統一教会の用地が教会と無縁の商業ビル敷地となるのは認められないとして、二〇一〇年に建築差止訴訟を提起した。日本で言えば霞が関のような都心の広大な敷地の建築工事が止まってしまったのだ。韓国メディアは金持ちファミリーの「王子の争い」と書き立てた。地上六、七階で止まってしまったコンクリート構造物は「パークワン新築工事現場」の古びた看板のまま五年が経った。

四男国進は二〇一三年に更迭されアメリカに帰国させられた。差止訴訟は二〇一五年七月の韓国最高裁の判決により三男顕進グループの勝訴で終結した。今後のビル工事再開はソウル財界でも注目されている。

まず、これまでの工事費や人件費の未払いの処理や資金ぐりの算段が必要となる。Y二二は、不当に工事を止めてきた統一教会に相当の損害賠償を請求している。

また、現在ではソウル市街のオフィスビルは過剰になっており、これから数年後に完成してもニーズがあるのか疑問が提示されている。

一方で、日本から送金される莫大な資金は、二〇一八年韓国平昌《ピョンチャン》で開催予定の冬季オリンピックの用地購入資金にもなった。「冬のソナタ」で日本でも広く知られることになった龍坪《ヨンピョン》リゾートは同オリンピックのアルペンスキーの競技会場のひとつになる予定だが、その用地のかなりの土地が統一教会に買い占められている。この用地をめぐって統一教会は数千億ウォンの利権を得るとの情報がある。

ソウル漢南洞U・Nビレッジに文鮮明の豪邸がある。建坪三四〇坪、一九九〇年時点の時価が約七億円という。市内青波洞には統一教会本部がある。その本部から約五〇メートルのところに昔の本部建物が残っている。この外、文鮮明は済州島や韓半島南端の麗水《ヨス》の土地をかなり買い漁っており、そこに修練所やレジャー施設を造成建築した。

〇八年韓国総選挙立候補でわかったこと

二〇〇八年四月九日の韓国総選挙に、統一教会は文鮮明の指示で比例区に一三人、地方区に二四五人を立候補させて全員落選という大敗北をした。この立候補にあたって立候補者は法律上資産と収入（納税額）を申告しないといけない。このほか兵役や前科も申告する。この申告にウソがあると重い罰則があるので、韓国ではこの申告は正確なものと受けとめられている。

この立候補者全員の申告内容は新聞でも報じられ、インターネットでも公表された。

そのデータから、立候補した統一教会幹部が日本から送金される献金を着服するなどして私服をこやしている事実が明らかになった。

日本の最高責任者として聖本三〇〇〇万円の摂理などで日本人信者からさんざん献金をしぼり取った劉大行は、二二億ウォンの私財を有し、五億ウォンを納税したという。〇八年時点の日本の責任者任導寸の妻である沈雨玉でさえ一五・三億ウォンの私財を有し、六〇〇〇万ウォンの納税。日本人信者には「所有権返還・私財を持つな、公金横領は地獄行き」などとして、一切の私物化を禁じて、全財産を献金させる一方で、韓国人幹部はこれほどに私腹を肥やしている。比例区に出た一三人全員が億単位の私財を有し、一億ウォン以上の納税者が郭錠煥・黄善祢、劉大行、文秀子の四人もいるという金満ぶりは、どう見ても日本人信者への裏切りである（表7）。

日本の資金を使う国

日本から送金された金のかなりの部分は、韓国における文鮮明の不動産購入や建物建築費用にあてられている。さらに、統一教会グループ企業が軒なみ大幅赤字のために、その赤字補塡資金として使われてきた。

最も深刻なのが「韓国世界日報」（セゲイルボ）の赤字だ。同紙は韓国政治の自由化の波に乗って、一九八九年初頭に創刊された。八八年十月の合同結婚式に参加した日本人信者のうち二、三千人

表7　韓国人幹部の資産と納税額（2007年度）

	幹部名	年齢	性別	財産額（ウォン）	納税額（ウォン）	備考
1	郭錠煥 クァクチョンハン	72	男	6億	93682万	文鮮明の右腕、前統一教会会長
2	黄善祚 ファンソンジョ	53	男	26億	53647万	前本部教会長
3	尹正老 ユンソンオク	58	男	13.4億	530万	
4	劉大行 ユウジョンオク と改名	62	男	22億	50284万	前日本責任者（ユ・テヘン）
5	孫大旺 ソンデオ	63	男	14億	671万	教授
6	李瓊俊 イキョンジュン	69	女	6.6億	9862万	世界日報社長
7	沈雨玉 シムウォク	68	女	15.3億	6213万	任導寸（現日本責任者）の妻
8	文欄英 ムンナンヤング	65	女	17.3億	976万	朴晋熙の弟の妻
9	文秀子 ムンスンジャ	68	女	11億	16546万	
10	文相姫 ムンサングフィ	60	女	3億	1184万	元ＫＣＩＡ、鮮文大教授
11	宋栄錫 ソンヨンソク	63	男	6.4億	1551万	元韓国副教会長
12	文平来 ユンテグン	65	男	2億	149万	牧師
13	尹泰根 ムンピョングレ	63	男	9億	204万	

が、韓国各地に寝泊りして、同紙の拡販活動と無料配布宣伝に従事させられた。それでも同紙は毎月六億円程の赤字を計上しており、統一教会にとって大変な重荷になっている。

さらに、一九八七年までの売上げ実績をもとに、オートメーション化の設備投資をした一和の赤字も深刻で、一時裁判所の管理下におかれた。日本ではハッピーワールドが窓口になって、全国の統一教会組織・全祝福家庭に、毎月人参濃縮液一パック一二本で九六万円を購入しろというノルマがわりふられた。このため、末端組織は欲しくもない、また売れもしない一和製品の代金を韓国一和の営業を支えるために徴収された。

なぜ日本人信者はこれ程までに韓国組織や文鮮明のために奉仕しなければならないのか。教義上、日本はエバ国家つまり女性の立場に立って、韓国やアメリカの組織を金銭面でも人材面でもサポートする使命と責任を担わねばならないと教え込んでいる。

一九九二年の合同結婚式の際、日本人信者は組織内でしきりに韓国人との結婚を受けるよう勧誘された。日本人と結婚するよりも、数倍も救いが多いと言われた。

教会内では「韓国人が人間なら日本人は犬ころ以下だ」「韓国人ならこじきでも日本人の貢献した人より上に立つ」と繰り返し聞かされている。どうしてこうなるのか。メシアの国韓国、お父さま（文）の韓民族に対し植民地支配をするなど、日本は過去に大へんな罪を犯した。本来救われない日本をお父さまは神の愛で救ってもよいとおっしゃっている。日本人信者はこの深い愛に応えなければならないと、そう教えこんできた。

しかし、このようなあまりに偏った民族感情の押しつけは、両民族にとってかえってゆがんだ感情を持たせることになっている。「私は韓国は大嫌いです」と言いきる元信者の血をはくような発言に、私は何度も言葉を失った。

文鮮明は、毎月日本から多額の資金を運ばせた。韓国での合同結婚式は、その手段のひとつでもあった。さらに、合同結婚式を受けた多数の日本人信者を韓国内で活動させ韓国人男性と結婚させた。

こうして、韓国統一教会組織を何とか立て直そうとしているのだが、韓国統一教会の教勢は伸びず、在韓日本人信者らの悲惨な生活実態が明らかになっており、ひどい失敗に終わったようだ。

アメリカ・EU・ロシアで

アメリカで

日本でつくられた資金のかなりの部分はアメリカで浪費されてきた。

第一に、ニューヨーク郊外テリータウンの文鮮明の広大な私邸やニューヨーカーホテルをはじめとする莫大な資産購入資金に使われた。

第二に、「ワシントン・タイムズ」の莫大な赤字補塡。各種イベントや組織活動のために使われた。

文鮮明は、アメリカ政府を牛耳ることで世界中にその影響力を及ぼすことができると考え、一九七三、四年頃からアメリカに滞在し、永住権まで取った。統一教会と韓国諜報組織ＫＣＩＡとの関係は特に朴正煕政権当時に密接だったとされているが、全斗煥政権になってからは文鮮明はアメリカ滞在期間の方が長い。統一教会は全斗煥政権に取り入るのに失敗した。その後、盧泰愚政権になって韓国滞在が多くなった。

ベトナム反戦やウォーターゲート事件で窮地にあったニクソン大統領を、文鮮明は米国内での派手な集会やデモで励ましてニクソンにこびを売った。その結果、文鮮明は一九七四年二月ニクソン大統領と会見し、同年十月アメリカ議会で講演した。日本人女性信者などを使った米政界有力者へのアプローチ作戦が一部奏効したのであろう。ニクソンと文鮮明とが握手している写真が「お父さまがアメリカを復帰した――勢力圏に収めた」証しとして日本人信者内にバラまかれたこともある。九〇年のゴルバチョフと文、九一年の金日成と文の握手シーンが同様の宣伝材料として配布されたことも同じ発想だ。

「ワシントン・タイムズ」は、金食い虫ではあるが、文鮮明の世界戦略にとって貴重な役割を果たしてきた。ワシントンにあった保守系の「ワシントン・スター」紙倒産後、「ワシントン・ポスト」のむこうをはって文鮮明・統一教会の資金で創刊されたものだが、その超保守的論調とレーガンへの追従記事は、レーガン大統領に気に入られた。しかし、一億ドルをはるかに超える資金を毎年投入する赤字がつづいてきた。

アメリカの保守的政治家や言論人・学者にコンタクトする上で、「ワシントン・タイムズ」を保有していることは極めて有効のようだ。統一教会は、同紙のインタビュー、同紙への執筆依頼、同紙記者としての採用などを通して、人脈をつくりあげてきた。保守的な有力シンクタンクであるヘリテッジ財団やジョージタウン大学の研究所、さらにはレーガン・ブッシュ共和党政権の要員にまでその人脈は浸透した。

ブッシュ父大統領は、大統領を退任して以降、統一教会と表・裏両面で協力関係にあった。私たちは、一九九五年九月、ブッシュ父前大統領が統一教会のダミー組織である世界平和女性連合の東京後楽園球場での集会でスピーチする予定だと聞いて、詐欺的消費者被害を起こす団体に加担しないでほしいと文書で申し入れをした。ブッシュはこれを無視してこのイベントに参加してスピーチした。父ブッシュは、日本からアメリカ訪問した統一教会信者女性らとワシントンなどで何回か面会もしている。

米国のジャーナリストは、父ブッシュが「ワシントン・タイムズ」の支持を得て子ブッシュの大統領選の勝利を得たいのだから、私たちの申し入れを無視するのは当然だと言った。

一九九七年十一月二十九日の合同結婚式は、ワシントンＤＣのケネディスタジアムで行われるが、そこで歌手のホイットニー・ヒューストンが出演する予定と知り、私たちは彼女に日本での被害実情を知ってもらって統一教会の宣伝に手を貸さないでほしいと申し入れた。彼女は私たちの申し入れを受けて出演をキャンセルしてくれた。父ブッシュはホイットニーより低レベルの倫理観しかないと痛感する。

それにしても、父ブッシュの対応は「ワシントン・タイムズ」の米国政界への影響力の大きさを物語る。

欧米で有力なカルトと目されているサイエントロジーは民主党議員に浸透して政治的影響力を有しているらしいが、統一教会は米共和党議員にかなり浸透しているとされている。二〇一七年にスタートしたトランプ政権の一端にもつながっているようだ。

EU・フランスで

一九九一年六月、私はパリで長年、統一教会問題に取り組んできたフランス人のSさんに会うことができた。彼女の息子さんは統一教会信者になってしまい、日本人の信者と結婚した。このため、まともな親子関係がなくなり、それを機にSさんは反カルトの活動に奔走してきた（カルトとは統一教会・サイエントロジーなどの反社会的宗教団体のこと）。

EC議会は一九八四年五月にカルト対策についての決議を採択した。統一教会の信者になって人がかかわった家族の実態に直面した家族の訴えが議会を動かしたのだ。

そして前述したフランスのSさんたちの活動が奏効して、フランス政府は税務面で統一教会の資金運用を厳しく規制するとともに、家族の反カルトの活動を資金援助し、一九九五年以降再三にわたってすぐれたカルト対策の決議を公表した。そして、マインドコントロールによる人権侵害を犯罪として処罰の対象にする法改正に至った。

一方、一九九二年八月の合同結婚式騒動の際に来日したジンバブエのクンディオナ氏及び彼に同行した元統一教会信者、神吉秀明氏の話から、統一教会がアフリカ各国に宣教師として日本人信者を送り込んでいることが裏付けられた。世界一三七ヵ国は大げさにしても、かなりの国に日本人信者が宣教師やボランティアを装って送り込まれてきた。開発途上国で現地の人たちと生活を共にしながら、時おりこれは日本で売れるのではないかという商品を日本のハッピーワールドに送る。日本の統一教会組織で企画する物産展や戸別訪問による物品販売で良い反応があると、現地に「吉報」が届く。

長年アフリカで宣教師として生活してきた神吉氏をはじめ世界各地に派遣された信者たちは、日本で霊感商法をやらされている信者たち同様「メシア＝文鮮明」をまことのお父さまと信じて、現地に骨を埋める覚悟で活動しているのだ。

ソ連（ロシア）へ

一九九〇年四月十日から十三日まで、モスクワで世界言論人会議が開かれた。統一教会が事務局と資金を提供し、文鮮明を主人公とする会議である。世界のマスコミ人をアゴ足つきで招待して、統一教会・文鮮明のシンパにするよう働きかけるイベントである。

この会議の開催中、文鮮明らはクレムリンで当時のゴルバチョフ大統領と三十分の会談をした。

統一教会はこの時のゴルバチョフと文鮮明の握手のシーン、ゴルバチョフ婦人がリトルエンジェルの子供に話しかけるシーンを「世界日報」をはじめ系列下の機関紙誌で繰り返し大々的に報じた。あたかも、文鮮明が共産圏の親玉を傘下におさめたかの如きはしゃぎようであった。末端信者（特に大学生・原理研）に対しては、「ゴルバチョフはお父さまに従うと言った」と教え込んだ。この時の通訳は世界日報社長の国時昭彦だった。

このイベントのために統一教会は莫大な資金を投入した。ゴルバチョフはこの頃、創価学会の池田大作氏にも面談している。文鮮明・統一教会は、『ノーボエブレミア』（新時代というソ連の月刊誌）の編集員らをはじめ当時のソ連の要人を様々な名目で米国や韓国などに招待したり、資金援助して、ソ連中枢への画策を模索した。日本人信者は、このイベントのために、多額の献金を強いられた。この種の行事のたびに同じセリフが繰り返される。

「世界言論人大会が成功するかどうかは、世界の歴史の分岐点になる。失敗したら大惨事、世界大戦になって、日本は滅びる。今こそ成功のためにささげる時だ」

また、この時の文の手柄話は様々な形で増幅・歪曲して日本人信者に聞かされた。例えばつぎのように。

「公式会談後、壺をゴルバチョフに渡すと、たいへん喜ばれた。その後、ゴルバチョフが部屋へ戻ろうとしたところ、閉まりかけた扉を朴さんが開けて、文鮮明が中に入っていった。これはお父様のうしろに国家元首達が数多くみていたので、入れないわけにはいかなかった。この事でお父様は『渉外とはずうずうしくやるもんだよ』『先生が見本をみせた（日本の渉外力が低いので）』と言われ、『今回はイギリスがかなり大きな役割を果たした』『日本がこのまま使命を果たさなければイギリスにエバ国をうつす』『今回日本があまり経済を果たせなかった為に、大会参加者をあまりもてなす事が出来なかった。日本がもっとやっていたのであれば、もっともてなす事が出来たのに』といわれた。そして、この大会中に言われた言葉が『マナ（人参液）を三倍売りなさい』という事であった。マナはほとんど全てが献金にまわるので、これからはマナを意識する様に、との事でした。

この件で献身者一人ずつにマナの大と小が一つずつ配られ、必ず一ヵ月に大一、小一以上やりなさいと言われました。また、スタッフも全て街頭伝道しなくてはいけないという事で、必ず二一分以上伝道に行く様指示されました」

マナとは人参濃縮液。一和で製造しても売れずに困っている。罪深い日本をメシア文はエバ国として尽くせば許してやると言っているのに、これ以上実績をあげないと見放すぞというのだ。見放してほしいものだが、信者にとってそれは死よりもおそろしいことを意味する。

しかし、ゴルバチョフはそれからすぐに政治の表舞台から下りた。その後も統一教会はロシア・東欧への浸透を策したが成功していない。

共産主義イデオロギーが破綻して、ロシアの若者は精神的支柱を失い戦争直後の日本のような精神的に空白の状況になった。統一教会が入り込むスキはかなりある。オウム真理教がロシアにかなり浸透したのもこのような社会的背景がある。

ＮＨＫへの疑問

一九九〇年四月のモスクワの世界言論人会議には、当時ＮＨＫの幹部だった磯村尚徳と高橋詳起両氏が参加した。磯村がこの会議で演説した場面は「世界日報」に肩書と写真入りで大きく報道された。両氏は休暇をとって参加したと言うが、この統一教会の宣伝イベントの権威付けにＮＨＫの幹部が貢献したことは動かしがたい。

磯村氏は次の文書を諸団体に送付した。

「言論人会議には、主催国ソビエトの国営通信社・ノーボスチ通信の強い招請の意向があって出席し、日ソ関係等について約十分間ゲスト・スピーカーとして演説しました。

これを報道した世界日報の記事が、特定の宗教団体に利用されているとの情報に接し、四月二十四日世界言論人会議日本事務局に対し抗議致しました。

不偏不党たるべきＮＨＫは勿論、私個人としても特定の宗教団体を、あたかも支援するかの様な印象を与える態度は厳に慎むべきであると考えますし、今後は今回のような予期せぬ誤解を招かないよう慎重に対処する決意でいます」

しかし、磯村は、これまでにも、アジア平和婦人連合の講演会にたびたび講師として出席して、その活動を支援していた。

メコン自動車についてのＮＨＫの報道はもっと深刻だった。ＮＨＫの看板報道番組が、統一教会の戦略であるベトナムのメコン自動車創業の動きを報道したのである。NHKの担当者はメコン自動車のベトナムでの活動が統一教会系企業によるものだとは知らなかったと釈明した。しかし、現場の取材陣は統一教会の資金によるものだと知っていたはずである。このニュース報道も、その後統一教会内部で様々な形で利用された。

NHKの故意によるものか、それともチェックが甘いのか。統一教会の宣伝に乗ったNHKの報道は外にもある。一九九一年十二月十四日、「首都圏速報91」なる番組で、三十分の「三二年ぶりの消息・北朝鮮の日本妻たち」という特集。この番組の中心人物のひとりが池田文子、本名江利川安栄だ。この池田こと江利川が、日本人妻の消息をさがしあて故郷に伝え歩く姿を写し出して、統一教会のフロント団体のひとつ「日本人妻自由往来実現運動」の活動を宣伝した（茶本繁正『放送レポート』一一五号参照）。

江利川安江は、その後統一教会会長にもなった。同人を中心に、「鳥よ翼を返して」なる映画の上映運動が各地で行われた。そして、これが統一教会・勝共連合の運動と知ってか知らずか、市の教育委員会や地方の有力者が協賛したりしているから始末が悪い。江利川は、かつて文鮮明の指示を受けて朝鮮大学校の門前で学校認可反対活動を繰り返した古参の信者で、霊感商法を陣頭指揮して推進してきた最高幹部のひとりであった（その江利川は文鮮明の死後、統一教会を離脱している）。

一九九三年二月十一日NHK教育テレビスペシャル「心が癌を治した」という番組は、統一教会傘下の病院である「京北病院（ホリスティック・メディカル・クリニック）」の活動を宣伝する内容だった。

二〇一四、五年に放送されたＮＨＫ・Ｅテレの書籍を紹介する番組のバックの本棚に何と文鮮明の自叙伝が写っていたという笑えない情報もある。

二〇〇九年六月、ＮＨＫをはじめ民報各局は新世の霊感商法の刑事摘発について、統一教会信者が特定商取引法違反で摘発された事実をニュースで報じた。当然の事実報道である。ところが統一教会は、ＮＨＫのニュース報道に限定して組織的に抗議の電話やメール、ＦＡＸ、更に手紙を郵送するよう信者に指示した。抗議のポイントは「一、人権侵害、二、思想信条の自由を保障すべき、三、報道の中立性、四、コメントをする人たち（有田、渡辺、山口、紀藤など）に対する批判」とし、抗議文のモデル文まで信者らに伝達した。

このように、カルト教団は、メディアに対する組織的対応措置を講じている。このためＮＨＫだけでなく、メディアは統一教会をはじめとするカルト的宗教団体の具体的問題を報道することに消極的な対応をする傾向がある。

現実にどんな団体が、どんな問題を発生させているのかを具体的に報道して、広く社会に知ってもらうことで新たな被害発生を防止することは、メディアの社会的使命のはずだ。この種の問題は、被害者が顔を出して自分の被害経験を語るのはむつかしいので、私たち弁護士が顔と名をさらしてメディアで事実を説明せざるをえない。そのため、私たち弁護士の口を封じれば報道を抑止できると考えて統一教会は私たちへの個人攻撃をくり返す。たいへんだがこれに尻込みしてはならないと私自身腹をくくってやってきた。

中国、北朝鮮へ

1　中国戦略――パンダモーター摂理

一九八九年六月、日本人信者の間に「パンダモーター摂理」が指示された。「中国広東省内に自動車工場用地を借りて工場建設することになった。その資金を日本で準備しなさいとお父さまが言っている。この成功は歴史の大きな転換になる。だから金を出せ」というのだ。

この企画は朴普熙《パクポヒ》が文にもちこんで、文がすっかりその気になってしまった企画とのこと。ちなみに、朴は八九年当時「ワシントン・タイムズ」の社主、韓国世界日報社長で、文が最も信頼する部下の一人だった。KCIAとも深い人脈があるとされていた。息子は在米統一教会系企業のトップである。娘は、文の息子で交通事故で死亡した興進《フンジン》と霊界結婚をした。現世の娘と霊界の高い地位にいるとされる興進の結婚である。この娘は、統一教会傘下のユニバーサル・バレー団のプリマドンナである。ちなみに、この興進の霊が乗り移ったという男、組織内呼称ブラック・フンジンは、この朴普熙の堕落をひどく怒って強く殴打し、このため朴はしばし入院したことがある。なおこのブラック・フンジンはその後統一教会を離れ、本名クレオパス・クンディオナとして九二年八月に来日し、統一教会幹部の性的堕落ぶりを具体的に公開の場で述べている。

朴についての説明が長くなってしまった。この朴がパンダモーター摂理について、「中国パンダ自動車工業都市造成説明会」で得々と説明した資料がある。この計画は、一九八一年の第一〇回国際科学統一会議で文鮮明が言い出した国際平和ハイウェイ計画に発端がある。例の日韓トンネル構想の発展型だ。

パンダ自動車計画は一五〇〇万坪の敷地に一〇ないし三〇億ドルを投下して、年間三〇万台の自動車をつくる計画だったが、これを口実に大金を献金させられた日本人信者が少なくない。しかしこの計画は大金を浪費したあげく中国政府に拒否されて完全に失敗で結着した。

2 文の北朝鮮訪問

一九九一年十二月、文鮮明は北朝鮮を訪問して金日成と握手した。この握手シーンも統一教会内部で「金日成が文鮮明を受け入れ、その協力を請うた。お父さまの勝利」と言われた。この訪問にあたっても、当時の神山会長の指揮下、全国の信者に向けて「北韓訪問勝利のために今こそ献金」と指示が下り、信者や信者になりかかった多数の日本人が、献金をしぼりとられた。

この文鮮明の北朝鮮訪問は、文の世界戦略の底意を浮き上がらせた。要するに彼は、半島の南北統一に寄与した者として統一後の半島で、あるいはいずれかの地域で大きな顔をしたかったのだ。そして、北朝鮮の地域開発に向けた投資の利権をねらっていた。

文鮮明は、北朝鮮の金剛山の観光開発やロシアと北朝鮮の国境を流れる豆満江流域開発（羅津資料12　韓国のマスコミの動向を分析する1991年12月8日付『世界日報』

(5) 国際　平成3年(1991年)　12月8日(日曜日)　　世界日報

韓国マスコミ　文鮮明師批判に重点移す

統一グループ叩きに発展も

「合意」への処罰には疑問

【ソウル7日＝武田(?)】世界基督教統一神霊協会（統一教会）の創始者で世界平和連合総裁でもある文鮮明師が電撃的に北朝鮮を訪問し、金日成主席と会談、尹基福・海外同胞援護委員会委員長と「共同声明」を発表するなどしたことに対し、政府が否定的な態度を明確にしたため韓国マスコミも事実報道よりは文師の活動を批判する論調に重点を移しており、多方面からの統一グループたたきに発展する可能性も出てきた。

韓国は南北関係の窓口を政府に一本化しており、民間人と北朝鮮との接触に神経をとがらせている。今回の文師の北訪問に関し統一院は当初、文師一行が米国永住権を持っているため政府の許可なしでも、在外公館に対し事前もしくは事後報告をすれば法的には問題ないと説明した。

しかし文師が六日、世界平和連合総裁として、尹基福委員長と「共同声明」を発表したことで一転して強硬姿勢となった。同声明が政府が容認すべき核、不可侵、離散家族などの問題に言及しているため、①経済交流と故郷訪問という当初の目的とは違う②一民間人としての分限を越えたものだ―というのがその根拠だ。しかし最も大きな要因は、「事前に政府と十分な協議過程がなければならない」（「中央日報」）のにそれをしなかった点にあるとみられている。

ただ「共同声明」にしろ、文師と金主席との四項目合意にしろ、政府がこれまで十分な成果を挙げられなかった離散家族問題を人道的立場から進展させ、南北文化交流を加速する具体策が盛り込まれており、核や不可侵などの南北外交的項目には「双方は―合意する」「双方は―祈願する」などの願望や意思表明が用いられ「いかなる政府的拘束力や強制性がありえないのは明白」（八日付「世界日報」）となっているため、これらの合意まで政府が処罰し得るのかという疑問の余地がある。

一方、「朝鮮日報」によると韓国財務部の白原九第二次官補は六日夕、銀行監督院関係者と第一銀行など四つの統一グループ取引銀行関係者を市内の某所に集め、グループに対する金融制裁問題に関し協議したという。第一銀行をはじめとする統一グループの取引銀行はすでに六日、グループに対する貸付状況を調査し、新規貸し出し中断など一部の金融上の不利益措置に着手した。ただ統一グループ全体が不渡り状態になった際の影響の大きさを考慮し、融資金の回収は未だ決定していないという。

7日、北朝鮮のハムフンで、世界基督教統一神霊協会（統一教会）の文鮮明師と手をとりあって記念写真に納まる金日成主席（中央右）＝ロイター

港・先鋒等）について、金日成に協力を約束した。

一体、どこからの金をあてにしてこのような約束ができたのだろう。

この訪朝に対し「世界日報」（一九九一年十二月八日付）に「韓国マスコミ、文鮮明師批判に重点移す」「統一グループ叩きに発展も」と題する記事が出た（資料12）。

南北交渉の窓口を韓国政府に一本化しているのに、文が民間人としての分限を超えたことをしたと韓国政府が否定的態度を明確にしたという。つづけてこういう。

『朝鮮日報』によると韓国財務部の白源九第二次官補は六日夕、銀行監督院関係者と第一産業など四つの統一グループ取引銀行関係者を市内の某所に集め、グループに対する金融制裁措置実施に関し協議したという。第一銀行をはじめとする統一グループの取引銀行はすでに六日、グループに対する信用供与状況を調査し、新規貸し出し中断など一部の金融上の不利益措置に着手した」

統一教会にとって予想外の韓国政府の反発だったようだ。文鮮明はピョンヤンから北京経由で一旦香港に行き、そのままアメリカへ渡った。一時期、文鮮明の韓国帰国後、国家保安法違反などの容疑で逮捕か、という話も出た。

結局このような動きは現実のものとならず、文鮮明は韓国に戻り、第一銀行の融資引上げもなかった。しかし、文鮮明は改めて韓国政界工作の必要を痛感したようだ。

勝共連合など統一教会の多様な顔

様々なダミー団体

統一教会の問題のひとつは、その資金集めや詐欺的伝道による被害にとどまらず、政治・言論にまでいびつな影響を及ぼす点にある。

統一教会の正式名称の中には「キリスト教」という名が入っているものの、アメリカキリスト教会会議は一九七七年、統一教会の教義をキリスト教の教義・信仰と相容れないと否定した。日本カトリック司教団も統一教会の教義は「私たちの教えにはっきりと相反しますので……（統一教会のいかなる運動や会合などにも関与しないよう注意を促したい」と断言している。

問題は、どれが統一教会の息のかかった活動なのかわかりにくいところにある。名称や団体の趣旨がよさそうだと関与していくうちに、それが統一教会の運営する活動だとわかってかかわりをやめたという人が多数存在する。二〇一五年八月二十一日に改称した世界平和統一家庭連合（ＦＦＷＰＵ）の名称も、宗教団体であることさえ一般の人には判らない。信者たちは「万事がきちんとしており無駄がない」「統一教会のメンバーは『人柄』がいい」などと評価して深みに入りこむ情報不足の人もいる。統一教会は様々な粉飾をこらして近づき、気付いたときにはもう遅いということが少なくない。

ここで、現在も存在すると思われる団体や会議を列挙してみる。

・世界平和教授協議会（アカデミー）（一九七三年創立）（ＰＷＰＡ）
・国際勝共連合（一九六八年創立）（ＩＦＶＯＣ）
・ＣＡＵＳＡ（南北米統一連合）（一九八〇年創立）
・リトル・エンジェルス舞踏団（一九六二年創立）
・韓国文化財団（一九六九年創立）

このようにその活動実績はともかくとして、米・日・韓三国において教育・学術、宗教、勝共思想運動、厚生福祉、文化・芸術など様々な分野に団体がある。その名称からは、各団体が文鮮明の創立によるもので統一教会信者とその財源によって運営されていることが判然としないものばかりだ。

消えたり、いつの間にか再び使われていたりする名称をここで列挙することにどれだけ意味があるか判らないが、私がこれは統一教会傘下のダミー団体だと判断しているのは次のとおり。

・学生原理研究会（ＣＡＲＰ）
・国際文化財団（ＩＣＦ）
・世界反共連盟（ＷＡＣＬ）
・世界平和女性連合（ＷＦＷＰ）
・世界平和連合（ＦＷＰ）
・世界平和青年連合（ＹＦＷＰ）
・天宙平和連合（ＵＰＦ）
・ワシントンタイムズ財団（ＷＴＦ）
・国際ハイウェイ建設事業団
・世界言論人会議（ＷＭＣ）と世界言論人協会（ＷＭＡ）
・真の家庭運動推進協議会（ＡＰＴＦ）
・国際救援友好財団（ＩＲＦＦ）

国際勝共連合（世界平和連合・平和大使協議会）

統一教会は国際勝共連合と別個独立の団体であるとして、マスコミの「統一教会＝勝共連合」という表現にめくじらをたててきた。

しかし、イコールで結ばれる根拠は統一教会内部資料に多数ある。

久保木統一教会会長は、その機関紙でつぎのように述べている。

「統一協会は世がなんと言おうと、公然と共産主義に対して激しく戦いを挑んでいくわけであります」

「この勝共という問題は、ただただ共産主義を屈服したいがための運動ではなくして宗教を統一し、全人類を統一しなければならない聖使命があるのです。このあいまいもことした日本を、どっちつかずの日本を、早く、本物か本物ではないか、羊か山羊かに、勝共理論という剣をもって分断していかなければならないのであります」

二つの団体の関係は、誰もが知っているのに、本人だけが否定するという、まことに奇妙な現象になっている。

国際勝共連合は、スパイ防止法制定促進国民会議の人的・物的支柱として活動していたことはつとに知られているところである。彼らは実に熱心に自民党の議員に働きかけて同法制定促進を呼びかけた。また、この促進運動を口実に保守的言論人や財界への浸透も策している。

ところが、ソ連崩壊や文鮮明と北朝鮮金政権との癒着などを契機として、統一教会は反共よりも「世界平和」や「新純潔教育」を強調して、国連や日米の議会、自治体への潜入を策するようになった。

このため政界へのアプローチは第二国連などと称して平和大使協議会なるものを組織したり、世界平和女性連合（表面上はライオンズクラブの女性版）の活動を世界平和青年連合や宇宙平和連合、真の家庭（国民）運動推進協議会（全国会議）などに広げるようになった。韓国政界から二〇〇七年に国連事務総長になった潘基文《パン・ギブン》に、統一教会は長く係わってきたようで、統一教会のダミー団体である世界平和女性連合が国連認証のＮＰＯとされるようになったのも潘基文との関係を使ったものと言われている。

日韓トンネルやそれをアジア大陸を貫く国際ハイウェイにつなげるという文鮮明の夢想を推進しようという利権がらみの計画を、統一教会は、自治体や地方議会にも働きかけ続けている。口実は何でもよい。国政、地方どこでもよい。政党も自民党中心ではあるが、民進党や維新の会などまで手を広げている。とにかく様々な口実で保守系議員と連携して、統一教会の反リベラル、反男女平等の主張を浸透させることに注力しつづけている。

文鮮明の日本入国

文鮮明が一九九二年三月二十六日から四月一日の間、日本に入国した。七九年の入国以来十三年ぶりのことである。文鮮明はアメリカで一年六ヵ月の実刑判決を受けており、法律上日本への入国は認められない人物だ。例外的に法務大臣の入国特別許可があったから入国できたのだが、この特別許可を得るためにいかなる裏工作をしたのだろう。

全国霊感商法対策弁連は、父母の会や日本基督教団などと協力して、国会で三度にわたる抗議集会を開催した。

文鮮明の入国が認められたことは、日本人信者たちを「お父さまは反対派の妨害を排除して入国できた。私たちは勝った」とよろこばせ、資金集め活動を以前にも増して鼓舞させることになった。これを機に一層、霊感商法の被害が拡大することが必至だった。そこで、全国弁連は、十月二十一日付で、法務大臣や自民党・金丸信・相沢英之・大塚雄司の各議員らに対し、「公開質問状」を出した。

公開質問状はこう指摘している。

「文鮮明は脱税の罪でアメリカ合衆国において懲役一年六月、罰金二万五千ドルの有罪判決を受けて一九八四年に入獄している人物であり、入管法五条一項四号の規定により本来入国できないはずです。

しかるに、この入国について、金丸信衆議院議員は自ら文鮮明の入国の実現を法務省に『かけあった』旨新聞紙上で認めており、かかる事情にかんがみても、本入国に関して強い疑念を抱かざるをえません。このような問題をかかえた文鮮明の入国が認められた背景として次のような事情が考えられます。

第一に、統一協会が国政選挙の度に『マルエス作戦』と称して組織をあげて実施してきた一部議員に対する選挙応援の影響を指摘せざるをえません。多くの元信者が統一協会の信者であった当時、統一協会幹部の指示を受けて、自民党の一部議員の選挙応援にかり出され、ウグイス嬢やポスター・ビラ等配布・戸別訪問・電話作戦などに従事させられたと述べています。このように統一協会の組織的応援を受けて当選した議員は、予め統一協会の各種活動に協力することを約束していたとの証言もあります。

第二に、文鮮明の来日中に個別に面談している中曽根康弘議員や金丸信議員等自民党有力者と統一協会との癒着を指摘せざるをえません。渡辺美智雄外務大臣の秘書であった阿部令子氏が統一協会の信者であり、かつて自ら霊能師として霊感商法に従事していたことは明らかです。

第三に、現在、相当数の自由民主党所属国会議員は、統一協会の組織的な指示の下に、国際勝共連合ないし統一協会系企業からの派遣という名目で送り込まれた、多数の統一協会信者を議員秘書として使用しています。

統一協会による秘書の提供は、彼らの日本及び世界の『主権復帰』（文鮮明を唯一の主権者とする国家の実現）戦略の一環としてなされています。しかも、これら秘書同士が各国会議員の動向についての情報を交換し合う秘密会議まで開催されています。

第四に、今回の文鮮明の来日目的とされた会談の対象である『北東アジアの平和を考える国会議員の会』は全く実態不明です。右議員の会との懇談会についても実際にもたれたか否かさえも不明です。

第五に、これら文鮮明・統一協会と特殊な関係にある一部議員の働きかけに対し、法務省当局者は独立した中立的判断をしたのでしょうか。東京佐川急便事件にうかがえる不透明な法務省当局の事件処理の実態を見るとき、当連絡会は法曹の一員として法務省当局者と自民党一部有力者との癒着に強い危惧を禁じ得ません」

資料13　参院宗教法人特別委で話す著者。『朝日新聞』1995年12月５日付

参院宗教法人特別委

数珠40万円、ニンジン液8万円

参考人の山口弁護士　霊感商法の実態訴え

95.12.5 朝日

「この数珠は四十万円、このニンジン液は一本八万円もします。今も、売っているのです」。四日、参院宗教法人特別委員会で参考人の山口広弁護士が、「先祖の因縁がある」などと脅して仏塔などを高額に売りつける「霊感商法」の被害の実態を訴えた。山口氏は全国霊感商法対策弁護士連絡会の事務局長をしている。国会でこの問題について、現場を知る関係者が発言したのは初めてだという。

山口氏は冒頭、数珠を掲げて委員たちに説明した。ニンジン液の方は最近、五百本計四千万円を買わされた被害者からの相談を受けたという。一九八七年に同対策弁護士連絡会をつくって以来、東京の相談電話だけで六千人から総額四百五十億円にのぼる被害の訴えを受け、今も増えていると話した。

今回の宗教法人法改正案について、山口氏は「現在は宗教法人の財務がブラックボックスになっている。改正案は対策の一歩として評価する。ぜひ、実現を」と述べた。さらに今後の課題として「宗教法人の収益に対しては、原則を逆転して、原則課税、例外非課税に」と提案した。

霊感商法で売られている「数珠」を手に、参院宗教法人特別委で意見を述べる山口広・全国霊感商法対策弁護士連絡会事務局長＝4日午後2時40分、国会内で

法改正に反対の立場の委員からは「財務内容の報告を求めても、オウム真理教のような団体はきちんと報告しないから、再発防止に効果があがらないのではないか」と質問が出た。山口氏は「全国組織を持つ教団がどことどこに教会を持っているのかさえ、現在は知ることが困難だ。オウムがミサイルや化学工場を造っていたのが私たちには見えなかった。法改正すると、少し見えるようになるかもしれない」と述べた。

残念ながら公開質問状に対してはどこからも回答はなかった。一九九五年十二月四日、私は参議院宗教法人特別委員会に宗教法人法改正案に関する参考人として、秋谷栄之助創価学会会長、力久隆積善隣教教主とともに意見を述べる機会があった。この時私は政治家が特定宗教と癒着して本来入国できない人物の入国を認めて、日本社会に害悪をもたらすようなことはすべきでないと訴えた。幸いその後文鮮明は一度も正式入国できないまま死去するに至った。

マルエス作戦——議員との癒着

統一教会と政治の癒着の問題は根が深い。統一教会は「マルエス作戦」と称して、一九九〇年の衆議院選挙では三〇〇〇人もの信者を自民党（一部民社党）議員の応援に配置した。統一教会組織丸がかえの選挙を展開した候補者もいた。その他の議員も選挙応援を受けた見返りとして、選挙の後で訪韓し統一教会の教義を学ぶセミナーに参加したという。

さらに深刻なのは、約七〇名の国会議員に統一教会信者が秘書としておくり込まれていた事実だ。この秘書団は、つかえるべき議員のためでなく、メシア＝文鮮明のために秘書として活動してきた。この統一教会信者の秘書団は、定期的に集まって、統一教会の方針等を拝聴し、その方針の実現を誓いあってきたという。

苦しい選挙戦において、票や金それに人手を提供してくれる統一教会信者たちは候補者にとってありがたい存在であろう。とりわけ統一教会信者の若者は、上命下服で指示通り働く。これは如何と思われる行為まで忠実に指示通り実行する訓練を受けているので、使う側の議員から見ると便利のようだ。しかし、何のために手伝うのかを考えれば、霊感商法で集めた金と詐欺的伝道で入信させられた若者の助力を頼むことの犯罪性が判るはずだ。今でも統一教会の各種集会に参加して祝辞を述べたり、祝電を送った議員の情報が入ってくる。このような議員は統一教会におべっかを使って、統一教会による被害拡大に力を貸している。安倍晋三氏が二〇〇六年五月十三日の統一教会のダミー組織である天宙平和連合の集会にメッセージを寄せたのは、それまでの選挙での組織的支援と同氏の「美しい国ニッポン」の政治主張に協力してくれたことへの謝礼の意味があったに違いない。

国会議員だけではない。勝共連合で活動していた元信者によると、各種地方議員選挙や市長・知事選挙などのたびに幹部の指示で、保守系候補の応援にかけつけてきたという。更に、統一教会の信者自ら地方議会の議員や首長の選挙に出て組織をあげた運動を展開している例も散見され、信者が当選したために憂慮するべき事態になっている地方もある。

山谷えり子の選挙応援

二〇〇三年十一月の衆議院選挙に東京四区で保守新党から立候補した山谷えり子（一九五〇年生

まれ）は、この選挙で統一教会の組織的支援を受けた。統一教会が主張するジェンダーフリー反対の旗をかかげる山谷は二〇〇〇年には民主党候補で初当選している。二〇〇三年衆院選では落選し、二〇〇四年参院選で自民党から立候補して当選し二〇一〇年にも再選された。安倍政権下で二〇一四年九月、国家公安委員長と防災担当大臣に就任して警察組織のトップに立った。

二〇〇三年の衆院選で選挙応援に動員された二十代の女性信者が私に体験を語った。四人の女性信者で参加したら顔見知りの信者たちがスーツを着て、事務所のお茶だし、名簿整理、ポスター貼りの承諾取りの戸別訪問、ポスター貼り、うぐいす嬢などをさせられた。「過度の性教育に反対」「家庭の再建」など選対で渡されたアナウンスマニュアルは統一教会で普段言われている内容とそっくりだった。

天宙平和連合日本大会に祝電など

天宙平和連合が統一教会のダミー団体であることは少しネットで調べればすぐ判ることだ。二〇〇六年五月福岡、広島、高松、神戸、大阪、名古屋、長野、埼玉、仙台、札幌、横浜、東京で大会が開かれた。この大会に祝電を送ったり、自ら、または妻が参加したことが判っている政治家は表8のとおりだ。

当選するため、自らの政治信条を拡散するためなら、反社会的な人権侵害と組織的不法行為を繰り返してきたカルト宗教にもこびを売る政治家たちのリストとしてこの表は重要である。

表8 「天宙平和連合（UPF)」の日本大会に祝電を贈るなどした政治家

【自民党衆院議員】

安倍晋三	（官房長官、山口四区、森派）
江崎鉄磨	（国土交通副大臣、愛知10区、二階G）
大野功統	（香川３区、山崎派）
大前繁雄	（兵庫７区、山崎派）
大村秀章	（愛知13区、津島派）
小此木八郎	（神奈川３区、無派閥）
木村義雄	（香川２区、山崎派）
木村隆秀	（愛知５区、津島派）
小坂憲次	（文部科学大臣、長野１区、津島派）
清水清一郎	（比例東京、無派閥）
関芳弘	（兵庫３区、無派閥）
高木毅	（防衛庁長官政務官、福井３区、森派）
高島修一	（比例北陸信越、森派）
中川秀直	（自民党政調会長、広島４区、無派閥）（本人は否定）
★中野政志	（比例東北、森派）（自ら出席）
長勢甚遠	（内閣官房副長官、富山１区、森派）
西川公也	（比例北関東、伊吹派）
丹羽秀樹	（愛知６区、高村派）
馳　浩	（文部科学副大臣、石川１区、森派）
平沢勝栄	（東京17区、山崎派）
福井照	（高知１区、丹羽・古賀派）
船田元	（栃木１区、津島派）
牧原秀樹	（比例北関東、無派閥）
増原義剛	（比例中国、伊吹派）
松本文明	（東京７区、森派）
●保岡興治	（鹿児島１区、山崎派）（妻が教祖の妻に記念品贈呈）
山際大志郎	（神奈川18区、山崎派）

【民主党衆院議員】

小宮山泰子	（比例北関東）
篠原孝	（比例北陸信越）
下条みつ	（長野２区）
神風英男	（比例北関東）
羽田孔	（長野３区）
山口壯	（比例近畿）
笠浩史	（比例南関東）

【無所属衆院議員】

平沼赳夫	（岡山３区）

【自民党参院議員】

国井正幸	（栃木、山崎派、2007年改選）
小林温	（経済産業大臣政務官、神奈川、森派、07年改選）
末松信介	（兵庫、森派）
鈴木政二	（内閣官房副長官、愛知、森派、07年改選）
田中直紀	（新潟、丹羽・古賀派）
中曽根弘文	（群馬、伊吹派）
野上浩太郎	（財務大臣政務官、富山、森派、07年改選）
山内俊夫	（香川、山崎派）
若林正俊	（長野、森派）

【民主党参院議員】

田名部匡省	（青森）

【首長】

上田清司	（埼玉県知事）
村井嘉浩	（宮城県知事）
山口巖雄	（厚木市長）
坂上善秀	（宝塚市長）（本人は否定）
矢田立郎	（神戸市長）

【自治体議員】

横山卓司	（東京都議、自民）
★今野隆吉	（宮城県議、自民）（自ら出席）
★石川光次郎	（宮城県議、自民）（自ら出席）
★今井榮喜	（山形県議、自民）（自ら出席）

注：★自ら出席、●妻が教祖の妻に記念品贈呈

世界平和女性連合（女連）

一九八七年三月に、文鮮明の指示でアジア平和女性連合が結成された。その後名称をかえ、世界平和女性連合（女連）となった。同連合は文鮮明の妻韓鶴子が総裁である。

一九九二年九月の東京ドームでのイベントは、当初、大手情報産業「電通」の子会社が企画等に関与していた。「ライオンズクラブの女性版だ」とマスコミの取材に子会社の担当が答えたとのこと。結局、電通は下りることになったが、最後まで不明朗なかかわりだった。

電通だけでなく、国会議員、各地の議員や市長らにとって、保守的主張をかかげるこの婦人団体は、たとえ統一教会のお抱え団体であると判っていてもこびを売りたくなるようだ。各自治体にある女連支部の会長に地元選出の自民党議員の妻が就任してしまっている例も数件判明している。各地で開催される女連のイベントのたびに地元の選挙を気にする保守系議員やその妻が名前や顔を出している。女連は全国各地で様々なイベントを地元の有名人女性や政財界の有力者の夫人を表に立てて開いてきた。岐阜県のように、教育委員会まで関与して催しを開いたところもある。「読売新聞」をはじめいくつかの新聞に、この団体のチャリティーコンサートなどが善意の催しの様相で報道されてしまったこともあり、我々はそのことが判明するたびに抗議をしてきた。

資料14　統一教会傘下団体「ザ・リトル・エンジェルス」の公演ポスター

各地で催された会合のパンフレットを見ると、自民党や民主党政治家や知事・市長などの妻をはじめ、各地の有力な夫人が賛同者や呼びかけ人として名前を出していることもある。

霊感商法被害者父母の会などの抗議活動等で下りたタレントも多いが、チャリティーコンサートに女連の正体に気付かないままタレントが参加したこともある。

全国弁連では九二年三月以降、女連の会長・副会長・顧問として名を連ねた人や、その機関誌である『ハー・ヒストリ』（改題前は『アイデアルファミリー』）に文章を寄せたり、インタビュー記事が出た人に公開質問状を出したり、申入書を送ってきた。変な組織と分かったので既に縁を切ったとか、変だとは思ったが統一教会のダミーだとは知らなかったという回答も多い。アジア人留学生のためとして集めたはずの多額の資金を一体どう処理しているのかについては全く釈明がなかった。

「思ってもみないほど統一教会と関係が深いことを知りました。それで既に昨年顧問をやめ脱会しました」。「副会長についたことはないし、分相応の浄財を拠出したにも拘らず会計報告もなく同連合の運営が不透明なこと、及び韓鶴子の宗教色ある来日講演があったと聞き昨年秋退会申し入れました」。「発会当初は有名な人の講演会があり勉強のため出席しましたが、二、三年余り……欠席いたしており、……退会するつもりで居りました」。そんな回答を下さった役員もいるし、テレビの談話で、統一教会のダミー団体とは知らなかったと怒りをあらわにした歌手もいる。

「正体を知らずにインタビューに答えてしまったが正体を教えてくれてありがとう。もう関わりを断つし、もらった謝礼は返します」と丁寧な返事をくれたタレントも少なくない。

多くの方々が世界平和女性連合の実態を知らないままその肩書を利用されて地方組織の役員になったり、機関誌などに記事をのせる協力者になっている。

我々がこの団体を放置できないのは、第一に、アジア人留学生を助けるという善意で集めた資金の使途が不明朗なこと。第二に、この団体主催の旅行会や講演に参加した女性たちに、統一教会の教義がそれと判らないうちに教え込まれていること。第三に、ここで知りあった婦人が健康フェア、絵画展、運勢鑑定会などに誘われ霊感商法の被害につながっていることにある。

統一教会の信者の多くが、今後の資金源の中心は壮婦だと再三聞かされてきた。現に多くの婦人が高額の物品を買わされ、献金させられ、所有の不動産を売ったり、担保に供して借金させられたりしている。悪質な手口で億単位の被害にあった人や、今まさにそのための組織的説得を受けている人が全国に相当いる。弁護士が介入して解決した例、今本当に統一教会への貸金が返却されるか夜も眠れないで心配している例、交渉や訴訟になった例など深刻な相談事件が相次いだ。

韓鶴子をメインゲストにした集会が度々各地で開かれた。韓鶴子の死亡した実母の霊が乗り移ってお話すると称する金孝南《キムヒョウナム》は韓国清平でのトークによる集金活動にとどまらず、再三日本に来て人集め、金集めのための講演をしてきた。

各地で有名人や「文化人」の講演、あるいはリトル・エンジェルス（統一教会傘下の舞踏団）などを呼びものにしたチャリティーの集会を開いて婦人を集めている。それとともに、地元の議員等の妻や有力者をよびかけ人や賛同者として名前を並べたパンフレットを作成し、地元の企業に広告を出させて、浸透を策している。

世界平和女性連合の名で留学生にいくばくかの奨学金を出したり、外国人留学生の弁論大会を開催して賞を授与したりしているようだ。しかし、そんなイベントへの参加を契機として外国人留学生が統一教会の信者になって人生を破壊されるに至ることを心配している。

しかも、イベントのための費用よりも、各地のチャリティーで集まる資金はその数十倍であろう。留学生の来日、帰国費や事務局費をプラスして考えても、相当な資金が別のところに流れていると考えざるをえない。

特に、チャリティーに集まった婦人らの名簿をもとに統一教会信者へのリクルートがなされ、献金やＨＧ（統一教会への貸金のこと。早く現金の隠語）等多額の被害のもとになっているおそれがある。

天地正教

一九八七年春、霊感商法に対する批判が高まった時、これに対抗するべくにわか仕立てでつくられたのが、「霊石愛好会」。この会の道場で高額の仏像や念珠を買わされたり、高額献金を強いられたという被害相談が相次いだ。この霊石愛好会は悪評が定着し、宗教法人としての認証もされ

資料15　天地正教のビラ

ていないため税法上の特典もなかった。

そこで考え出されたのが、別の仏教的宗教法人をつくって、金持ちの婦人から資金を集める手口だ。一九八九年二月、突如各地の霊石愛好会の道場の看板が『天地正教』にかえられた。

教祖は川瀬カヨ（当時八十歳）。前述した北海道で統一教会の壺売りに貢献した霊能師だ。この川瀬は、「中和新聞」の伝道実績優良者としても登場する程熱心な統一教会の活動家だった。その娘新谷静子が、川瀬カヨの半生を本にまとめた。この新谷も、そしてカヨの息子川瀬勝治も統一教会の信者だった。

要するに、統一教会の別働隊が天地正教だった。主婦向けの人集め、金集めは、世界平和女性連合だけでは足りず、仏教的様相の天地正教を使ってやろうということだ。

一九九一年五月十二日には、千葉県浦安市の東京ベイNKホールで信徒七〇〇〇〇人を集めて「弥勒浄土実現、春の大祭」を開いた。「おさとし」の中で「川瀬カヨ教主」は「みろく様」の「お告げ」を話した。川瀬勝治宗務部長の「弥勒の郷建設構想」の話、比叡山延暦寺西塔金光院住職・幹覚盛師（天台宗大僧正）の祝辞もあった。

この天地正教でも、献金強制の厳しいノルマが課された。

一九九二年一月には「金日成が今年四月に死ぬ。それまでに一五〇億円を天地正教で集めるように」との「摂理」（文鮮明の指示）があった。金日成が死ななかったので、「死ぬ」とは力を失うことだとつじつまあわせの説明がなされたという。

天地正教で活動している「信者」の中には、メシアは文鮮明であると知らされ、そう信じつつ天地正教を支えるのが使命と言われて活動している統一教会信者が多かった。そのような信者が天地正教の内部をきりもりしていた。しかし、資料15の如きビラを見て、素朴に救いを求め、仏教的な「霊妙慈経」なるお経を唱えている人も末端にはかなりいた。この霊妙慈経は統一教会の幹部信者がつくったものだ。

その後、天地正教は統一教会幹部が代表や責任役員になり、川瀬カヨの死後代表となった娘新谷静子は更迭された。統一教会中枢が、あまりに高額の献金ノルマを指示することに承服できないで反発した新谷がじゃまになったためだ。この内紛で、信者が激減し、統一教会は、天地正教の利用価値もなくなったと判断し、事実上、統一教会に吸収合併してしまったようだ。しかし、天地正教

資料16　人気のない「日韓トンネル」工事現場

で行っていた天地報恩太鼓のようなイベントやマザー牧場などを借りて行う浄火祈願祭などによる人集め行事は、今も統一教会が主催して行って金集め、人集めの手段になっている。

日韓トンネルの実情

1　盧泰愚大統領の演説

一九九〇年五月二十五日、来日中の盧泰愚韓国大統領は衆議院議場演説の最後を「二一世紀には、東京を出発した日本の青年が玄界灘の海底トンネルを通過して、ソウルの親友と一緒に北京とモスクワに、パリとロンドンに、大陸を結び世界を一つにつなぐ友情に満ちた旅行を楽しむ時代を共に創造しましょう」としめくくった。

この大統領演説を実現するため、統一教会はかなりの政治工作をしたとのことだ。

この演説を統一教会は再三利用した。「国際ハイウェイプロジェクト・日韓トンネル研究会」（以下「研究会」という）の名で、日本の関係大臣や議員らに対し、日韓トンネル事業計画を官民共同事業にしてほしいと再三申し入れている。

一九九一年一月一日付「世界日報」に、JR総連委員長福原福太郎のインタビューが出ている。福原が同紙に出ること自体は驚くべきことではない。先代の松崎委員長はかつて「世界日報」紙上でインタビューに答え、革マル的活動の反省などを述べた。問題は福原の発言だ。彼は九〇年十月、韓国の韓国鉄道労組の大会で、「東京、ソウル、平壌、モスクワを結ぶ平和列車構想」を発表したらしい。「世界日報」のインタビューでも、日韓トンネルは技術的に可能であって、「民間プロジェクト」（統一教会による：著者注）との交流の意向を述べている。

確かに統一教会は資金的には苦境に立っている。しかし、マルエス作戦（選挙での勝共議員への徹底応援）による政界タカ派への浸透（特に安倍晋三氏とその周辺の人たち）にはある程度実績を積んでいる。また、この保守政界とのパイプや信者である私設秘書その他あらゆる人脈・金脈を使って財界人とのつながりを追求している。

特に、衛星通信網に期待するマスコミ関係企業をはじめ、ロシア・中国要人とのパイプに群がる二流建設関連企業等は目先の利益を求めるあまり、統一教会の陰謀に乗りかねない。

八四年に始まった唐津や対馬の試掘工事現場は荒れはてて、人の気配もほとんどない状態だ。資金源が枯渇して日韓トンネルの試掘工事は長く止まっている。しかし、安倍政権が政府の調査費用の計上でもすれば、政財界の蜜に群がる利権集団が多少の金は出すだろうし協力企業も出るのではないか。

統一教会にとって、将来格好の利権の源になりかねないのである。

日韓連携とか世界平和という大義名分もある。統一教会が自民党など保守派・タカ派に浸透してきたように、統一教会は日韓トンネル構想を利用して両国の政財界に浸透し、実利も獲得できる。これまで多くの被害者が、国際ハイウェイ・日韓トンネル・世界平和のためという口実で、統一教会に大金を献金させられてきた。

政治家の不用意な発言を悪用して、今後、これまで以上に多くの人々が大金を騙しとられてしまうことは何としても防止しなければならない。

2　経緯

国際ハイウェイ・日韓トンネル構想（以下「構想」という）は、一九八一年十一月、ソウルでの「第一〇回科学の統一に関する国際会議」（ICUS。統一教会のフロント団体のひとつ）で文鮮明が言い出した。

これに乗ったのが西堀栄三郎だ。第一次南極越冬隊隊長・日本工業技術振興協会会長・日本生産性本部理事等の肩書をもつ技術屋で、自分の名前が何に使われようとも自分の興味と利益にかなうなら乗ってしまう政治音痴（ただし故人）と敢えて言わせて頂く。

彼と統一教会のメンバーは、同種の「名士」を誘い込む活動を行い、佐々保雄北大名誉教授（二〇〇三年死去）らを引き込んだ。

文の発言以降の主な動きはつぎのとおり。

八二年四月　国際ハイウェイ建設事業団発足
八三年五月　日韓トンネル研究会設立、以後毎年五月に総会開催
八四年六、七月　壱岐・対馬でボーリング開始
八六年四月　佐賀県鎮西町で調査斜坑杭打ち工事開始
八六年十月　韓国に国際ハイウェイ研究会設立（会長・尹世元前慶熙大副議長）
八九年二月　釜山近くの巨済島でボーリング調査

そして、二〇一四年九月、対馬に敷地を取得して試掘工事に着手したと宣伝した。しかしその実態は後述するとおり。

統一教会はこの構想の推進母体を統一教会と別組織のように見せかけて、西堀・佐々の如き「名士」を集めて権威付けようとしてきたが、二〇一四年春以降、統一教会会長徳野英治は統一教会が文鮮明の発想に基づいて資金を投入して推進してきたことをメディア関係者に教えて取材・報道を再三要請した。

日韓トンネルの展望

そもそも日韓トンネル構想は文鮮明の創案ではない。

元ドイツ駐在員で鉄道監察官だった湯本昇は、一九三九（昭和十四）年、「中央アジア横断鉄道建設論・世界平和への大通」なる論文で、九州―釜山―朝鮮半島―満州―包頭（中国）―カシュガル―カブール―テヘラン―イスタンブール―パリ―ロンドンを貫く鉄道を「ロシア赤色帝国主義」への「防共鉄道」として建設することを提唱した。支那事変勃発二年後であった。大東亜共栄圏の建設は交通機関の整備から始めなければならないとも述べている。文の構想はこれを勝共ハイウェイとして焼き直したものなのだ。

また、このような構想は建築会社や建設関係者にとってもひとつの「夢」であることは否定しがたい。

大林組のＰＲ誌『季刊大林』の特集号は文の提唱の前年（一九八〇年）、ユーラシア・ドライブウェイ構想を打ち出し、九州と壱岐は島づたいの橋、壱岐と対馬はトンネル、対馬と韓国は水深二〇〇メートル以上の部分もあるので海中につるす新型トンネルとしている。青函トンネルの工事を終えたいわゆるトンネル屋にとってもこの構想は魅力だろう。佐々保雄は青函トンネルの技術顧問だった。

二〇一四年頃、統一教会は対馬での試掘開始を広報し、統一教会に協力しているフリー記者が週刊誌に記事をのせた。全国弁連の弁護士が出張のついでに試掘現場を訪問するなどして調査したが、地元では全く注目も期待もされていなかった。車で行くのもたいへんな小さな現場に、信者が設立した会社の表示のプレハブ小屋があって、それほど深くない試掘のあとが残るだけの状態だった。

むしろ地元の心配は、大量に来てくれる韓国人観光客をどう対馬の安定的発展に生かすか、その展望が見えていない点にあるようだ。日韓トンネルどころではない。

この工事の現状にはほとんど見るべきものがなく、独自の研究成果らしいものもない。この構想を名目に金を集める（献金を強いる）ことは詐欺に等しい。日・韓・露・中各国の防衛問題、環境破壊問題、莫大な予算上の問題、多くの工事技術上の問題など日韓トンネルには克服すべき事項が山ほどあり、その展望は全く見えておらず、要するに民間人が夢物語として研究し、政府機関が乗って来るのを待望しているにすぎないのだ。

しかし、時代の流れは予想を超えるものがある。日本、南北統一国家となった「韓国・朝鮮」、ロシアと中国の四つの国の間に真の意味で友好親善・信頼関係が確立し、日本・中国・ロシアの相互侵略の危惧が完全になくなった時、日本と半島を陸路で結ぶ計画は本気で語り始められるかも知れない。しかし、この時には文鮮明の構想は戦前の湯本構想同様、歴史の反省材料のひとつとして葬り去られるべきだ。

原理研究会

原理研究会（ＪＣＡＲＰ Collegiate Association for the Research of Principles）は、統一教会の教義を学生に広めるための組織である。東京大学、早稲田大学、慶応大学などを中心に「摂理校」を決めて勢力拡大につとめてきた。富山大原理研出身の徳野統一教会会長が東大原研拡大の責任者だった一九八〇年代には、「エバ部隊」と称して、他大学の女子大生を東大駒場近くの寮に寝泊まりさせて、これら他大学女子大生が東大生をさそってビデオセンターに通わせようとしたこともある。各大学ごとにビデオセンターへの誘い込み活動をする外、サークル活動へも浸透を策している。しかし、その資金難と人材難はかなり深刻で、懸命に学生に接近を図っているが、実績はあがっていない。

二〇〇〇年頃から、かつて合同結婚式に参加して子どもを産んだ信者夫婦の間の子が各大学に進学して原理研の活動をするようになった。にわか信者ではなく、生まれた時から統一教会の思考パターンを両親に植えつけられてきた二世信者が他の学生を勧誘することに大学としてどう対処するべきか、慎重な対応を迫られている。現在、各大学の原理研メンバーのほとんどが二世信者である。

入教し、ホームに住まわせても授業は受けさせるのが最近の傾向だ。春・夏など長期の休み中にはキャラバン隊を組織してボランティアを装って、化学雑巾、北海道の珍味、お茶などを売り歩かせて資金集めをさせる。

一〇〇人規模の原研メンバーが一日「三キロ」(三万円のことをこう言う)一ヵ月一人一〇〇万円を目標に詐欺的物売りをする。数億円を一ヵ月で集め、これが貴重な活動資金と献金になる。こんな全国規模の資金集めが頻繁に行われている。

学舎長やマザーが活動や会計を仕切っている寮で、原研メンバーが合宿生活をしている。そんな寮が主要各大学の近くにある。

原研メンバーは、統一教会内部でも将来のエリートとしておだてられ、「行動する愛の知性集団」をスローガンに日々ノルマに追われつつ、「行動しない愛なき痴呆集団」(と内部では評されているらしい)の幹部にこきつかわれてきた。寮に住む信者たちは、通帳・印鑑を寮母に預けてしまい、親からの仕送りや小遣いなども全面的に管理される。寮の中では完全な原始共産制なのだ。

統一教会に無自覚な企業

統一教会は、実に巧妙に市民に近づく。その目的は、そこで親しくなった相手をできれば信者にし、また資金を提供させることにある。一九九二年、世界平和女性連合の集会で司会をした飯星景子さんが統一教会にひき込まれていったように。飯星さんは父飯干晃一氏らの努力もあって脱会できたものの、父親やカウンセラーの働きがなによりもありがたかったと今も語っている。

私は、統一教会の全てを否定するものではない。しかし、彼らが霊感商法を止めない限り、その被害の端緒となる様々な活動には警告を発しつづけるべきだと考える。もちろん、自らすんで統一教会の教義を信じる人について論難する必要もない。そんな人には、他の人に迷惑をかけないようにして下さいと言うだけだ。

全国弁連や東京の被害弁連で、企業・団体あるいは個人に対し、統一教会の活動について警告を発した例は枚挙にいとまがない。

一九九〇年十月、ユニバーサルバレエ団日本公演において、読売新聞中部本社が主催団体となった。愛知県と名古屋市の教育委員会まで後援団体になっていた。ユニバーサルバレエ団が統一教会傘下の団体であることは少し調べれば判るはずだ。

私たちの質問状に対し、教育委員会は読売新聞社から後援の申請書が提出されたので乗ったと言った。読売新聞社は統一教会系の催しであるとは知らなかったと代理人を通じて釈明した。この公演会の券は、実際に統一教会の信者を通して、その家族や友人に広汎に販売された。その後の各種勧誘のきっかけにもなっている。

「読売新聞」は一九九〇年九月十三日付「家庭とくらし」欄で「無窮会」を紹介した。無窮会は音楽大学出身の統一教会信者で組織された、統一教会の各種イベントにも登場する団体だった。同紙のみならずさらにいくつかの新聞で、世界平和女性連合のチャリティーコンサートや各種イベントを美談として報道した。

統一教会信者はこのように好意的記事が出るたびにこれをコピーし、周辺の人に見せて、「新聞にもこうして紹介されているのよ。一緒にがんばりましょうよ」と説得して、献金させせイベントに協力させる材料に使っている。

生命保険会社や家政婦紹介所、携帯電話の契約勧誘会社など、勧誘や人の世話を中心とする事業に、統一教会信者が組織的に送りこまれることも度々判明した。統一教会信者が組織的に販売する宝飾品や絵画、着物の販売に際して提携ローンを提供して目先の利を図るクレジット会社もあった。

世界平和女性連合や真の家庭運動推進協議会などのボランティアを装った活動が自治体の各種イベントに参加して、自治体推奨団体として自治体のホームページや広報紙誌に掲載されることがある。全国弁連ではそんな自治体のおかしな広報に気付いた市民からの連絡を度々受ける。その度に弁連内部で検討して必要だと判断したら、自治体にそのような広報を止めるよう要求し、今後注意してほしいと申し入れてきた。我々の申し入れは、このような自治体の広報を信用して、一般市民が統一教会に勧誘され、霊感商法の被害を被る契機にならないようにして欲しいという理由に尽きる。

私たちの求めに応じて直ちに統一教会傘下組織との関係を切ってくれる自治体もあるが、統一教会のかくれみの的傘下団体が訴えられた裁判や敗訴判決を受けた事例がないと対応しにくいと対応をしぶる自治体職員もいる。「あなたの妻や子が知らずに信者になってしまうかもしれませんよ」と言って再考を促すこともある。現に自治体幹部職員の妻が統一教会の有力な活動家で、多くの被害者をつくっている実例がある。知らぬは公務員の夫ばかりで、妻は夫のサラリーのかなりの部分を献金しつづけながら、夫に内緒で信仰しているという悲しい事例も少なくない。

第8章　霊感商法と統一教会の未来

霊感商法の今後

1　やめるにやめられない霊感商法

統一教会は霊感商法を最大の資金源としてきた。文鮮明は日本からの送金をあてにして韓国の莫大な不動産などを買収してきた。米韓両国内の傘下企業の赤字も大きい。文鮮明の思いつきでなされる各種イベントにも莫大な金がかかる。日本各地にあるビデオセンター、ホームなどの賃料・食費等維持費も莫大である。二〇一五年十月三、四日、川崎市内の宮崎台国際センターと称する統一教会の施設に全国の地区長、教区長、教域長、婦人部長ら幹部信者を集めて、全国責任者会議があった。そこで、統一教会本部の人事部長に昇格した勅使河原と韓国人幹部の安復興局長が日本組織のリストラ策を述べた。毎月教会スタッフの給料や施設維持費だけで一〇億円が必要で、年間一〇〇億円以上の経費を要する実情がある。そこで六十歳定年制とし、定年後は大幅給与カットなどの方針を提示したのだ。

統一教会を離脱した元信者によると、一九八七（昭和六十二）年当時、内部では、「マスコミのキャンペーンなど、霊感商法への強い風当たりは、すぐおさまる」と言われてきた。統一教会は、弁護士やマスコミの取組みがおさまればその目を盗んで霊感商法を再開しようとしてきた。しかし、一度甘い味を知った文鮮明ら韓国人幹部は見さかいなく高額の献金指示をくりかえす。このためあこぎな資金集めの組織活動をやめたくてもやめられない。それが統一教会の実態である。

ハッピーワールドや世界のしあわせ各社は、一九八七年四月、経済企画庁や国民生活センターなどに対し「誤解を生ずる物品販売は一切禁止した」旨通知した。しかし、その後も印鑑や仏像などを買わされた人、多額の献金を強いられた被害者が弁護士に相談にきた。老人ホームに入るためおろした八〇〇万円をとられた、息子の労災で支給された一時金を献金させられた、東北大震災の後支給された被災給付金を献金させられた、という人までいた。

統一教会の信者は、「一億円もっている人が一〇〇万円出すよりも、八〇〇万円しかもっていない人が一〇〇万円出す方が救いは大きい」と聞かされている。つまり、大切なお金であればあるほど、これをまきあげるべきというおそろしい論理がまかりとおっているのである。

2　新しい取扱い商品——霊感商法の延長

彼らは、壺、多宝塔、人参濃縮液の販売活動が警察、マスコミなどにマークされてまずいとなると、他の商品を同様の手口で販売した。埼玉県警が、壺を買った被害者多数の事件についての捜査に着手すると、いっせいに被害金額を弁済して、表立った事件にされる前にもみ消してしまった。統一教会は、その後しばらく埼玉県下では壺販売を休止したという。

信者らが売ったのは、石板・念珠・仏像・仏壇・位牌・表札・墓石等、多様である。

観音像や弥勒菩薩像は、木やトラメ石・金などで作られたミニチュアから大理石の相当大きなものまである。数百万円の代物だ。

これらの品物はいずれも霊感商法の手口で、例えば「先祖の霊を救うため出家する代わりに授かりなさい」などとして売りつけられた。

定着経済

1　物品販売

統一教会信者らは、霊感商法が世論の批判にさらされたため、「定着経済」（一般商品販売）による資金づくりをもくろんだ。先祖の霊をうんぬんするのはやめたものの、いわゆるタワー方式は維持した。販売員にカモになりそうな友人・知人・信者候補者あるいは両親・兄弟などを商品展示場へ動員する計画を立てさせ、「ゲスト・カード」などにその顧客の様々な情報をこまかく記入させる。展示場に動員した当日は、このカードに基づいて展示場の責任者（タワー長）に情報を集中して、どの程度の商品をどのように売りつけるか販売員が随時指示をあおぐシステムだ。

顧客のために「祈りながら勧める」ことや、売りつける活動が「救いの心情・万物復帰」の実践活動であると販売員信者が教育されていることは、霊感商法と変わりがない。「授かったらいい」とか「受けたらいい」というのは禁止用語になったこともあるが、結局これまでの霊感商法のトークが効果的なので、フォーデーあたりで、文鮮明がメシアであるとか霊界の話を信じ込まされた人には、「お父さまが勧める商品だから、授かると貢献することになる」などと言って契約させ、大金を支払わせた。

東京の池袋や御徒町、横浜などには常設の展示場まで設けていたこともある。

「美と健康のトータル・アドバイザー」というふれこみで、戸別訪問や展示場で購入を迫ることも多い。彼らが扱ってきた商品と傘下企業をあげてみる。

資料17　桜田淳子が表紙を飾る統一教会系化粧品会社「男女美」のパンフレット

・(株)男女美というブランド名の化粧品。

・シービーとかクリスチーナ・ハンなどのブランド名で売る宝石(指輪、ネックレス等)、毛皮、アクセサリー。スーツやネクタイ、コートなどまである(株)クリスチーナ・ハンが卸元。

・着物類。大鶴、創美、華翔、鶴美、よこ翔などの店舗名。「日本人の半分は女。女性が一生に一つは必ず買う物」――こう言って、数百万、数十万円の着物や帯などを売りつけた。この販売には商社の旧イトマン（住友系上場企業）の子会社「丸正」が提携していた。

・絵画

美術世界（株）が絵画の卸元だった。絵画展を頻繁に開いて客を動員した。

・サウナ

遠赤外線サウナで「アセデール」（汗が出る?）という商品名だった。彼ら得意の隠れみの団体である「健康友の会」をつくり、「健康家族」という新聞まで出していた。

・浄水器

「ミネクール」という商品。水道の蛇口につけると水質改善になるというふれこみで、男女美担当の信者らが販売活動を展開した。カートリッジの交換の時に家庭訪問して話し込んで次の被害に今もつなげている。

・印鑑や仏具などを扱う日本印材協同組合は統一教会傘下と言うべき実態がある。（株）タカラ屋や（有）光誉商事などが卸販売をしぶとくつづけようとしている。

・配置薬の薬品類

一九九二年六月号の統一教会の機関誌『新天地』によると、家庭用常備薬を扱う日本配置薬の薬品類の売上げは業界第二位の実績をあげた。九一年には五五億円の売上げで、全国五三万世帯に薬を常備させたという。二〇〇六年のデータでは、日本配置薬（株）は年間三四億円を売り、(株)廣鶴堂以下一六の販売会社で合計六八億円を売り上げた。定期的に家庭を訪問して親しくなることから、統一教会にさそいこんだり、次の霊感商法被害の契機となる例も多い。

ところが「日本配置薬」の悪名が知られるようになったため、二〇〇七(平成十九)年頃から、本部をインターナショナルホームメディカルと改称し、北海道メディカルシステム、首都圏メディカルシステムズ、やまとメディカル(群馬県)、中部メディカルシステムズ、関西メディカルシステムズ、西日本メディカルシステムズ(広島)、九州メディカルシステムズに各エリアを担当させる体制にした。(株)メディカルファミリーと(株)アイジェイは全国エリアで医薬品の卸売りをしている。

その他の事業活動

・セイロジャパン等セイログループ

メインは自動車販売業のセイロモータース。保険代理業もしていた。セイロマシナリー・ジャパンが出資してベトナムに自動車工場をつくったが失敗した。仙台にはグループ下の自動車免許取得の練習所をもつ。神奈川県厚木には「セイロモータース」なる駐車場もあった。(株)ハッピー運輸倉庫は信者以外の運転手も雇用してトラブルになったこともあるが、年間一〇億円以上の売上を計上していた。

・学習塾の（株）エースセミナーや（株）アイザック、（株）アイザック大阪、同名古屋の外国語教室など、統一教会の信者が経営する一般向けの学習塾がチェーン展開をしている。某大手の外国語教室の社長が統一教会の信者だと言われたこともある。信者が運営するこのような塾で知りあった教師の信者からビデオセンターに誘われないよう留意するべきだ。

・水産関係では、アメリカボストン近海を中心とするまぐろ取引で実績をあげ、日本でも、ハッピーワールドジャパン（株）や（株）ワールドシーフーズ、（株）稚内シーフードセンター、（有）一心フーズ、（株）ワールドサービスが億単位の売上を計上してきた。（株）コスモフーズは清涼飲料の製造販売をしている。

・世一観光

日本人信者が韓国ツアーに行かされる時は同社のセットによる。統一教会が関係した旅行では必ずと言ってよいほど同社がからんでいた。日本人信者は度々大量に渡韓するが、その都度世一観光は利益を計上してきた。

・一心病院

天林恒雄が始めた東京大塚にある古い総合病院だ。医療法人社団日心会が経営主体。今も信者の医師と看護師などが中心で運営している。天林はガンマーカーという、ガンの早期発見のための有効な器具をつくったとして一時高額で売り出したが、その信憑性と高額費用に疑問が投げかけられて一心病院にいられなくなった。一心病院では、霊感商法の被害者が父親をつれて行ったところ、癌と診断されたが他の病院では一笑に付されたという実例もある。都内の信者が「献身する際とか合同結婚式の前には必ず一心病院で診断を受けなさい」と言われて、行かされた例も多い。

統一教会傘下にはこの外いくつかのクリニックがある。また、埼玉県下の総合病院のひとつは、事務総長が古手の統一教会信者だと言われていた。

・統一教会は、中田屋（熱海）、アラスカ会館（青森）などの宿泊施設を運営していたが成功していない。京都プリンスホテルは閉鎖した。その他、統一教会の修練所の施設などを傘下に有している。

・この他（株）ウエル（パソコンスクール）、（株）ＡＦＣ（損保代理）、（株）一成トータルハウジング（不動産）、（株）一信ジャパン（石材）、（株）一成クリエイト（建物クリーニング）などもある。

統一教会の強みは、人件費の心配をほとんどしなくてすむことにある。ホームに住む霊感商法の販売員同様、これら「定着経済」に関わる信者たちもホームに住み込み、一部の幹部以外はほとんど小遣いとしての月一万円余の手当で酷使されている。しかも、労働基準法度外視で、「地上天国実現」のために夜おそくまで働いてくれる。そんな信者のただ働きの下で企業活動をしていれば、そこそこの利潤は出るはずだ。

これらの企業群に働く信者は税務処理上、一応、一般企業並みの賃金をもらったことになっている。一九八八年に未払い賃金請求訴訟を元信者から提起されて、あわてて帳簿の整備をしたのだ。

しかし実態は、一部の小遣い以外の給料は全て右から左に統一教会に献金させられている。これらの事業部門を統括するのが（株）ハッピーワールドである。信者相互間の抗争や統一教会への忠誠度の問題で傘下企業のいさかいが繰り返されてきた。そのせいか、前述した世一観光の業務はハッピーワールドに取り上げられた時期もある。

弱点もある。税法上のカラクリや教会内部の実情が外部にもれるのを防ぐために、彼らは統一教会の信者以外を原則として使うことができない。企業として伸ばすために人材を広く求めることが許されないのだ。

しかも、文鮮明ら韓国人幹部からは、日本の統一教会傘下企業に対し「毎月いくら送金しろ」という厳しい指令がくる。これではじっくり数年先を考えて企業を育てていく余裕がもてないので、つい危険な押しつけ商法やムリな資金の捻出に走らざるをえなくなる。統一教会内部でも「定着経済」と霊感商法の今後について、激しい論議と確執がつづいていた。「宝石・絵画等は費用がかかるわりに利益率が低い。何よりもウラ金がつくれないので献金にまわしにくい」などとして事業縮小されたようだ。

順当な経済活動で適正な利潤を上げて、それを信者が献金するのであれば、外部の我々はなにも批判する必要はない。しかし、労働基準法に違反して信者をこき使って健康や精神を害するのであれば放置しがたい。税務上のメスも早急に入れられるべきだ。

より悪質、巧妙に

1　壮婦中心の販売活動

霊感商法の被害者のなかに、小学校の父母会や近所の奥さんから誘われて被害にあったという例が相当ある。一面識もない人を戸別訪問や街頭アンケートで展示場や霊場に連れ込んでも効率が悪いし、被害者は弁護士等にかけこみがちだ。そこで彼らは、社会的に信用の基盤を一定程度形成している主婦層の信者を駆使して物品販売し、ビデオセンターに勧誘することに力を注いできた。

彼らは、まず近所の奥さんやママ友たちを運勢鑑定や家系図講演会などに誘い出して幹部信者との人間関係をつくらせようとする。そして、ビデオセンターやサークル会につれて行って、教義を教え込むのだ。その後は、多額の献金をねらうのである。

こうして信者になった主婦たちが一九八七年五月、六月頃、「感謝、感謝、霊感商法」とか、「ガンバレ　霊感商法」と書いたハチマキ、タスキをして、弁護士会や被害弁連主催の相談会、さらには霊感商法に関する報道をしたマスコミにおしかけて威圧した。そして今も戸別訪問や戸別ポスティングなどによる勧誘をつづけている。こうした実践活動をさせられている行動派の主婦たちが、つまり「壮婦」である。

2　ぬれ手にアワの不動産売却と高額献金

信者になりかかった年輩者に対し、「あなたの氏族は殺傷因縁があるから息子さんが交通事故にあった。財の因縁があるからお金のことで苦しむことになった。色情因縁があるからご主人が不倫したし、妹や弟が結婚運に恵まれない」「とくに不動産は財の因縁がつきやすい」「裸になって出なおすくらいの決意をしないと、地獄で苦しみつづけて助けを求めているご先祖を中間霊界まで引きあげることはできない。そうしないとまたあなたの氏族は同じ不幸がおこります。この道を歩むという決心をして、ご先祖のため、氏族のために財を天に捧げなさい」などと時間をかけて説得し、ホームパーティーを開くなどして雰囲気を盛り上げ、先祖から引きついだ不動産を売却させて代金のほとんど全額を献金させる。

死んだあとはこの不動産も「霊界」までは持っていけない、「霊界」では地位や財産はかえってじゃまになるという丹波哲郎氏の主張を悪用してもいる。これほど親切に世話してくれる人が言うのならまちがいあるまいと、結局迷ったあげく数億円で不動産を手放し、売却代金の全てを献金してしまう被害者がいた。献金まで決意できない人に対しては、不動産を担保に借金をさせた。

3　ホームパーティー、イベント伝道

ビデオセンターや霊感商法によって、資金と信者獲得に一定の成果をあげてきた統一教会だが、

双方とも正体がバレてしまい、誘いに乗る人が急減した。しかし、信者と資金の獲得は至上の命令だ。一人の信者が一二名の新しい信者を誘い込むよう、今月末までに一人三〇万円の献金をしなさい、本部からのこんなきついお達しがくりかえし出されてきた。いったいどうやって実現しろというのだろうか。

資金獲得や信者勧誘のために、信者は新たな犠牲者を求めて街頭での声かけや戸別訪問をつづけている。安い人件費と割高な商品のタワー方式（タワー長の指揮下に複数の販売員が計画的に付き添って売りつける）商法により、そこそこの勧誘成果はあがるだろう。霊感商法で身につけた訪問販売・クロージングの手口は信者勧誘でも生かされる。

とくに新しい手法として推進されてきたのがホームチャーチである。壮年壮婦の信者夫妻や合同結婚式後同居を開始した古手の信者夫婦が友人や近所の人々を招いて、さりげなく伝道のビデオを見せて教義に近づけるとともに、彼らの推進する商品類を売りつける手口である。それがうまくいきだすと、ビデオセンターや商品展示場に誘いだす。一見の客ではないから成功率も高いし、かねて販売員である壮年壮婦と人的関係もつくっているから少々無理に押しつけてもトラブルになりにくい。

家系図講演会や結婚生活のあり方を考える教養講座などに人を誘い込むこともやっている。市や町の公民館などの公的施設を借りてやるので、事情を知らない人は市や町が協賛してやっていると勘違いをしかねない。講師陣も大学教授、病院長、校長、県知事夫人など社会的信用のありそうな者がメンバーになっていたりするので、有料でもつい誘いに乗りがちだ。講師のなかには商工会議所の役員などもいる。積極的に統一教会に協力している人もいれば、それとは知らず「あの人が講師なら私も」と実態を知らないで講師リストに乗せられてしまった人もいる。この講師陣のなかに、ビデオセンターで見せられる統一教会の教義解説のビデオの講師となっている古参信者も含まれているのだ。肩書は「心情教育研究所所長」だったり、「オアシス学校教授」だったりするからややこしい。

また「イベント伝道」という手口もある。映画会や劇団上演などのイベントで市民をさそう。正体不明の「○×会」が主催者として名前を出す。大学や街頭でこんなイベントに誘って人間関係をつくる契機にする。適当に「さくら」を配置して雰囲気を盛り上げ、彼らのいう「心情交流」の実をあげるよう仕向けている。

彼らは、各種の仮面をかぶり、様々な外面で一般市民に近づき、伝道と販売の機会をねらっているのだ。

借金地獄の統一教会

前述したような、不動産を担保に億単位の借金をさせて全額を統一教会に交付させる手口は、統一教会にとっても決して得な手口ではないように見える。

もちろん、彼らはこの不動産を売却させて献金に切りかえさせようとねらっているのだが、そういつもうまくいくものでもあるまい。年数パーセントの金利や法外な融資手数料も当面、統一教会の負担になる。

彼らはこのような借金による資金捻出を、有力な資金獲得の手段にしてきた。地区によっては、七、八割をこの借金で集めたともいう。

不動産担保によるものだけではない。職場をもつ勤労青年の場合、銀行や共済組合などのローンを一口数十万円から二〇〇万円位まで組ませて、それを統一教会に入れさせる手口も広汎に行われた。一〇〇万円を五年ローンで借りさせ、毎月の割賦弁済金と利息は統一教会の地方組織が代わりに返していくというものだ。

神奈川県や茨城・長野など、実績の上がらないわりに課されたノルマが厳しい地区では、勤労青年がそれぞれ五～一〇件のローンの名義人になっているところもあった。会計担当者はローン弁済の日になると、数十の通帳をもって銀行のＡＴＭの前でせっせと通帳名義人の名で割賦金を返す事務をした。それでも返す金が足りないと、また別の信者に名義人になって新たなローンを組むよう頼み込む。職場の友人・知人など誰でもいいから借りてこいと指示されて、「親が病気なので」とウソをついて同僚から金を借りさせられた信者までいた。これを返してくれない統一教会に不信を感じて離教した元信者もいる。

銀行の窓口でも時には借入目的が不自然だと疑って融資をことわることもあった。そこで会計担当者は買いもしない自動車の購入申込みをして見積書をとってみたり、海外旅行の企画書をつくって、融資申込みの際にこれをコピーして信者にもたせた。借入申込みにあたってのロール・プレーまでして銀行窓口に行かせた例もある。

銀行など金融機関の融資窓口の担当者の中に統一教会の信者がいた例もあった。この信者が借入をスムーズにする手口を信者にコーチしたり、自ら担当者になって融資を実行した。銀行側がこれを知って退職させた例もある。

借りさせる統一教会もひどいが、いかにも不自然な借入であるにもかかわらず、ロクにチェックもしないで貸付ける金融機関もひどすぎる。

統一教会を脱会した時に、一〇件の金融機関から合計八〇〇万円余を借りさせられていた地方公務員がいた。九〇年代には、武富士やプロミスなど複数のサラ金から多くの信者が借金をさせられて多重債務者になった。信者の多くが、サラ金地獄で苦しむことになって自己破産させられた。

不動産担保の借入れ被害の中には、年十数パーセントの高利で借りさせられた例もあった。これが約定どおり返せなくて、担保不動産を処分する事態になった信者やその親が少なくない。

このような多くの例を見ると、九〇年代に日本の統一教会組織全体で四〇〇〇億円の借金があるという情報は決して大げさではないように思える。このようにして統一教会のために借金させられた人々はその後どうなったのか。弁連に相談する決意がつかないまま資産を喪失させられた信者の悲惨な話を聞くとまことに気の毒という外ない。

東京都渋谷区松濤にある統一教会本部の土地・建物には、一九九一年五月付で韓国第一銀行の一三億四〇〇〇万円の根抵当権が新たに設定された。この銀行は、これ以前に同じ不動産に五二億四〇〇〇万円の根抵当権を設定していた。表に見えるこれらの借金はまさに氷山の一角なのだ。一体、どうしてこのような馬鹿げたＨＧ（借金による献金）を始めたのだろうか。

文鮮明の厳しい毎月のノルマ、この実現を絶対視して下部組織から搾り取り続けた古田元男ら幹部の責任である。幹部信者らは、長期的に見て、このような借入れの増殖が組織の破綻につながることは判りそうなものだ。ところが、文・古田そして中堅幹部の誰もが現実を見ようとしなかったのだ。メシア＝文鮮明のやることだから、そのうち「神風」が吹くと幹部から末端まで信じ込んでいたとしか思えない深刻な病巣がある。

藤井会長（当時）からの手紙と三〇〇〇万円の「聖本」

九三年一月十六日、私は、差出人「世界基督教統一神霊協会藤井羙雄《みちお》」の内容証明郵便を受け取った。当時数十名の霊感商法被害者の被害回復交渉を担当していた私は、当方の返金要求に対し副会長が何か返事をしてきたのかと思いつつ開封した。ところが、文面はおどろくべきものだった。手書きの文書だ。統一教会会長兼天地正教会長の藤井羙雄の名義だった。

統一教会「霊感商法」の驚がく新事実

「献金の見返り」と信者に手渡す

「文鮮明先生御言葉集」

"文鮮明本" 一冊3千万円

霊感商法対策弁連山口弁護士

「"聖本"といいながら実態は金集めの手段」

資料18　東京スポーツ2000年4月8日付

第一に、神山威から会長を引き継いだ彼は「統一教会会長として良心に従って、信義を守るように誓います。現在までの統一教会の部下の不始末、説明不足、誤解をお許し下さい」という。

第二に、「出来る限り負債額四千億円（統一教会三千二百億円、天地正教八百億円）を解決」したいが、「根本的に整理し、再出発」するので、「統一教会並びに天地正教の支払いを一時停止」する。「静かに見守り下さい」ともあった。統一教会と天地正教とが実質的に同一であることや四〇〇〇億円の負債を認めたうえで、再出発するので支払いを止めると一方的に宣言していた。

私たちは、一月二十六日、この新会長作成文書について意味を明らかにするよう求める公開質問状を発送した。一月末、統一教会の法人登記上も代表者は藤井美雄に変更されたものの、藤井氏からの回答はなかった。統一教会の借金のための窮迫ぶりを象徴するできごとではあった。

更に、二〇〇〇年から二、三年間、日本統一教会のトップである劉大行《ユ・テヘン》は、三〇〇〇〇万円を献金して文鮮明のみことば集である「聖本」をさずかるようにという指示を出しつづけた（資料18）。日本の組織で三六〇〇冊、つまり一〇八〇億円を集めよという「摂理」が末端にいたるまで信者の家計をしぼりあげた。これを達成するため末端で如何にひどい事態が発生したか山ほどの資料がある。ところが二〇〇四年以降には、一冊四三〇万円の「天聖経」なるみことば集をさずかるようにとの新たな「摂理」が下されて信者は苦しめられた。

清平・先祖解怨による搾取

二〇〇〇年頃から、ソウルからバスで約二時間の清平に日本人二、三千人を順次動員し、体の全体をたたいて体内の悪霊を払う儀式を行うようになった。それとともに地獄で怨念をかかえて苦しみ続ける先祖を中間霊界に引き上げて助けることで、その地獄で苦しむ悪霊がもたらす災いを免れるための先祖解怨式がなされるようになった。これを仕切ったのが韓鶴子の母親（文鮮明の信者だった）が霊界から降りてくるという金孝南。彼女らがつくりだした献金獲得の仕組みは次のようなものだ（表９）。

1　まずは信者の父・母、信者の夫の父母の四氏族の先祖七代の解怨式。一氏族七〇万円で四倍の献金が必要。それから清平に行くたびに七代ずつ遡った先祖の解怨をする。七代毎に三万円の献金が必要。二一〇代先まで解怨するように言われているので、七〇万円×三万円×二九で一氏族について一五七万円が必要。自分と夫の両親の四氏族分で、その四倍が必須だ。分割払いの信者が多いので何代までの先祖解怨ができたのか結局、本人も判らなくなるので、清平にコンピューター管理する機械がおかれ、各信者にカードが授与された。現金を数える機械が受付に置かれるようにもなった。

2　この献金が完納されるまで霊界の先祖は待機所で待機する。

3　献金完納した七代ごとの先祖は文鮮明の祝福を受ける霊界での合同結婚式に参加する。ここでも信者自身に指示されたと同様の祝福感謝献金が必要だ。原則一四〇万円だが、受け取る側もどう計算するかここらになるといい加減のようだ。

4　合同結婚式に参加したあと、霊界で最高位にいる文鮮明の次男故フンジンが主催する霊界の修練所で先祖は四十日修練会に参加しなければならない。なお、先祖解怨式のあと、3の合同結婚式の間にも百日修練会への参加が必要だ。この修練会参加費を請求された信者もいる。

5　こうして善霊に高められた信者の先祖は絶対善霊となって子孫を霊界から協助するため清平に降臨して地上で再臨補助をするとされる。

許されないのは、この霊界の先祖解怨を口実にして莫大な献金搾取システムがあることだ。まさに先祖因縁解放を口実にした資金搾り取りの仕組みである。

そこに金孝南を中心として利権が生まれ、内紛の一因ともなった。金孝南は二〇一五年に放逐されたが、この献金搾取のシステムは金額こそかなりダンピングされつつあるようだが、今後もつづけられている。

表9　清平・先祖解怨の仕組み

1　先祖解怨式（70代まで70万円、その先、7代ごとに3万円）

↓

2　解怨献金完納まで待機

↓

3　先祖祝福式（原則140万円の祝福感謝献金）

↓

4　霊界での40日間修練会

↓

5　絶対善霊として降臨（子孫が清平でお迎え）

次々と分派が

イエス・キリストが人類救済に失敗して、神は再臨のメシア文鮮明を地上につかわしたが、その文鮮明も幹部らの妨害で人類の救済に失敗したなどとして、統一教会信者の中には自らが真《まこと》のメシアだと称する者が複数いて分派を形成しつつある。その代表が中山芳子とその姪の調宏美を中心とする天宙真《まこと》の父母連合（中山グループ）。駒場久美子（三万双）を中心とする駒場グループや高木宮子夫妻を中心とする石川県のグループもある。自ら文鮮明の庶子だと称する禹明植《ウ・ミュンシュク》を中心とするグループもある。そこと「第四イスラエル研究会」と称するグループとの関係も微妙のようだ。

文鮮明のまことの後継者は自分だとする三男顯進《ヒョンジン》のGPF（グローバルピースファウンデーション）や七男亨進《ヒョンジン》のサンクチュアリ教会もある意味分派と言える。

このような分派の悪質な献金や人権侵害の被害が今後拡大することが懸念される。

第9章　弁護士としての法律上の対策

支払金の返金交渉

全国霊感商法対策弁護士連絡会（全国弁連）に加入する私が、全国弁連結成以来約三十年間、何をしてきたかについて、特に法的側面にしぼって報告する。

第一に、被害相談をうけて、統一教会本部あるいは販売会社や卸元などに損害賠償請求の通知書を出して被害回復交渉をする。これまで私自身五〇〇件以上の被害回復を担当した。

当初は、印鑑・壺・多宝塔などの代金だけだったが、そのうち献金やビデオセンターの入会金・講習費まで取り戻したいという被害者の声が強まって、これらについても交渉して取り戻してきた。

私が取り組んだほとんどの被害者について、取り戻しを実現したと言ってよいと思う。数年毎に末端の販売会社が解散するため、交渉相手の特定をどうするかという問題もあった。しかしこれも蓄積してきたデータによって克服してきた。

ほとんどの相談者はビデオセンターの入会金に始まって多項目の被害を被っている。若者で数年間の被害なら、預金通帳のコピーや手帳に書いたメモなどで、いつどんな口実でいくらの被害を被ったかを整理して主張できる。

むずかしいのは高齢の婦人が二十年間など長期間信者として処遇されつづけて、言われるままに献金してきたが、いついくら献金させられたか裏付ける証拠が乏しい場合だ。仏壇の引出しや屋根裏まで探してもらう。金融機関もくまなく調べる。その上で統一教会側に主張をぶつけて各被害項目別に認否を求める。一〇〇項目以上に及ぶ事例もあるので、通知書を完成させるまでがひと苦労だ。

高齢の一人住まいの母親が死去したあと中年の子どもたちが調べたら、統一教会員が売りつけた大理石壺や着物、宝石等が出てきた上、自宅に聞いたこともない金融機関の数千万円の抵当権が設定されていたという事案もあった。幸い本人が死去まで細かい資金捻出のメモを書き残し、通帳の控えも入手できたことから、抵当権を抹消する借入金を統一教会側に支払わせ、献金被害も相当額賠償させた。

勤労女性Aさんの例

記憶がしっかりしている三十歳台の女性Aさんの事例はこうだ。私はAさんから聞き取った被害内容を次のように主張した。

通知書は、①渋谷区松濤一—一—二の世界基督教統一神霊協会　会長梶栗玄太郎、②杉並区善福寺　統一教会　杉並教会、③杉並区阿佐谷南三　堀野ビル三階　阿佐谷文化フォーラム、④渋谷区広尾　株式会社フォーチュン、⑤目黒区青葉台　株式会社クリスティーナ・ハンの五者にこう書いて発送した。

「通知人の依頼により通知します。通知人は、二〇〇四年一月、新宿駅頭でNの統一教会への勧誘目的を隠した勧誘のため、ビデオセンターウエストガーデンに連れて行かれて、同所に通うこととなったことを契機として、統一教会に関わることになりました。

通知人は、統一教会信者らの説得に承服しがたいものを感じつつも、強引かつ執拗な勧誘を断りきれず、そのうちに、統一教会の教義を知った以上、これに逆らうことは先祖、後孫、人類に対する罪であると畏怖させられ、組織的指示のもと、ホーム生活をさせられたり、通教として職場から殆ど連日杉並教会へ通い、社員寮に戻るという精神的・肉体的に過酷な生活を強いられ続けました。

この度、冷静に統一教会の教義や社会的活動の実情を考え直す機会があり、その結果退会することとなったものです。

通知人は、七年間にわたる統一教会信者らの働きかけの結果、支払うこととなった別紙被害一覧表記載の損害合計金二〇二二万四三五〇円について、統一教会に対し賠償請求することとしました。

検討の上、明年一月三十日迄に文書で回答されるよう要求します。」

被害項目は五七項目に及ぶが、プライバシー保護と、誌面の都合上二四項目に限定し、若干内容を変更して紹介する。

No.	被害年月日	被害金額	名目	責任部署	被害経過
1	2005・2・19	5000円	手相鑑定料	ウエストガーデン（現阿佐谷文化フォーラム、略称ABF）	新宿南口の路上で、「手相の勉強をしているのですが、手相を見せてください」とNに声をかけられ、「転換期の相が出ている。素晴らしい先生がいるので、見てもらったら良い」と言われ、動員された。運勢鑑定士と名乗る女性Hによる手相占いと姓名判断を受けた。
2	2005・2・19	7万5000円	ビデオセンター受講料	ウエストガーデン（現ABF）	Hの鑑定の結果、ウエストガーデンで勉強をすることが開運への確実な道であるなどと説得され、受講を勧められた。
3	2005・6月	6万円	ライフトレーニング4Days費	ウエストガーデン（現ABF）	2Days参加の後、ライフトレに誘われた。吉祥寺のホームから会社に通うのは大変なので何度も断ったが、Sカウンセラーのあまりに執拗な再三の押しに根負けし、受講を承諾した。
4	2005・7、8月	5万円×2ヵ月分＝10万円	新生トレーニング費	杉並教会青年部（ECC、西荻）	ライフトレーニングでのT講師による毎晩の講義とO班長による面接により、新生トレーニングに進むことを拒否できなくなって参加した。
5	2005・7・25	151万2000円〈ボーナスと貯えから一括払〉	ジュエリーペンダント（新世紀の輝き）	ケーヨーネクスト（現フォーチュン）	新トレのT班長に購入するように誘導された。販売担当のAの讃美と買うのが当然という雰囲気の中、契約することになってしまった。

6	2005・7月	40万円	献金	杉並教会青年部〈ECC西荻〉	T講師（今VC所長）の面接で蕩減条件を立てる必要があると言われ、お金に執着することが罪であると思いこまされて渡した。
7	2005・9月 2006・12月	4万5000円×16ヵ月分＝72万円	実践トレーニング費	杉並教会青年部	会社の寮もあったが、ECCに寝泊まりして会社に通わされた。
8	2005・9月	5万円	摂理献金	杉並教会青年部	教区長から、ヘリコプターの献金摂理についての話をされ、摂理へどのように貢献できるかを書面で提出するよう指示された。
9	2005・12月	3万円	修練費（済州島）	杉並教会青年部	済州島の7日間修練会への参加を指示された。
10	2005・5・12	80万円	献金	杉並教会青年部	済州島の修練会で婦人達のあまりに悲惨な生活を聞き、自分だけ楽をしているかのように思い込み、「祝福献金」の名目で総務部長に渡した。
11	2006・6・4	7万円（実費込み）	清平ツアー代	杉並教会青年部	清平ツアーに参加することが信者としてなすべきことであるとかねて教育されていたため、参加した。
12	2006・8・25	7万円	先祖解怨献金	杉並教会青年部	清平ツアー参加の際に先祖が霊界で苦しんでいてあなたが救ってあげないといけないなどと聞かされ、先祖が霊界の「待合室」に移るために必要だと言われた。

13	２００７・１月	９７万円	ジュエリーペンダント（ぶどうの実）	ケイヨーネクスト（現フォーチュン）	班長に三鷹での宝飾展に動員された。販売員にジュエリーを勧められ、執拗な勧誘を断れなくなった。
14	２００７・12月	３５万円	絵画	ケイヨーネクスト（現フォーチューン）	班長に展示会に動員された。絵を所有することに興味はなかったが、断り切れず契約した。当時は伝道活動を出来ないことへの負債感が強くあって、説得を断り割れなかった。
15	２００８・１月	１４０万円	摂理献金	杉並教会	２００７年摂理の目標の締め切りが近づき、教区長らの説得などのため、今自分も貢献しないことはサタンの成せる業だと思わされた。
16	２００８・２月	１１０万円	摂理献金	杉並教会	新宿教会で国際ハイウエー構想に関するパネル展が催された。パネルを見終わった後に班長が面接に入り、執拗に貢献を迫られた。最終電車の時間が迫り、了解せねば帰してもらえそうにないので、「総生蓄・先祖祝福献金」を約束した。
17	２００８・８月	１１０万円	摂理献金	杉並教会	宮崎台の研修センターで講演会があり、幹部信者の壮絶な体験談を強烈に言われたため、献金を約束することになってしまった。これで４３０万円になったとして、その後杉並教会で教区長から「天聖経」を授与された。

18	2009・2月	57万円	先祖解怨献金	杉並教会	特赦で通常1～7代の先祖解怨に70万円必要なところが32万円でよいので今するとよいと言われた。先祖を地獄から解放することが地上にいる子孫の役目であると教育を受けていたために出した。
19	2009・9月	2万5000円	修練会参加費	杉並教会青年部	千葉中央修練所における「祝福の意義と価値」の受講費（3泊4日）。
20	2010・1月	180万円	摂理献金	杉並教会	マザーの説得では献金を了承しなかったため、教会長の講義を受け、今献金することの意味や重要性を強く説かれ。メシヤの語る「時」を逃すことは蕩減条件を一層積まなければならないことだと教えられ、献金を断り切れなかった。
21	2010・10月	9500円	健康診断費用	杉並教会	合同結婚式参加申請時に必要な健康診断書作成のため、一心病院の健康診断を受けるよう家庭部長に指示を受けた。診断書と合せて写真の撮影の指示も受けた。
22	2010・12月	70万円	摂理献金	杉並教会	年末近くになると必ず求められる摂理献金。部長から貢献額を書面で提出するように指示された。一人素知らぬ顔をするのが非常に憚られる雰囲気だった。

23	2012・4月	100万円	摂理献金	杉並教会	青年ホームの祈禱室にて部長に預金残額を聞かれるまま話したところ、100万円の献金を言われた。これで貯金は完全になくなった。
24	2005・9月～2006・12月	月々2万5000円など59万5000円	十一条献金	杉並教会	信仰生活の基本として収入の10分の1を神に捧げるようにと再三指示があった。

交渉は半年かかったが、約一五〇〇万円を毎月五〇万円ずつ分割で支払うという内容を杉並教会の幹部信者名義で約束させて支払いを確保した。

分割が長期に及ぶ時は、統一教会所有の不動産に抵当権を設定させることもある。

長年、統一教会被害者の事例を扱ってきたことから、新しい相談者がどんなウィークポイントをつかれて、どのような説得をされて大金を出すことになってしまったか想像がつく。打合せの過程で、「そのあと××と言われませんでしたか」と私が尋ねると、中年女性のBさんは「どうして判るんですか」と目を丸くした。「殆んどの未亡人の方がそう言われていますから」と言うと、Bさんは肩をおとして「やっぱり私は騙されていたんですね。霊界が見えると先生は言ってたけどウソなんですね」と深く落胆していた。

Aさんは、責任感が強い方なので、加害者の統一教会を責める前に騙された自分を激しく責めて泣き出した。「あなたが悪いのではない。家族のことを大切に思うあなたのやさしさに付け込んで、誰もが抱える悩みを、まるで先祖の因縁のせいであなたが何とかしないと大変な事になると思い込ませた統一教会が悪いんです」と私はなぐさめた。

既婚者、高齢者の場合

夫に内緒で被害を被り、夫に内緒のまま被害回復した例もある。

その被害が夫に判ってしまったので、夫にも私の事務所に来てもらって、「奥さんの被害は統一教会の計画的で巧妙な手口のせいであって、決してご主人を裏切ったものではない。やさしい奥さんの心がねらわれてしまった。ご主人のこと、子供さんのことを心配して大金を出す決意をするようなやさしい思いやりのある人です。大切にして下さい」とお話した。幸い妻を責めず、逆にいつまでも気付かないで仕事にかまけていた自分を反省するような心情の夫だったので、被害を取り戻せた上に、家族のきずなも深めることができた。

一方、Bさんは七十歳台の一人住まいのご婦人だった。記憶があいまいで被害経過を整理して主張するのに手間がかかった。統一教会の言いなりで子供たちに隠れて活動してきた数年間のことを心配してくれた子供たちのやさしさがうれしいと語ってくれた。

Bさんについては、栃木県宇都宮市内の統一教会宇都宮教会教区長及び代表婦人部長と交渉した。次頁の健康フェアゲストカード（資料19）はBさんが被害を再三受けた後、今度はさそう側になるよう言われて渡されたものだ。八〇年代のものとほとんど同様な書式だった。八〇年代と同

資料19　健康フェアゲストカード

'95　月　日 AM・PM　：　R

フリガナ
氏　名　　　　年　齢

性格　　Tel 可・不　DM 可・不

ニードのある人　本人　他（　　）
ニード（症状を具体的に）

家系の病気

経　済　力

職業	本人
	夫または妻

住居
持家　（支払済・ローン有）
借家　（マンション・アパート・社宅）
その他（　　　　）

経済力
S　300以上　＊本人の貯金
A　月2万以上－100万
B　月1万以上－50～70万
C　月5千以上－20～40万
D　20以下

決定権
S　何でも自分で決める
A　少額なら自分で決める
B　相談して決める
　　誰に（　　　）
C　決められない

TC　西ナス　真岡　YS　他
新規・再販
所属　主任
担当者

信頼関係
S 信頼されている
A 親しく交流
B お付き合い
C 顔見知り
D 初対面

ニードに対する切実感
A　切実に治したいと思っている
B　気にしている
C　関心がある
D　話せば関心を示す
E　分からない
F　医者を信じて安心している

ニードに対して現在やっている事とその結果

動員時の内容	その反応（必ず書）
TEL 訪問 パンフ 血の汚れの話 （万病は血の汚れから）	

UCに対する今までの状況

人参に対して		み言・経済	万物貢献 教育段階
成人病と予防		松葉ビデオ	
子供を連れて来る人は記入（保育のために）	（　）才 （　）才 （　）才（　）人		

担当との関係

※占いコーナー
A 希望する
B 関心がある
C 関心ない

チェック　アドバイザー　目標　個　結果　個　AB

五大トーク
① 健康商品の展示即売会
② 健康アドバイザーが健康相談してくれる
③ 2～3時間かかる

④私も体質改善の為に12個勧められて飲んで本当に調子が良くなった。（症状・期間・個数）12個 ⇒ 反応

⑤あなたも試したら良い（買ったらいい）今回のフェアはまとめて買えば特典もあるのでこの機会にまとめて買ったら良い。⇒ 反応

第1回目チェックアフター指示事項
来場動機（　　）←下から選ぶ

第2回チェックアフター指示事項
来場動機（　　）

来場動機　S買うつもり　A欲しいと思っている　Bもう一歩　Cわからない

品　名	個数	AB	月内一括	ローン	他
E300g（他　　）	コ		2分割 3分割	万 回	

集金方法　1、来店　2、振込　3、担当者　4、店から集金　5、納品会

納品　当日　プレミヤ　M　コ　　月　日　コ

納品方法　1、来店　2、担当者　3、納品会　4、店からお届け

購入状況
・喜んで　・妥協して
・決意して　・いやいや

必要性
・強い
・普通
・弱い

飲み方　1日　回　粒

購入動機（アフターへのアドバイス他）

様の手口で人参液などを売りつけていることが判る。
私が作成した通告書に対する統一教会側の回答書を紹介する。ただし、これもAさん同様時期と内容をかなり変更している。

この度、この通知書を受け取るにあたり、ご本人様がとても喜んで教会に来られ、熱心な信仰を持っておられるお方でしたので、このような形での請求通知書を拝見する事はとても残念であり、はなはだ遺憾な思いで一杯であります。(中略)

こちら側としては何故あのように熱心なご本人様が信仰を失われたのか、又このような通知書になってしまったのかは、とても理解に苦しむものであり、納得できるものでもございません。

しかし、現実に貴殿を通してこの通知書になったという事は、こちら側としてもご本人様への細やかな配慮の不足があったものと重く受け止めておりますし、反省もしているものであります。(中略)

本件に対してこの度はご本人様が様々な事情を抱えておられると推察しておりますので、こちら側でも関係者の方々と相談し検討した結果、ご本人様の救済という視点で、円満なる解決が望ましいと判断しました。今後は、請求内容等を双方で確認しながら和解を前提にして対応ができればと思います。

そこで先ずは、貴殿からの請求内容に関してこちら側で調査しました結果は以下の通りですので、ご確認をして下さるようお願いします。

一　数珠四〇万円、入会金一二万円、浄財八〇〇万円、感謝献金一四〇万円、水晶製品七〇万円に付いて、いずれも確認出来ません。契約書等呈示頂けませんでしょうか。

二　清平献金二八〇万円に付いて、ご本人様が渡韓された内容と思われますが、調査中です。

三　マッサージチェア二〇七、九〇〇円に付いて、契約書があり確認する事が出来ました。

四　絵画代金四八万円に付いて、契約書があり確認する事が出来ました。

五　祝福献金一四〇万円、天運石二四〇万円に付いて、調査しましたが確認出来ません。

六　めのうの数珠一九、五〇〇円、印鑑代金三九、五〇〇円に付いて、契約書があり確認する事が出来ました。

七　献金一六三万円について、平成十五年の献金金額が一六三万円と確認されました。

八　献金一九〇万円に付いて、この時の献金は一二〇万となります。

九　金婚式祝賀精誠二八七、五〇〇円に付いて、一年間で献金されたことが確認が出来ました。

十　天福函摂理一五八、三一〇円に付いて一応確認出来ました。

このような回答をふまえて半年余りの交渉を重ね、一二〇〇万円を月三〇万円ずつ四〇回分割で支払うという和解合意書を作成した。

交渉妥結か訴訟か

私は、全ての金銭被害について統一教会本部が賠償すべきであると考えている。従って、繰り返し統一教会本部に交渉を申し入れるが、被害者がかかわった教区や教域の交渉担当者または代理人弁護士が窓口になることが多く、そんな相手と交渉をしている。

統一教会は一旦下部から吸い上げた資金は訴訟で敗訴判決や訴訟上の和解にならない限り下部に戻さない。このため、交渉窓口の担当者は「金がないので分割にしてくれ」と懇願してくる例が多い。通知書の受取りさえ拒否する悪質な部門や地域もあった。

なお、物品被害交渉の中には、宝石、絵画、着物などについてクレジット会社のローンが支払い途中の場合が多い。クレジット会社としても統一教会の手口を知った上で統一教会傘下の販売会社と提携しているはずであるから、統一教会や販売会社とクレジット会社は共同の責任があると考える。従って、クレジット途中の事案については、クレジット会社にも同様の損害賠償請求の通知を出して交渉している。

交渉姿勢が悪く、交渉では解決する目途がつかない場合、民事訴訟や刑事告訴を含め、賠償請求を実現するため様々な手続きをとる。

統一教会に騙されたのかも知れないと後悔している本人を心から気の毒に思うし、騙した統一教会を許せないと思う。

「一緒にたたかって被害を取り戻しましょう。それが新しい被害を抑制することにもなると思いますよ」と本人を励ますとともに、私自身を鼓舞している。

霊感商法被害者の訴訟

交渉が進展しない事件や、被害者が社会的に被害を明らかにして欲しいと訴訟を希望する事案については、訴訟を提起してきた。

東京だけでも八七、八年には約一〇〇名について提訴し、その後も二度集団提訴にふみきった。これらについては、ほとんど請求額に近い賠償金を統一教会側が支払う形で和解が成立している。

特に、八七年五月から八九年一月十八日の和解成立まで争ったハッピーワールドや卸元の世界のしあわせ等を被告にした裁判では、次のとおり和解が成立し被告側が事件再発防止と誠意ある交渉をすると誓約している。

和解条項

一、霊感商法損害賠償請求事件につき、別紙一覧表の被告欄記載の各被告は、同表の対応する原告欄記載の各原告に対し、同表の各原告に対応する支払金額欄記載の金員の支払義務のあることを認め、同表の各原告に対応する購入物品欄記載の各物品の受領と同時に本和解の席上、右各金額を支払い、各原告はこれを受領した。

二、被告らは、今後、その扱う物品に関し同種事件の発生防止に努める。

三、被告株式会社ユニバーサル東京及び同株式会社丸興は、それぞれ今後、その取り扱った物品に関し、誠意をもって交渉の窓口となる。(以下略)

統一教会側の弁済資金不足のためか、交渉の進展が九二年春以降とどこおりはじめた。そこで九二年秋以降は統一教会やその傘下企業だけでなく、霊能師役の信者やはじめに誘って被害のきっかけをつくった信者などを訴える事案も増えた。

これまで、私が担当して判決まで至った献金被害回復裁判は一〇件以上ある。また、数十億円を取り戻す和解もした。和解金が分割払いのため統一教会所有の不動産に抵当権を設定した例も少なくない。

既婚女性Mさんの裁判

一九九七（平成九）年十月二十四日、東京地裁民事第一部で言渡された判決は、私が初めて勝ちとった勝訴判決だった。

被害者のMさんが、横浜フォーラムと称するビデオセンターに初めて誘われてから、二一〇〇万円の献金と八〇〇〇万円の貸金をするまで、わずか二ヵ月。更にその二ヵ月後には二一〇〇万円の献金と八〇〇〇万円の貸金をしている。会社員の夫と幼児二人と共に住む主婦が、統一教会のマニュアルに添った教化と先祖の因縁等の脅しのため、出家するくらいの決意で精一杯の献金をしないと子供や夫が早死にするとおびえさせられたからこそ、このような法外な献金をするに至った。地裁判決はこの経過について、「さながら、原告の心を自在に操っているかのようであり、その結果、原告が前記認定の多額の献金をするに至ったと認められ（中略）社会的に到底是認しうるものではなく、不法行為を構成する」と認定している。

この判決は次の三点で裁判所の判断基準を前進させた。

第一に、統一教会が「法律上の争訟に当たらない」と主張したのに対し、判決は次のとおり述べて法律上の争訟に当たると明示した。

「現行法の下では、教義の実践の名において身体、財産等の他人の法益を侵害することが許容される余地はなく、そのような法益の侵害の有無は法律上の争訟に他ならず、裁判所は、判断する権限を有し、義務を負う」

第二に、霊能師役の「先生」やケアー担当婦人の組織的計画的行為を詳細に認定して違法とした。判決は「教義の伝道の過程において原告に献金を求めたと認められ、このような献金の勧誘の目的自体には違法とすべき点はない」と述べつつ、その手段と多額の献金という結果などを理由に違法性を認めている。その一般的な判断基準について判決はこう述べた。

「宗教的結束を維持し、拡大するための行動であっても、現行法の秩序を踏み超えることはできず、刑事法上是認されないものは、宗教的活動であることの故に犯罪性を否定されず、同様に、民事法上是認されないものは、不法行為等民事上の責任を免れるものでもない。献金が、人を不安に陥れ、畏怖させて献金させるなど、献金者の意思を無視するか、又は自由な意思に基づくとはいえないような態様でされる場合、不法に金銭を奪うものと言ってよく、このような態様による献金名下の金銭の移動は、宗教団体によるものではあっても、もはや献金と呼べるものではなく、金銭を強取又は喝取されたものと同視することができ、献金者は、不法行為を理由に献金相当額の金銭の支払を請求することができると解ずべきである」

第三に、統一教会は「信徒がやったことであるから法人は関係ない」と言い逃れしようとした。これについて、判決は、この献金が統一教会に対するものであったことを認めた。

「被告は、原告は被告の信者から成る信徒会に対して献金したのであり、被告に対してではないかのように主張する。しかしながら、宗教上の理由により寄付する者は、自ら帰依しようとする宗教団体又はその教祖を信じ、当該団体又は教祖が有すると誇示する力を頼み、それから御利益を得、又はそれによって降りかかると告知された災難から逃れる意図の下に寄付するのであって、自己の利益をもたらすか、又は降りかかる災難を防ぐについて力を有するかどうか判然としない信徒の団体に対して寄付することは、敢えて信徒の団体に献金することが明示される場合は格別、通常はないと考えて良い。

原告が被告に対してではなく、信徒会に対して献金したとの被告の主張は、信者が献金する場合に有する通常の意思を意図的に否定しようとするものか、そうでなければ、何人をも納得させない詭弁というべきである」（以上、判例時報一六三八号一〇七頁）。

そして、一九九八年九月二十二日東京高裁判決は更に前進する判断をした。

Mさんを「不安な心理状態に陥れ、それにつけ込んで献金を決意させるなど、さながらMの心理を自在に操っているかのようにして、多額の献金をさせたものであり、到底Mの自由な自発的意思に基づくとはいえず、信者らの行為は不法行為に当たり、統一教会は使用者責任を負うべきである」と判示した。そして、慰謝料請求の点については、信者らの献金勧誘行為により、「Mは、不安心理を不当に増大させられたり、高額の献金を決意させられるなどして、相当の精神的苦痛をも加えられたものと認められ、右の精神的苦痛は、通常の財産権侵害における場合とは異なり、単にMが違法に献金させられた献金相当額の返還を受けただけでは回復することができるものではない」として、慰謝料請求を認めた（判例時報一七〇四号七七頁）。

高齢の未亡人Dさんの裁判

これは、高齢の女性Dさんが一九八六年に多宝塔四三〇〇万円、人参液二〇〇〇万円、釈迦塔二〇〇〇万円の被害を連続して被った事件について、被害全額と約六〇〇〇万円の利息の支払いを命じた東京地裁二〇〇〇年四月二十四日判決と、東京高裁同年十月三十日判決（最高裁でも是認された）の事案。東京高裁は、「信者Sらの本件各物品の販売行為は違法なものであり、また、本件販売行為は統一協会の教理の実践活動として行われたものであるから、Sらの違法行為によってDが被った損害について統一協会も責任を負う」とした。そして、「Dは、当初はSらの勧誘を拒絶していたものの、重ねて強く勧誘されて多宝塔等の展示会場に赴くことまで了解しこれに応じたところ、同会場においてSから、なかなか会えない偉い先生であるとして紹介され霊能者と認識するに至った小板橋から、多宝塔を授からなければ（購入しなければ）Dないしその親族に災いが起こるなどと約九時間もの長時間にわたって説得され、同会場に居合わせた明らかに小板橋を補佐すると思われる若い男性七、八名から強い威圧感を受けたことなどから、多宝塔の購入を承諾しなければ展示会場の外へ出ることはできないと考えた結果、四三〇〇万円という極めて多額な代金を支払って多宝塔を購入することを承諾するに至ったのであって、このような購入に至る経緯に徴すると、右物品の販売行為は社会通念に照らして到底容認できるものではなく、公序良俗に反する違法な行為であることは明らかである」と判断した。

そして、「統一協会の創始者ないし幹部の指示、物品活動における統一協会の信者の関与の実体、販売組織と統一協会との人的交流等、物品の販売活動と統一協会の教理との関連性及び経済活動によって獲得した利益の帰属等に関する原判決認定の諸事実によれば、万物復帰と称する概念は統一教会の教理上の概念であるところ、統一教会においては、万物復帰と称する資金集めのための経済活動が行われ、その実践として人参液や多宝塔等の販売活動が行われていたのであって、本件を含め統一教会と連絡協議会等の物品販売活動を行う信者との間には実質的指揮監督関係があると認めることができ、本件各物品の販売活動に従事したＳらの信者らは、統一教会の被用者の地位にあるということができ、また、本件各物品の販売活動は統一教会の教理の実践として行われ、これによって獲得した利益の大半は統一教会に帰属していると認められるのであり、Ｓらの本件各物品の販売活動も、形式上は会社組織である大心商会とＤとの取引という形態をとっているとはいえ、統一教会の事業の執行について行われたものと認められる」と認定した。

二人の元信者の献金被害

数年間統一教会の信者だった人は、数えきれない回数の献金や物品購入をさせられていることが多い。若者は全ての貯金や献身するにあたって勤務先を退職した際に受給した退職金などを全てむしり取られるし、その後のアルバイト収入も献金させられる。親に嘘をつかせて貰ったお金まで出させる。一方、既婚者や一般企業などで働いている信者は、長期間にわたって大小の献金をさせられた上に、銀行借入れやクレジット・サラ金などの借入れまでさせられて献金させられる。私は、このような多数回の被害の内容を思い出してもらって、できる限り裏付けの資料をそろえて統一教会に損害賠償請求する訴訟や交渉を、多数担当してきた。

その中でも印象深いのが既婚のKさんと看護師で独身のIさんの二人が原告の裁判だ。

Kさんは一九九六年三月から二〇〇六年三月までの間の夫のお金を含めて三四〇〇万円余の被害、Iさんは一九九四年十月から二〇〇四年十一月まで一四〇〇万円余の被害について損害賠償請求した。二〇一一年十一月十六日の東京高裁判決で、Kさんは三八一九万円、Iさんは一三八二万円が認められた。判決となれば、実損の外に、弁護士費用と慰謝料が付加される。その上年五％の遅延損害金がプラスされる。

この高裁判決について少し説明する。

最大の論点が違法性判断の基準だった。Kさんは二九項目、Iさんは五九項目の献金等の被害を訴えた。それぞれの出費のいきさつや、なぜ支払ったかを個別具体的に説明するのは困難である。そこで原理講義チャートのポイント部分を丁寧にフォローして、統一教会の教義そのものが信者を不安と恐怖におとし入れて指示通りに考え行動し、献金しないと罪がぬぐわれず地獄で永遠に苦しみ続ける、しかも先祖や家族、子孫にまで悪因縁が及ぶという内容であることを論じた。更に、船が山に登る如く、信者が社会では違法と評価される行動を信者としてなすべきことであって、正しいと信じて必死で行い続けるようになる、悪辣な統一教会のシステム化されたマインドコントロールの仕組みを丁寧に論じた。

その結果、判決はこう判断した。「本件のように継続的に特定の宗教団体が関わった事案において違法か否かを評価するに当たっては、当該宗教団体の信者の個々の勧誘行為等が違法であるか否かを個別事情から判断するとともに、個々の勧誘行為だけをとらえれば、勧誘を受けた者の自由な意思決定が制約されたとはいえない場合であっても、それ以前に当該宗教団体の信者が不相当な方法により勧誘をしており、この影響が消滅していない状態で、勧誘を受けた者が一定の金員の出捐等をしたときには、その者の自由な意思決定が不当に制約された状態で前記出捐等がされたといえ、当該信者の勧誘行為は、全体として違法の評価を受けるといわなければならない」。

この裁判では、霊の親の要請やかかわりの責任を問題にした。Ｉさんの霊の親が海外宣教でルーマニアに渡航するにあたってＩさんと会って支援を求めたこと、霊の親の霊の親（霊のおばあちゃん）がＩさんと会って渡航して韓国人男性と家庭を持つについての支援を求めたこと。それぞれ四〇万円と二〇万円の被害だった。高裁は、統一教会の教義を繰り返し教え込まれた霊の親の依頼を断れなくなったこと、教義における海外宣教や祝福の重要性を知っていたことによる被害だとして違法性を認めた。二〇万円を交付させる際にはＩさんの不安をあおるような言動は認められないとしても、Ｉさんの「自由な意思が不当に制約された状態で」金銭支払いをさせたものであり、「社会的に相当な範囲を逸脱した違法な行為」と認定した。

またＫさんの仙台での霊の親代理（指導者役）の壮婦Ｈは、それまでの統一教会信者としての活動のため極貧の中で子を育て苦労してきた人物だった。そのＨがＫさんから再三にわたってお金を借りており、それが被害の一部になっていた。そこでＫさんが脱会する前の二年間のＫさんとＨとの間の携帯電話のメールのやり取りをプリントアウトして証拠提出した。「度々ごめんね。助けて下さい」「いつもありがとう、感謝です」「もうどうしたらいいか判らない」「サラ金から借りるしかない（実はもう借りてたのを隠していた）」などとＨがＫさんに度々メールし、Ｋさんは自分の癌の手術をひかえつつもセゾンから借入れしてＨの借金の懇願に応じつづけた。Ｋさんは統一教会への九六〇万円の貸金を夫に内緒で夫の預金から出していたが、これを早く返してもらわないと夫にバレて大変という必死の訴えかけのメールも生々しく再現された。そして、高裁は「両名の個人的な貸借であるにとどまらず、統一協会内における立場を濫用した社会的に相当な範囲を逸脱した違法な行為」として、ＨのＫさんへの賠償義務を認めた。しかも、これがＨの信者としての活動の一環としてなされたものであることから、統一教会の使用者責任を認めたのである。

なお、ＨはＫさんが天運石や家系図、ネックレスを購入させられた時に、同席はしていたが、何も言っていない、むしろ大丈夫なのと心配していたなどと供述したが、高裁は、Ｈの同席は幹部信者の不法行為を容易ならしめる役割を果たしたものとして共同不法行為責任ありと認めた。

Ｉさんは九ヵ月間献身者として霊感商法に従事させられていた。その前の長期間のトレーニング中も、毎月四万円のホーム費を払い続けていた。統一教会側はこれを生活実費だから違法性も損害もないと主張した。しかし、信者をただ働きさせるための食事代を実費として負担させるのはおかしい。乳牛のエサ代を乳牛に負担させるのか。ロボットの油代をロボットに払わせるのか。例えば良くないかもしれないがそんな主張をし続けたところ、高裁は「本来Ｉはホームで生活する必要はなかったこと」「ホームの生活環境が劣悪であること」を理由としてホーム費も損害と認めた。

離婚した夫が元妻による献金等被害を回復した裁判

東京地裁平成二十八（二〇一六）年一月十三日判決は三四二八万円余、東京高裁平成二十八年六月二十八日判決は三七八九万円余をそれぞれ認め、利息を含めると、統一教会は五〇〇〇万円余を判決に基づいて支払った。

献金した妻本人ではなく、後にその被害を知った夫の請求を認めた初めての判決例なので少し詳しく報告する。

事案の概要と統一教会の主張

信者である妻が脱会して、統一教会に交付させられた金銭の賠償・返還を要求するのが通常である。ところがどうしても妻が脱会せず、「正しいことをした」と開き直り、離婚になった場合はどうか。本件では、信者である元妻は、献金額を実際より少なく主張し、口座から消えたお金の大半は生活費、子供の学費、旅行代、そして別の信者グループへの献金などに使ったと言い逃れをした。統一教会は妻が九〇〇万円余りの献金を小出しに支払ったことは認めたものの、全て自分の意思で持ってきた資金であり、それが夫の資産であるとか、夫の意思に反して持ち出され献金されたことなど判るはずがないから責任がないと開き直った。

本件訴訟の原告S氏の妻は、夫の通帳・印鑑・カードで、ほしいままに夫S氏のお金を使ってきた。原告S氏は妻を信じて自分の通帳管理をまかせていたのだ。そのS氏が裁判のために自分の通帳を直近十三年間について分析したところ、何と一四八項計八四五〇万円が統一教会への献金として通帳からおろされたに違いないと確信するに至った。

訴訟において被告の統一教会は、元妻は九〇〇万円余りしか献金していないと主張した。また、分派の紫微斗《シビト》グループに、毎月約三〇万円出すなど合計三〇八〇万円献金したし、日本統一教会と別組織の韓国統一教会傘下の清平修練苑に一〇〇〇万円献金したが、これらはいずれも被告統一教会とは関係ない支出だと弁解した。

本件訴訟の判決は、紫微斗への支出だと元妻と統一教会が主張した支出については、統一教会の不法行為による損害と認めなかったものの、それ以外の統一教会の言い逃れはほとんど認めず、S氏の主張を認めた。

組織的活動として信者の財産状態を掌握し、夫の意思に反してでも夫のお金を献金させた

このような実情は、統一教会元信者やその献金被害回復の交渉・訴訟を担当した弁護士であれば誰もが実感として判っていることだ。

しかし、判決でこの認定を得ることは決して容易ではなかった。我々は、統一教会幹部信者が既婚女性に献金させようと思うゲストの「財の把握」、つまりその信者が自由に処分できる夫の預貯金や生命保険などはどこの銀行などにいくらあるかを具体的に掌握して、そのうちいくらをいつまでに献金させるかという方針を立てて実行させてきた実情を、多数の具体的証拠で立証した。各地方組織では毎月の献金目標を立て、その達成のためにどの信者からいくら献金させるか具体的に計画を立てて、担当信者が説得してきた実態も立証した。

信者にとって、幹部の指示は神側の天の声とも言うべき絶対服従して実行するべきことであり、そうしない限り、罪深いサタン側にからめとられ堕落し、地獄への道だと教え込まれている。幹部信者への報告・連絡・相談（ホーレンソウ）は信者にとって日常的になすべきことであり、アベル・カインの教義即ち幹部信者の指示には絶対服従、絶対屈服すべきことと繰り返し教え込まれ、信者の生活習慣までになっている。

このような実情を大量の内部資料や元信者の証言録などの書類で立証した。あわせて元信者には、既婚女性信者に大金を献金させる組織的活動の実情を生々しく証言していただいた。

夫のお金を夫の意向に反してでも献金させる手口は全国で展開されていることだったので、本件判決では、組織的活動としてそのようなことがなされている実態が正面から認定されたのである。

ちなみに、これまで献金や信者勧誘・教化の被害は献金や教化を担当した幹部信者の不法行為だと認定され、統一教会はその幹部信者の不法行為について使用者責任があると認定された。しかし、本件では違法な献金勧誘について、特定の幹部信者を名指しすることができなかった。元妻も統一教会も原告の再三の釈明要求に対して、元妻を指導した幹部信者の氏名の特定を避け続けた。そこで本件では地・高裁判決ともに、統一教会が組織的活動として、既婚女性信者に夫S氏の財産を夫の意に反して内緒で献金させていたと認定して、統一教会の組織的な不法行為だと判断した。

これまで統一教会は、教会としての責任ではなく一部信者のいきすぎた献金勧誘について統一教会の使用者責任が認められただけだと言い逃れしてきた。しかし、本件判決はそのような言い逃れを許さないものである。統一教会は組織的に、妻に夫の財産を、夫に内緒で、夫の意思に反して献金させてきたと正面から認め、宗教法人としてあるまじき組織活動の実態を認定したのである。

夫婦別産制と統一教会の不当主張

統一教会は、夫のお金であっても妻には潜在的持分があるのだから、夫の意に反する献金であっても妻が一定の裁量権をもって妻が独断で献金することも信教の自由の一環として認められるべきであると主張した。これは、統一教会既婚女性信者が夫のお金を違法に持ち出して統一教会に献金するという重大な違法行為を誘導し、これを正当化しようとする主張であって、明白に排斥されるべき暴論だった。

民法七六二条一項は夫婦別産制を採用しているのであり、夫名義の口座に振り込まれた夫の給与や夫の退職金は明らかに夫固有の財産である。また夫がその母親から相続した財産も夫固有の財産である。かかる権利の帰属関係をゆるがせにする統一教会の主張は認められるべきではない。

もとより日常家事債務が連帯債務とされているように、日常的な家事に必要な支出が妻の裁量でなされることと自体は当然のことである。しかしながら、夫の意思に明らかに反する宗教団体等への支払いについては、それが日常の支出の範囲を逸脱することは明白だから、これは妻による夫の財産の違法な領得であり、その情を知って受け取った宗教団体は妻と共同不法行為責任を負うべきである。

この極めて当然の法理について、統一教会の前記主張は真っ向から反するものであり、妻の違法行為を正当化しようとする断じて許されるべきではない主張だった。

勿論、離婚に至る手続においては、夫婦別産制の原則が変更されて、夫名義の資産でも一定の範囲で妻の財産分与請求権が認められることとなる余地はある。しかしそれは離婚手続において初めて現実のものとなるのであり、そのような手続に入る前に妻が夫の財産を勝手に処分することやそれを知って第三者がこれを受領することは許されない。

本件地・高裁判決は、この当然の法理を認めてS氏の主張を是認した。

清平での献金にも日本統一教会の責任あり

統一教会は、日本統一教会の組織と韓国の清平修練苑は別組織であり、清平の儀式に関連して元妻が支払ったという一〇〇〇万円についての日本統一教会の不法行為責任を争った。

東京地裁判決は、韓国「清平修練会における支出についても、被告は、原告に対する関係で不法行為責任を負うというべきである」と判断した。

地裁判決は、理由として次の事実を指摘した。

・統一教会では、霊界で苦しんでいる先祖を助けるための先祖解怨式は唯一清平で行うしかないと教えていた。

・統一教会では、「先祖解怨祝福受付ガイドブック」などのマニュアルを日本の組織内で頒布・流布させて、献金の必要性を教えこんできた。

・清平の主宰者的立場の金孝南《キム・ヒョウナム》は度々来日して、日本人信者を集めて講演などをして、清平での先祖解怨式への参加を勧誘してきた。

これらの事実から「清平修練会における献金について被告（日本統一教会）がいったん受け取ったか否かに関係なく、被告内部においては、教義の一環として、信者に対して、霊界で先祖が苦しんでいるのを助け出すための先祖解怨式を行う必要性を唱え、清平修練会への参加を勧誘し、それに伴う献金の必要性を伝えるなどその交付を指示していたということができる」と認定した上で、「被告は、専業主婦である元妻が行った献金の原資が、夫の財産であり、夫の意思に反して引き出されたことを知っていた上、信者に対し、教義の内容として霊界で先祖が苦しんでいるのを助け出すために先祖解怨式を行う必要性を唱え、清平修練会への参加を勧誘し、これに参加するためには先祖解怨献金等が必要であると指示していたことからすれば、元妻の清平修練会における支出についても、被告は、原告に対する関係で不法行為責任を負うというべきである」とした。

　東京高裁判決もこのような事実を認めて地裁判決のこの判断を是認した。

離婚についての慰謝料責任を認めた

　高裁判決は、「元妻が原告の意に反して長年にわたり（紫微斗への献金を含めると）合計六〇〇〇万円余りもの原告の預金等を取り崩して費消したことが婚姻破綻の有力な原因の一つとなり、これにより原告が相当程度の精神的苦痛を受けたであろうことは容易に推認されるところであり、うち三〇〇〇万円余りの取崩しについては、前記のとおり、家庭連合の指示によるものと認められるのであるから、家庭連合は、原告に対し、婚姻破綻による精神的苦痛に対する慰謝料を支払う義務があるものというべきであり、その金額は一〇〇万円が相当である」と判断した。離婚について、当事者の男女以外の第三者の責任を認めること自体めずらしいことだが、統一教会が多額の献金をさせたことが離婚の重要な原因となったことを理由として、その責任を賠償するよう命じたことは特筆に値する。

信者と両親・兄弟や夫とが話し合いをした結果、脱会に至ることは決して容易ではない。私は、宗教者やカウンセラーが信者本人やその家族に付き添い、苦しみ悲しみいらだちを共に感じつつ、冷静に対話するよう指導助言する活動はもっと幅広く行われる必要があると考えている。しかし、どうしても信者が脱会しないため、離婚や親子断絶を余儀なくされたとき、家族は統一教会の責任を問うことができないのか。この問いに、本件判決はひとつの道筋を示すことになった。

訴訟の結果と未払い賃金・婚姻無効

全国弁連で掌握して集計できている解決した裁判事件は今のところ一二六件ある。その中で一一四件は裁判上の和解で一定の被害回復が実現したものだ。これら訴訟の被害原告の人数はおそらく五〇〇人を超えるだろう。この一一四件の和解による回復和解金額だけで、実に一一五億二一三四万七七一円になる。

そして、裁判が判決の確定により終結した事件は資料20のとおり一二件ある。その各判決の支払命令金額の合計額は約一二億円にのぼる。

この件数と金額を見ただけで統一教会の金銭トラブルの深刻さは明白だ。交渉案件は前述のと

資料20　判決が確定した霊感商法等訴訟一覧表

2015.1.28 現在

	裁判所	事件番号	提訴日	請求金額	判決日	支払命令金額
1	福岡地裁	H2(ワ)1082号	H2.5.22	49,300,000	H6.5.27	37,600,000
2	仙台地裁	H5(ワ)921号	H5.7.20	21,690,020	H11.3.23	8,128,000
3	東京地裁	H6(ワ)3119号	H6.2.18	29,100,000	H9.29.24	26,500,000
4	奈良地裁	H6(ワ)207号	H6.4.25	89,200,000	H9.4.16	8,200,000
5	福岡地裁	H6(ワ)1578号	H6.5.11	34,000,000	H11.12.16	5,900,000
6	東京地裁	H8(ワ)4437号	H8.3.11	94,800,000	H12.4.24	94,800,000
7	東京地裁	H15(ワ)28800号	H15.12.17	546,827,300	H19.7.12	276,200,000
8	東京地裁	H17(ワ)23549号	H17.11.11	35,410,400	H20.9.10	21,900,000
9	福岡地裁	H19(ワ)72号	H19.1.15	143,848,000	H22.3.11	111,626,000
10	福岡地裁	H19(ワ)576号	H19.2.27	492,481,692	H24.3.16	391,432,720
11	東京地裁	H19(ワ)17992号	H19.7.13	61,379,612	H23.11.16	52,000,000
12	東京地裁	H20(ワ)13473号	H20.5.20	222,458,548	H22.8.4	151,310,235
			合計	1,820,495,572		1,185,596,955

おり裁判案件の十倍近い金額と件数になるのだ。

未払い賃金請求交渉と訴訟

統一教会の信者は、献身中月一万円前後の小遣いだけでホーム生活を強いられている。これは、セイロジャパンやハッピーフーズ、近畿メッコール、世一観光をはじめ、末端の販売会社の従業員、「世界日報」の配達担当者まで同じである。

そこで、セイロジャパンの社員であったT君が八八年十二月「ただ働きをただす裁判」を提起し、あわせて労働基準監督署に告訴した。これを機に統一教会傘下の各企業は一斉に従業員名簿や給料台帳などをつくってつじつまあわせをするようになった。

T君の裁判はその後相当額を受け取って和解した。

それ以来、前述した各企業の従業員としてただ働きをさせられていた元信者が次々と賃金相当額の支払いを求めて交渉を行った。ほとんどの人が早朝から深夜まで一日十二時間以上働いており、最低賃金法をもとに計算しても月二〇万円以上の計算になった。

また、交渉により約二〇〇〇万円の未払い賃金等被害回復ができたKさんの事例はこうだ。Kさんは物品購入や献金被害の回復の上、献身者として一九九八年十二月から九年間無償で酷使されつづけたことについて月二〇万円の一〇〇ヵ月分を請求した。Kさんの口座には、物品販売の収益やリベートそれに脱税のための給与などが振り込まれていたが、入金の都度おろして組織に納金していた。一旦訴訟も決意したが、統一教会側はあきらめて請求に近い額を払う和解に応じた。

なお、Kさんは合同結婚式の相手となった未入籍の男性信者Uからストーカーされるという被害を被った。Uは二〇一一年二月七日逮捕され、同年十二月二十七日、東京地裁で懲役三月、執行猶予四年のストーカー規制法違反の有罪判決を受けた。判決は量刑の理由の中でこう述べている。

「本件は、統一教会の信者であった被告人が、同じく信者であり合同結婚式を挙げて婚約関係にあったものの統一教会を脱会し、被告人との婚約を破棄した被害者に対し、五回に渡って待ち伏せを反復したストーカー規制法違反の事案である。

被告人は被害者が被告人に対する恋愛感情を失い結婚する意思もなくなったことを充分に分かっていただけではなく、教会関係者からも『諦めるしかない』などと説得されていたにもかかわらず、被害者に対する恋愛感情を抑えることができず、被害者に会いたい、被害者との関係を修復したい、などと考え、執拗に待ち伏せ行為を繰り返し、本件犯行に及んだものであり、被害者の心情を思いやることのない身勝手な動機に酌量の余地はない。しかも被告人は、被害者の父親の車にＧＰＳ機能付きの携帯電話機を密かに取り付け、数日おきにバッテリーを取り換えながらその位置情報を取得し、被害者の居場所をつきとめていたものであり、犯行に至る経緯は巧妙であるばかりか卑劣な犯行でもある。被害者は長期に渡って、行動の自由やプライバシーを侵害されたばかりか、不安と恐怖を感じて過ごさざるを得なかったものであり、また被害者のみならず、その家族にも被害が及んでいるのであって、結果も軽視しえない」

婚姻無効の調停・訴訟

合同結婚式に決められた異性と参加するのは法律的に評価すると「婚約」にすぎない。将来、統一教会の指示があったら一緒に住み家庭を持つことがあるという関係と評価される。仮に三日行事（統一教会の決めた方式で行う初夜の交わりの儀式）をすませたとしても、一緒に住むわけでもない。実際上、女性側は文鮮明と一体になることにより原罪を払拭されると信じている。従って、このカップルの一方が離教しても、入籍していなければ、それまでのことだ。何の手続きもなく「サヨウナラ」で終わる。

ところが入籍しているとややこしい。夫婦の実態が伴っていない。同居もしていないし、デートの機会もわずかだったのだ。それまで異性に触れることは最大の罪とされてきた若い信者たちにとって、上から与えられた数回の見合いの機会だけで夫婦の愛情が芽生えるはずもあるまい。

既に日本人同士の婚姻無効の調停だけでなく、日本人女性と韓国人男性の同旨調停がいずれも数件成立した。つまり、離婚するまでもない、婚姻（入籍）自体架空のものであったことを確認する手続きである。いずれのケースでも入籍は形だけのものであったことを男女とも認めた。入籍をした理由としては次のような主張がなされている。日本人女性信者が韓国滞在の資格を「韓国人の妻」という形式にするため上から入籍を指示された。女性側の親が統一教会に反対していたために、いつ親が本人を「保護」して脱会説得に入るかも知れないので、その時、夫として「救出」に動けるよう上からの指示で入籍した。いずれにしても同居前の入籍は幹部の指示で行う形式上のものなのである。水戸地裁では日本人女性と韓国人男性の入籍が、女性本人の手によらず届けられたものであるから無効とする判決も出ている。

さらに一九九三年十月七日、福岡地裁は合同結婚式に参加後入籍した日本人信者男女の婚姻を無効と判決した。本当に婚姻するという意思で入籍したものではないという原告の主張を認めたものだ。この判断は福岡高裁・最高裁でも肯定された。このように韓国滞在資格を得るためだったり、両親との話し合いを拒否するための入籍を無効とする判決や家裁の審判が全国ですでに五

○件を超えている。

一方前述した韓国人男性と入籍した日本人信者が、韓国での同居生活に耐えきれず離婚を申し立てる事案も相次いでいるが、韓国での離婚は裁判所の関与が不可欠であるなど困難も多い。韓国には純粋な協議離婚は存在せず、裁判所での手続きが必要である（夫婦が共に出頭して意思確認手続を受け、熟慮期間を経過しなければならない）。

また、韓国で生まれた日本人女性と韓国人男性の間の子は二重国籍となるため二十二歳になるまでにどちらかの国籍を選択する必要がある。また、男子の場合、十八歳までに韓国国籍を離脱しないと兵役義務が生じるなどの問題もある。

相談・交渉そして訴訟

家族からの相談

うちの子が信者になってしまって家出した、どうしたらよいか。この趣旨の相談があとを断たない。しかし、弁護士は人の心をとり戻すための宗教論争はできない。私としては、統一教会について書かれた多くの文献があるのでそれを十分読んで、カルト事情に詳しいカウンセラーに連絡をとって統一教会の実情をまず勉強するべきだと助言するのみだ。

ただし、ひとことつけくわえる。

「あなたの子供は決して親を見はなしているのではありません。むしろ、あなたの家族や先祖・子孫のことを思うから信者として頑張っているのです。本人は本気で正しいと思い込んでいるのだから、バカなことはやめろとどなっても、生半可な知識で統一教会を批判してみても、決して良い結果にはなりません。まずは、なぜ子供さんがこうなったのか、その思いを子供さんとできる限り同じ視点に立って、よく考えて下さい。勉強して下さい」

時には、妻や夫が統一教会に夢中になって家庭をかえりみないし、夫婦仲が悪くなったので離婚したい、という相談もある。私は、原則としてことわる。離婚を考える前に、統一教会に夢中になっている配偶者が何を考えているのかについてきちんと勉強するべきだ。そして夫婦間で冷静に話し合うべきだ。離婚はそれらの努力のあとでもおそくない。

ただ、夫に内緒で夫の財産を勝手に献金しても、正しいことをしたと開き直り、献金の理由や是非について話し合いに応じない信者妻もいる。決して統一教会の信仰をもっているから離婚請求するのではなく、信者として夫婦の信頼関係をこわす具体的な行動があったための離婚請求は受任せざるをえない。夫婦のきずなを強めたい、まことの家庭のあり方を考えたいと願って統一教会とのかかわりを持ったのに、結果として家庭を崩壊させる結果となった信者の悲惨さは同情に値する。ところが信者本人は、夫は自分や統一教会のせいではなく、統一教会に敵対しつづける私にあおられて離婚請求していると幹部信者に教えこまれてそう信じているから話にならない。

統一教会に全てを捧げている我が子に相続させたくないがどうしたらよいかという相談もある。

これについても私は同じように、まずは親子で話し合うよう助言してきた。しかしどうにも話し合いができない場合、公正証書遺言作成のお手伝いをしている。「長男Ａは統一教会信者のままでいるから財産を相続させても統一教会にそれを献金するにちがいない。それは親の希望するところではないから、長男Ａには相続させず全て二男Ｂに相続させる」といった遺言になる。

準禁治産宣告の申立と保全

家族の相談のうち、不動産や多額の預金などをもつ高齢者や妻または夫が統一教会に夢中になっている事案の対応はむずかしくなった。家族が知らないうちに数百万円、ひどい例では数億円を統一教会のために支出していることが判って、家族はたいへんあわてて相談に見える。

それでも原則は、家族同士よく話し合って本人が統一教会を止めるなり、節度ある信仰生活（統一教会でこれが実現できるとは到底考えられないが）に改めるよう努力すべきだ。

この話し合い解決が期待できない場合、かつては準禁治産宣告の申立を家庭裁判所に行い、同時にとりあえずの保全決定を求めた。いわゆる浪費癖がある人物について、本人の判断だけで財産処分ができないようにする宣告である。そして、保全決定では本人の兄など信頼すべき近親者の承諾がない限り勝手に本人が財産処分をできないように決定を下してもらった。この種の決定はかなりの件数で下されて本人の生活維持に効果を発揮した。

ところが二〇〇〇年四月から、この制度が成年後見制度に改訂され、浪費癖など自分の「判断」

で財産を浪費するのは自己責任であり、自己決定権を尊重すべきだというドイツ・イギリスの考え方に準じた法制度に改悪されたため、前述した法律上の手立てを講じることができなくなってしまった。

しかし、五、六十歳台の子どもが、七、八十歳台の高齢の親の浪費を憂慮して相談に来た時、まず問題にすべきは、統一教会の信者に精神的に縛られて自分でことの是非を判断できなくなっている高齢者がおかれた孤独な状況である。私は、「お母さんは寂しいんですよ。お母さんを決して責めてはいけません。お忙しいかもしれませんが、時間をかけて一緒に温泉につかってゆっくり語り合ってみて下さい。お母さんの方から、実はこんなことがあったのよと話してくれますよ。お母さんも本当はこんな無茶な献金をしていいのかしらと悩んでいるはずです。これからどこにどう住むかというお母さんの生活のあり方も考えないといけないかもしれません」とお話する。それを機に親子の対話が取り戻され、お母さん自ら被害回復手続を依頼された事例も少なくない。

統一教会への貸金被害

統一教会のために所有不動産を担保に提供して、数億円を金融機関から借入れさせられて統一教会に全額提供したという事案の相談・交渉が相次いだ時期があった。毎月の金融機関に支払うべき金利（統一教会側が支払う約束になっている）が滞っていたり、元本の弁済期限を統一教会側が引きのばそうとするので本人も不安になって相談に来た。統一教会のために抵当権を設定させられた不動産を売って献金するよう迫られて耐えきれないという事案もあった。

これらの事案を、私は統一教会による組織的計画的不法行為であると考えた。貸しているのではなく、計画的に脅しとられたと評価すべきだ。従って、統一教会は直ちに全額に金利をつけて賠償し抵当権を抹消しなければならない。金融機関と統一教会の担当者との両面交渉が必要なので複雑ではあるが、これまで、訴訟事件を含め交渉でも解決している。

なお、貸金被害の中には、若い信者が銀行やクレジット・サラ金など数社から数十万あるいは数百万円を借入れさせられて、ローンの弁済途中という事案も多かった。この場合、借用書があってもなくても、直ちに返金するよう申し入れて早期解決を図った。通帳や印鑑まで統一教会の会計担当の信者が管理していて、どこからいくら借りて、今いくらの債務が残っているのかさえ信者本人は認識していない例も多いので、まず、金融機関への照会から開始しなければならなかった。

貸金被害事件は本人が脱会してはじめて顕在化する。統一教会の借金は莫大だ。統一教会が返さなくなった場合、貸金被害者の金は統一教会から戻ってこないために、借入名義人たる信者個々人が債務弁済を迫られて自己破産することになった事例も少なくない。

大口貸金訴訟

統一教会信者になったK君を中心に、同じく信者になった母、姉、妹の四人が重病の父の意向に反して、父名義の不動産を担保に抵当権を設定し、ノンバンクAから一六億三八八〇万円、同じく他のノンバンクBから三億三〇〇〇万円を借入れさせられて統一教会に交付した。さらに、抵当証券会社から二〇億円を借入れさせられて統一教会関連企業に全額交付させられた上、同抵当証券会社の埼玉県信連からの一五億円の借入れについて担保提供させられたという被害があった。とりあえず訴訟になったのは、ノンバンクAの一六億三八八〇万円とその慰謝料・弁護士費用等合計一九億円余りだ。このうち一二億五〇〇〇万円は二ヵ月後に決済されたものの、その余については長い裁判の結果、被害のほとんどを回復した。

この事件の相談を受けた時、私はあまりの巨額の被害に驚いて、これは統一教会の終わりが近いと考え、同僚にそう話した。

ところがその後、億単位どころか一〇億円を超える同種の貸金被害が、全国の統一教会信者によって一〇〇件以上発生していることを知って、改めて統一教会・文鮮明の悪質性を痛感した。一人で一〇〇億円前後の被害を被っている事案。息子が精神疾患をかかえている悩みの解決のためとして老母が資産の土地を売ったり、担保提供して数十億円の被害となっている事案。一人住まいの老女が、信者に住みつかれてその指名する信者と養子縁組してしまったことが判明した事案、養子縁組直前で何とか止めた事案もあった。

統一教会は、この人の財産を何とか取ろうと考えると、数人のチームを組んで実に周到に、数ヵ月、中には数年かけて、本人の意思で財産処分して献金した形をとるように仕向けていく。その組織性、計画性は、宗教的信念が悪い方向に働いた結果というほかない。

青春を返せ訴訟

札幌・新潟・名古屋・岡山・静岡・浜松・東京で合計一〇〇名を越える元信者が統一教会を被告に損害賠償請求訴訟を提起した。原告は十年以上の献身生活をおくらざるをえなかった人から、数ヵ月間ビデオセンターに通わされた人までいる。

原告（元信者）の主張は多岐にわたる。その主張の詳細は郷路征記弁護士著の『統一協会マインド・コントロールのすべて』（教育史料出版会、一九九三年刊）及び櫻井義秀他編著『大学のカルト対策』（北海道大学出版会、二〇一二年刊）所収の郷路論文「青春を返せ訴訟二一五年」に譲りたい。

読者に理解してもらうため、できる限り判りやすく、私なりにこの訴訟で主張してきた内容を整理すると次のようになる。

詐欺的勧誘

①被告（統一教会のこと、以下同様）は、統一教会の伝道であることを隠して各原告を被告組織にひきこんだ。

②被告は、被告があらかじめ準備した教義教え込みのための教育ステップに深入りするか否か

迷っている各原告に対し、「先祖を因縁から解放しないと不幸になる」とか「氏族メシアの使命がある」などと畏怖心をうえつけて、入教・献身させた。

③各段階の修練会で、被告は、長時間・繰り返し・質問なしの講義、睡眠不足、心身の疲労、集団心理、畏怖心を活用して、各原告に、次のステップへの参加を承諾させ深入りさせた。

④被告は各原告に対し、報・連・相の実行を習慣化させ、心情日誌をつけさせて、思考や生活を管理し、合宿生活をさせて外部の批判的意見・考え方から遮断するなどの手段を講じて、各原告の生活や心情を把握・支配する一方、親族や友人との交流を断たせて心理的に拘束した。

⑤被告は、各原告に対し、家族、友人、職場等一般社会との関係を徐々に断ち切らせて、被告組織に心身ともに帰属させることで、自己完結的に文鮮明を再臨のメシアと信奉し、その指示を絶対的なものと受けとめ、被告からの離脱をさせにくくした。

⑥その結果原告は、社会的には違法な霊感商法や詐欺的伝道であっても信者としてすべき事だと思い込んで、外形的には自らの判断で行い自ら酷使される外形をもった組織活動に埋没する人格に変容されて、信者としての活動、生活に拘束されつづけた。

組織の歯車として違法行為・犯罪行為をさせた

①被告は各原告に「責任分担」を付与して、原告に連日厳しいノルマを課し、重労働を睡眠不足の条件下で強制して、批判精神を除去させ、思い込みを深めさせた。

②被告は、法律や社会良識をサタンのものと決めつけ、被告組織の論理こそ全てに勝る「天法＝摂理」であるとして、それに従うように精神的に呪縛した。

③被告は各原告を、個々の信者相互間、原告らの所属する各種グループ相互間で常に競争させて、資金獲得金額や獲得した信者（霊の子）の数という「実績」を少しでも多く上げるよう扇動し続けた。

④被告は、「アベル・カイン」の関係の強調すなわち徹底した上命下服関係のもと生活し考え行動するよう習慣づけさせ、各原告を自ら上にしばられ、下をしばることで、被告組織にしばりつけた。

⑤被告は各原告を、霊感商法や信者獲得活動によって、次々と被害者を親族・知人等につくり出させることによって、一般社会と決別させ、一般社会に戻りにくくさせた。

嘘と脅しで労働力を搾取しつづけ、家族との関係を遮断し脱会を妨害した

①被告は、各原告にホームでの合宿生活をさせることで、一般社会の評価を知らせない情報隔離の特殊世界におきつづけた。

②被告は、各原告に対し、被告に反対する家族・マスコミ・牧師らを「サタン＝共産党」であると決めつけて関係を遮断するだけでなく、虚偽の情報で家族などの反対活動への恐怖心をうえつけた。

③被告は各原告に対し、その家族の反対をどうかわすか、嘘のつき方を含め微細に指導した。
④被告はこうして各原告を組織にとどまらざるをえない状態におきつづけ、その間わずかな小遣いだけで、過酷な労働に従事させた。
⑤被告は、各原告がこのように長期間独自の論理にしばられて被告組織内で活動することによって、その論理を捨てにくくなる心理を巧妙に利用した。
⑥原告は、脱会後も長期間、精神的刑務所生活（常に上の指示で動く生活）をしてきたことによる後遺症や社会生活から隔離されてきたことによる後遺症等に悩まされつづけた。

婚姻の自由の侵害

被告独自の教義に基づく集団結婚式は、信者にとっての最大の目標になるのであるが、この式典に参加させられた各原告は、見知らぬ異性と婚約・結婚させられることによって、本人の自由意思で結婚の対象者を選択する機会を奪われ、精神的・社会的苦痛を強いられた。

相次いだ勝訴判決

このような我々の主張は、裁判所で当初認められなかった。しかし、マインドコントロール概念を整理して主張したり、オウム真理教の信者の言動などと関連づけて主張することを通して、ようやく統一教会の信者教化のシステムと信者搾取のシステムの違法性が、判決でも相次いで認められるに至った。

次の各判決で、統一教会の信者勧誘の手口の違法性を認めるに至ったのである。

ａ　広島高等裁判所岡山支部平成十二年九月十四日判決（判例時報一七五五号九三頁）

最高裁判所平成十三年二月九日決定

元信者がビデオセンターを通した統一教会の詐欺的入信勧誘と献金の説得について組織的不法行為が認められるとして、献金七〇万円と修練会参加費相当額の損害及び一〇〇万円の慰謝料を命じた。元信者の請求を棄却した岡山地裁判決を、広島高裁岡山支部が破棄した逆転勝訴判決。

ｂ　札幌地方裁判所平成十三年六月二十九日判決（判例タイムズ一一二一号二〇二頁）

札幌高等裁判所平成十五年三月十四日判決

最高裁判所平成十五年十月十日決定

統一教会元信者二〇名に対する教団組織の勧誘・教化行為は、組織的・欺瞞的・強迫的であって勧誘される側の信仰の自由を侵害するおそれのある違法なものとした。合計二〇〇〇万円余を認容した。詳細な事実認定に基づいて判断を下した決定版的な判決。最高裁決定で確定。

ｃ　東京地方裁判所平成十四年八月二十一日判決

東京高等裁判所平成十五年八月二十八日判決

最高裁判所平成十六年二月二十六日決定

元信者三名が原告。ビデオセンターを窓口にした入教勧誘及びその後の詐欺、強迫的教え込みの手口と、その後合同結婚式に参加させて初対面の異性と結婚させたことなどの違法性を認め、統一教会の使用者責任を認めて慰謝料などとして合計九二〇万円の支払いを命じた。最高裁決定で確定。私自身が担当した。平成二十一年八月十八日の提訴から三年で地裁判決という、この種の裁判としてはかなり早い結論を勝ち取った。

d

(1)新潟地方裁判所平成十四年十月二十八日判決

東京高等裁判所平成十六年五月十三日判決

最高裁判所平成十六年十一月十二日決定

元信者原告五一名中第一グループ七名について、統一教会の伝道方法が違法で信教の自由を侵害され、献身者として過酷な生活を長期間強いられたという訴えを認め、統一教会に法人としての不法行為責任があるとして合計一五三八万八〇〇〇円の支払いを命じた。

(2)新潟地方裁判所平成十六年二月二十七日判決

東京高等裁判所平成十八年一月三十一日判決

最高裁判所平成十八年六月八日決定

元信者原告中第二グループの九名について、第一グループ同様の判断で統一教会の法的責任を認め、合計二二二二万八六三二円の支払いを命じた。

(3)新潟地方裁判所平成十七年四月二十五日判決
東京高等裁判所平成十八年十月三十一日判決
最高裁判所平成十九年三月二十三日決定
同じ裁判の元信者原告の残り三五名の第三グループ全員について、その主張を認め、統一教会信者による一連の勧誘・教化行為の違法性を認め、統一教会に合計八七〇四万四一四七円の支払いを命じた。
以上五一名の原告に対し、合計一億二四六六万七七九円の支払いを命じた判決が最高裁で三度にわたって確認されたことになる。

e
大阪高裁平成十五年五月二十一日判決
最高裁判所平成十五年十月十日決定
元信者三名の、統一教会の伝道方法が違法で信仰の自由を侵害されたうえ、統一教会の協議に盲従させ、過酷な労働を強いたという訴えが認められるとして、合計七一五万円の支払いを命じた。元信者の請求を棄却した神戸地裁判決を、大阪高裁が破棄した逆転勝訴判決。最高裁決定で高裁の判断が確定。

f
(1)札幌地方裁判所　平成二十四年三月二十九日判決
b事件判決を引継ぎ、伝道・教化活動の違法性を問う、札幌青春を返せ訴訟第二陣二次訴訟の判決。元統一教会信者原告三九名（その他一名）、近親者友人原告一三名、合計六二名

1　統一教会の伝道・教化活動そのものが不法行為であると認めた。伝道・教化活動が不法行為となる基準として、①宗教性の秘匿、②特異な宗教的実践内容の秘匿、③親などとの絶縁、④不安と恐怖による行き過ぎた献金という、他の宗教団体にも適用できる基準を定立した。

2　信徒会とは統一教会の組織の一部にすぎないと、統一教会の責任を正面から認めた。

3　脱会までの献金、物品購入、研修費について、伝道・教化活動と相当因果関係のある損害と認めた。

4　近親者の物品購入の被害のうち、統一教会信者であるために購入したものを全て違法行為による損害と認めた。

5　精神的・肉体的苦痛につき慰謝料を認めた。詳細な基準により、最高額は七七一万円。

(2)札幌高等裁判所平成二十五年十月三十一日判決

平成二十四年三月の地裁判決の結論は維持されたが、次の注目すべき認定がなされた。

統一教会の布教・教化過程が被勧誘者に対する違法な行為であることを認めた。違法性の判断基準は一審判決の基準を取り消して、手段が宗教団体であることを殊更に秘して勧誘し、いたずらに害悪を告知して相手方の不安をあおり困惑させるなど、相手方の自由意思を制約する不当なものである場合、目的が利益獲得等不当な場合、結果が相手方の財産に比して不当に高額な財産の出捐をさせる場合という基準に変更された。

上記の基準の「困惑させるなど」の中に一審判決の基準を入れ込んでいると読むこともできよう。

統一教会の金銭の拠出（物品の購入も含む）が、統一教会の違法な伝道・教化活動と相当因果関係にある損害であることを認め、書証なしに、月例献金、礼拝献金からすべての摂理献金を損害と認めた。布教・教化に関する支出もすべて維持された。

信者になった後に信者が購入した定着経済の被害も損害であることが維持された。慰藉料請求についても、認められる根拠・基準がそのまま維持された。

信者と家族との話合い

実情

まじめだったわが子が親に隠れて何かしているようで帰りが遅くなった。突然勤務先を辞めて、友人と共同生活すると言って家を出た。

二年後突然帰宅して、合同結婚式で韓国人男性と結婚すると宣言して逃げるように出て行った。近く韓国で家庭を持つと言っている。

やさしかった思いやりの深い妻が、あなたも来てみてというのでビデオセンターに付いて行った。ネットで調べてみると統一教会だと判った。妻は友人と旅行に行くと言って韓国に二泊旅行をしてきた。自宅にある妻の所持品を調べたら、ペンダントや水晶の置物などを隠していた。もう統一教会はやめると言っていたのに、先日通帳を調べたら、二〇〇〇万円あった私の預金がゼロになっていた。

父が死去して一人暮らししていた七十七歳の母が、統一教会信者に付きまとわれて大金を出している。調べてみると自宅の土地建物に二〇〇〇万円の抵当権が付けられていた。毎日のように信者に車で送迎されて施設に通っているようだ。母のこれからが心配。

こんな相談が繰り返しある。高齢の信者の場合、霊界の夫や親のためと言われて関わっているものの、本人にもこのままでいいのかしらという迷いや、信者の強引な勧誘への反発も心の底にあるはずだ。家族は決して叱ってはいけない。問題は一人で生活して気楽な反面、淋しいということ。周囲の人が生活のあり方を考え直して、淋しさをまぎらわす状況をつくれば解決する。ゆっくり親子で温泉に入って語り合えば、「実は……」と語り始めてくれる。

妻の場合、夫の対応が決定的だ。妻が通い始めたことに気付かなかった自分も悪かった。妻が夢中になってやっていることをよく聞いて知った上で、話し合ってみる。そう受け止めてくれる夫なら大丈夫。時間はかかるが何とかなる。

しかし多くの夫は内緒で預金が献金されて老後の蓄えどころではなくなったと知って逆上する。当然だろう。妻はそこで偽装脱会を指導される。「もう行きません、献金はやめます」。そう固く約束するふりをする。そこで安心していた夫が数年後に、裏切られたと気付く。このため事態は非常にこじれてしまっている。「まことの家庭」をつくるはずが家庭の崩壊の結果となるのだ。あとは離婚か、形だけの夫婦でありつづけるしかないのだろうか。

わが子の豹変にうろたえる親も、夫と同様の硬直した対応をするとこじれる。「親だからね。心配してるよ。何がそんなに君を夢中にしているか説明してよ。本当にいいもんなら親も反対しないよ」そう言って、心を開いて話し合ってほしい。「バカなことやめろ。お前は騙されているんだ。なぜ、それがわからないんだ」と上から目線で迫るのは最悪だ。

こじれる理由と対策

統一教会が悪質なのは、信者自身にもはじめは統一教会による勧誘であることを隠す上に、家族にも通い始めたことを隠すよう指導することだ。「隠徳積善っていうでしょ。本当にいいことは誤解されがちだからね。もうしばらく家族には言わないようにしよう」などと指導する。だから家族が気付いた時にはもう抜き差しならなくなっていることが多い。三〇〇万円献金したことを話しても分かってくれないと思うから、大切なことを隠している。後に分かった時、家族は逆上してしまう。そうなると信者はますます隠すし、嘘をつく。この家族への接し方、ごまかし方を統一教会のアベル（先輩信者）は懇切に指導する。

信者は家族以上に自分のことを判ってくれている人、神様に近い人と信頼しているので、アベルは家族以上につながりが深いと感じてしまっていることを、家族は知らねばならない。

では、どうすればいいか。

あなたの娘が変な男にホレてしまって親の言うことも聞かずに家出しようとしている局面を想定してほしい。冷静に時間をかけて話し合う関係を維持するしかない。本人が自分で気付いてくれるようにすることが大事だ。周囲が反対するほどもえあがってしまうのは、へんな恋愛沙汰に似ている。

六件の裁判の判断内容

二〇〇一年から二〇一五年の間に、エホバの証人の信者について一件、統一教会の信者について五件の判決が言い渡された。その概要は次の表を見てほしい。

事件名	原告	被告	事案の特色	判決
エホバの証人事件	エホバの証人信者（四十三歳の女性、後に夫と離婚）	牧師だけ（夫が妻のエホバ信仰に反対）	建物は牧師が準備■夫と牧師が十日間、話し合いを追求したが拒否■夫に隠れて、妻が子を信者になるよう教育したことに夫が反発して、夫が妻を脱会させようとした。	エホバの信者側の指導に問題はあるが、それでも牧師のとった方法は違法■四十万円支払えと判決■神戸地裁二〇〇一・三・三〇■大阪高裁〇二・八・七
鳥取事件	統一教会の信者（三十歳の女性）	信者の両親とT牧師	鳥取教会内にいる信者（娘）を、両親とその手伝いの数名で有形力を使って抱え上げて車に乗せ、関西のマンションに入った。両親と約十四ヵ月間、共同生活。牧師は初日からほぼ毎日通ったが、話し合いは成立せず。	十五万円を両親と牧師は支払え（高裁）■拉致・監禁と認められる行為であり違法■鳥取地裁〇〇・八・三一■広島高裁松江支部〇二・二・二二

東京I事件	統一教会の信者（二十五歳の女性とその合同結婚式の相手のアメリカ人男性）。訴訟中に米国在住の二人に子が出生	S牧師と両親（両親は差止めを請求されただけで損害賠償請求はされていない）■サイエントロジー幹部が事件として米国内でアピールすることなどに協力	親が借りたアパートに住んでいた娘を、両親が説得して、話し合いのためのマンションへ移動■約二ヵ月と十日間話し合った後、逃げ出した■S牧師は十五回マンションに通って本人と話し合った。	原告両名の請求棄却■牧師の行為は違法とは言えない■東京地裁〇二・三・八■東京高裁〇二・一二・二六■最高裁〇三・六・一七
横浜T事件	統一教会の信者（二十六歳の女性とその合同結婚式の相手の日本人男性）。その後二人に子が出生	両親、妹、おば夫婦、S・K両牧師（拉致に関わったという六名と、それを指導したという牧師二名）	三人姉妹の長女が原告。二女は一回目の説得で脱会。三女は信者で長く行方不明。原告二人が二女と会食後レストランを出たところを待ちかまえて両親が本人を抱きかかえて車に乗せ、話し合いのアパートへ■その三ヵ月後に移動したマンションにS牧師が十回ほど通って話し合い■K牧師は両親の相談を受けていただけ。	両親たちの行動は違法とは言えない（有形力の行使とは認められない）。話し合いがなされていたのだから、S牧師の行動も違法ではない■横浜地裁〇四・一・二三■東京高裁〇四・八・三一■牧師二人について最高裁〇六・四・二五で信者二人の上告棄却■〇六・三・一三、長女と三女が両親と和解成立。
大阪K事件	統一教会の信者（二十九歳の女性と韓国人の信者の夫）と統一教会	両親とT牧師と協力者O氏	韓国で家庭を持った娘が、母親が目の手術で入院すると聞いて一人で帰国。父親らの説得で話し合いのためマンションに入り、約二ヵ月■娘は毎日通ってきたTやOと、統一教会について話し合いを一切	統一教会による、TやOの活動を差し止めようとする請求は棄却■両親とT牧師の行為は違法性がある■両親とTは二〇万円を娘に支払えと判決。Oと統一教会の請求は棄却■大阪地裁〇四・

			拒否。内鍵をかけ、父が所持。娘が「監禁されている、助けて」という紙を投げたことから警察が介入。	一・二八■大阪高裁〇四・七・二二
東京G事件	一九六三年生まれの男性信者G（九五年九月から〇八年二月まで自由を拘束されたと主張）	Gの兄夫婦と実妹、カウンセラーのM氏とN牧師■（Gらの父は九六年春発病して九七・六死去、母は二〇一二・九死去）■N牧師の所属教会	兄が信者になってGと妹を勧誘して三人とも信者。M氏などの話合いで兄と妹は脱会。兄の妻も元信者でN牧師との話合いで脱会。九五・九から九七・六の間新潟、その後荻窪の甲その後乙の各マンションに滞在（Gは監禁と主張）	東京地裁二〇一四・一・二八■兄夫婦と妹は四八〇万円余支払え、M氏は九六万円余支払え、その余棄却■東京高裁二〇一四・一一・一三■兄夫婦と妹は二二〇〇万円、M氏はその一部一一〇〇万円、N牧師は同じく四四〇万円支払え、その余棄却■最高裁二〇一五・九・二九被告らの上告却下決定

これらの裁判の判決から見えてきた判断基準はどうか。

第一に、エホバの証人や統一教会のように社会的問題を起こしている宗教団体であっても、その成人した信者の信仰をやめさせるために、有形力を行使して、明らかに信者本人の意思に反して、社会と遮断された場所に長期間閉じ込めることは、それが両親や配偶者によるものであっても、違法性があるし許されない。ただし、長期間とは何日のことを指すのか。十日間で違法性を肯定した例がある一方、横浜T事件の東京高裁判決は、四日間で違法性を否定する方向の判断をしている。つまり、個々の事例によって慎重に違法性の有無が判断されるのであって、一概に何日以上の場合は違法であると決めつけることはできない。

第二に、信者本人が話し合いのために、社会と遮断されたマンション等の場所に信者自ら歩いて入り、そこで平穏な親子間の対話や生活がなされていた場合、それが数ヵ月間に及ぶことがあったとしても、違法性は認められない。また、統一教会と接触できない環境下にあることが分かったうえで、自らその場所に赴き、自らの意思でそこにとどまり話し合いに応じる信者との面談を繰り返した牧師についても、その行為に違法性はない。

鳥取事件と大阪K事件では、認められた損害賠償金額は一五万円、二〇万円と安いのだが、同じT牧師の行為について違法性が認められている。

鳥取事件は、娘と話し合いに入るにあたって、両親のとった手段があまりにも暴力的だった。大阪K事件は、信者自ら話し合いの場に赴いたと評価できる事案だったが、信者は明らかに統一教会問題についてT牧師やO氏と話し合うことを拒否し続け、早くマンションから出たいと主張し続けていた。信者と牧師の話し合いが明らかに成立していなかった事例である。

牧師と信者との話し合いが成り立っていなかったのは、エホバの証人事件でも同様だ。

他方、東京I事件と横浜T事件では、信者と牧師との実質的な話し合いが成立していたことが認定されている。当時置かれていた状況について、信者本人が、話し合いに来た牧師に抗議したこともなかった。このような事例については、裁判所は違法性を認めてはいない。

なお横浜T事件では、二〇〇六年三月二十三日、最高裁判所の上田裁判官の裁判官室において、両親は長女夫婦及び三女との間で、和解を成立させた。和解内容の要旨は、

1 両親らと長女夫婦、及び三女とは、互いに相手方の信仰の自由や価値観を尊重し、これに干渉しないことを約束する。

2 円満な親子関係及び親族関係を築くことができるように互いに努力する。

3 長女夫婦は、その余の請求を放棄する。

というものである。

この裁判は、信者の長女夫婦の一九九九年一月の提訴から七年余り後に、ようやく親子が普通に会って話ができたのだ。三女とも七年ぶりの対面だった。

二〇〇六年一月に初めて、上田最高裁判事と両親達とが和解交渉の席で会ったとき、上田裁判官は、「この裁判では、両親達の行為が違法であるかどうかの答を求められている。しかし、その回答を示すことでは本当の解決にはならない。裁判では過去のことを考える。けれども本当に大切なことは将来に目を向けてどうすべきかではないか。この裁判の間に長女夫妻には子どもができて、もうすぐ学校に入ろうとしている。親子関係を修復して、普通の親子関係・祖父母関係にするために、私の方で橋渡しをしたい」と述べた。このような話は、和解成立の日にもされ、最高裁判所として強く和解を勧めたことが強調された。これは、まさに両親が望んでいたことだっ

た。この和解成立の直後に、裁判所の中で、Ａさん達家族は、七年余にわたり直接の対話が途絶えていた長女夫妻、そして三女も交えて、家族としての会話を開始することができた。あまりに当然のことではあったが、最高裁が異例の和解の労をとったことを私は率直に評価している。

一方Ｇ事件は、十二年間一歩も外に出ていないという事実が結論を左右したと思われる。家族やカウンセラーは、信者Ｇは自らの意思で元信者である兄夫婦や妹を信者に引き戻すべく部屋に引きこもっていたと主張した。カウンセラーの関わりもＧの納得の上のことだったと主張した。裁判所の判断は家族やカウンセラーにとって厳しいものだった。この判断を教訓にして、話し合いのあり方を考えていく必要がある。

国連自由権規約委員会の要請

二〇一四年七月、ジュネーブにある国連自由権規約委員会は、日本における基本的人権の遵守状況について審査し、七月二十四日、特定秘密保護法の年内施行やヘイトスピーチ問題などの日本の現状について危惧を述べ、二一項目の改善を日本政府に対して求めた。

二一項の多くは、私としても大いに賛同できる内容のものだった。

しかし、その中に、統一教会がかねて宣伝してきた、統一教会信者が拉致監禁されて脱会を強要されているという主張に沿った、今後統一教会などカルト的宗教組織に悪用されかねない事項が含まれていたことは驚きだった。ろくに調査もせず、このように唐突に要請がなされたことは、同委員会の調査不足、認識不足を示すものとも言える。今回の委員会の要請が統一教会による人権侵害や消費者被害拡大に悪用されないよう監視していく必要がある。

問題の21項にはこう記載されている。

「21　自由権規約委員会は、新興宗教への改宗者に対する家族による離教を目的とした誘拐および強制監禁に関するレポートについて懸念を表明する（自由権規約二条、九条、一八条、二六条）。日本政府は、自らの宗教又は信条を保持し、選択する自由を害する強制行為を受けない各人の権利を保障するため、効果的な施策を取るべきである」

そこで指摘されている「誘拐および強制監禁に関するレポート」とは、ＨＲＷＦと称する団体のものなどを指すと思われる。しかし、そのレポートで報告されている最近の人権侵害例とする三件は、いずれも統一教会信者についてのものであり、二件は信者が統一教会との連絡を断って家族と話し合った結果脱会したというものだ。もう一件についても、なぜ統一教会との連絡がとれなくなっているのかについて、事実関係が明らかにされていない。このレポートは統一教会側の一方的主張に基づいて作成されたもので、客観性に乏しいものだ。

私は、このような客観性のないレポートに基づく要請を公表するよりも先に、統一教会による金銭被害、人権侵害、さらには家庭崩壊の実態調査を行い、この事実について、政府の対処を求めることが優先されるべきであったと思う。

家族は強いて統一教会を脱会させようとしているわけではなく、話し合いをしたいと願っているだけであっても、統一教会は、家族が信者と話し合いをしようとすることさえ、拉致・監禁だと決めつけて妨害し、「拉致監禁によって信者が脱会強要されている」というキャンペーンをしてきた。

そのねらいは、第一に、統一教会が組織的に展開し、多くの深刻な人権侵害、金銭被害をもたらしてきた霊感商法の手口による資金集め活動に対する日本国内の強い批判をかわそうとしていることにある。そして、第二に、統一教会が正体をかくして、マインドコントロールの手口で信者にした若者や既婚女性などを、違法な活動にかりたて、酷使して、人権侵害していることに対する反発をかわそうとしていること。また、第三に、信者に統一教会との関わりや活動内容について、家族に隠し、嘘を言うよう指導し、信者と家族との対話を妨害して、家庭を崩壊させてきたことをおおい隠そうとしていることにある。

私は、たとえ家族であっても信者の身体の自由を拘束し、脱会を強要することはするべきではないという意見であり、家族やカウンセラーにそのように助言してきた。

この問題について、精神科医の岡田尊司氏は著書『マインドコントロール』（文春新書、二〇一六年刊）で次の五つの場合、例外的に「強制的介入が許される」と述べている。

1　自傷他害行為が現になされ、またはその危険が切迫している。

2　違法行為を行ったり、それにまきこまれたり、またはその危険が切迫している。

3　本人の基本的人権が損なわれているが、心理的圧力のため、本人自身は抵抗できない。

4　未成年や児童の福祉や心身の発達に反することが行われた。
5　精神障害や認知機能が低下し、治療や保護が必要。

たしかにこのような場合、親族が何らの強制的介入もできないとすることには疑問がある。しかし、この五つの基準自体包括的であり、具体的事例での判断は困難である。

また、講じられる「強制的介入」の程度や内容も慎重な検討がもとめられる。

この問題は、わが子が常軌を逸した行為を止めない時、親はどこまでの行為が許されるか、また、親がわが子を虐待しているとして親権の剥奪や停止が認められるのはどのような場合か、というカルト問題を超えた幅広い議論と研究が必要な重大論点である。

今後、国連自由権規約委員会や日本政府に対し、悪質なカルト宗教団体によって、今回の要請が悪用されないよう要望したい。また、このような要請が統一教会によって政治的に悪用されて、前述した三つの目的に使われることのないよう、今後とも統一教会による人権侵害や消費者被害の抑止のため尽力していきたい。

第10章　統一教会・カルト対策の今後

いまもあるカルトの危険

陸上自衛隊の警務隊の幹部が、一九九四年十一月に静岡県富士演習場で民間人の友人が持ち込んだライフル銃を試射し、友人三人もこの自衛隊員から借りた自衛隊の小銃を撃った。この違法射撃事件は自衛隊内で組織的に隠ぺいされていたことが、二〇〇〇年三月になってようやく明るみに出た。この違法射撃事件の主犯の自衛隊員は、強烈な信者勧誘を組織的に展開している日蓮正宗系の（富士大石寺）顕正会の協力者であり、事件に関わった民間人のなかには同会の信者がいたと報道された。

二〇〇〇年二月末には、オウム真理教（アレフ）の支配下のコンピュータソフト会社が、警視庁や自衛隊、建設省等の官公庁だけでなく、ＮＴＴをはじめとした大手上場企業のコンピュータソフト開発業務の孫請けをして、政府や企業の機密に接していたことが明らかになった。

わが国の公務員のなかに、公務員としての使命よりも自己の属する教団の教義や組織指令を優先して考える者が少なからずいることの問題は深刻である。国政や自分を雇っている議員よりも、自分が信奉する統一教会の教義や幹部の指示に忠実な統一教会信者の秘書が今も地方自治体職員や、議員秘書として働いている現実がある。

統一教会は「不純異性交遊はしません。純潔を大切にします」などと呼びかける新純潔キャンペーンを、世界平和女性連合や真（まこと）の家庭運動推進協議会、ピュアラブアライアンスジャパン（PLAJ）などのダミー団体名で展開している。きれい事を並べたてたこのキャンペーンにだまされた教職員や学校長が、バックの組織の正体を知らないまま、統一教会信者がダミー団体名で作った冊子を教職員会議やPTAに大量に贈呈したという問題も発生している。

アラブ諸国のみならず、欧米諸国で続発する若者によるテロ事件の犯人は、カルトによるマインドコントロールの手口で人殺しを正義と思い込まされた被害者の側面がある。家族が気づかない短期間に意図的に操作されたインターネットの情報でコントロールされた若者が、人がかわったように社会を否定的に断罪するようになる過程は、統一教会の教義にそって違法行為を信者の使命だと思い込んで行動するようになる過程と似ている。テロ対策にはそのようなマインドコントロールにどう対応するかという視点が必要である。

私は統一教会をはじめとするカルト対策は世界各国で、特に日本における社会の各分野で早急に取り組むべき問題であると痛感している。

日本の貧しい対策の実情

オウム真理教（アレフ）に対する政府、議会、自治体、住民の対応を見て、私は強い疑問を禁じ得ない。オウム真理教の信者を組織から切り離し、一日も早く、また一人でも多く社会に復帰させるための対策をとることが重要なのに、逆に信者を社会から切りはなし、孤立させて、閉塞した状況に閉じ込めてしまっていないか。

そもそも問題は彼らが現行法をふみにじって、特異な教義に基づいて人を殺し、信者の人権や財産権を侵害し、地域社会の平穏を害したことにある。社会は法律に従って、彼らに制裁を加えると同時に、法律を守らせるように積極的に働きかけるべきだ。

住所が変わったら住民票を転入先に届け出ることは国民の義務だと住民登録台帳法に書いてある。自治体の長は、これが正しい届け出かどうか、またその後の住民動向について適宜調査できると同法三四条に書いてある。ところが、地元住民や自治体の反応は、異端排除の方向に終始する傾向があった。

私は、カルト的宗教団体の危険性を訴えてきた。しかし、その対策の原則は現行法を彼らに守らせることにある。そして、もっとも重く問われているのは彼らをどんな社会、どんな家庭に「復帰」させようとしているのかということではないだろうか。戻るに値しない社会や家庭であってはならない。彼らは特殊な団体生活のなかに、それまでの人生で体験してきたものに勝る価値を感じて、グルやリーダーの言うがまま活動してきたのだ。そんな彼らが、やはり「復帰」できない、「復帰」するに値しない社会であり、自分のいる場所がない家庭だと実感して、「復帰」をあきらめることのないよう、改めるべきところは改め、家族のつながりの在り方を見直す必要がある。

なされるべき対策

ここで日本において何が不足しているかをまとめてみる。

第一に、政府や自治体は現行法に基づいてやるべきことをやってきたのだろうか。宗教活動の外形をもってなされる組織的な脱税や信者の労働力の搾取に対し、税務当局や労働基準監督署は何をしたのか。十分な予算措置を講じてなすべき調査をしたのか。警察と情報を有効に交換して、摘発すべき脱税や労働諸法規違反を迅速かつ効果的に摘発できる体制をとるべきではないのか。その努力がこれまで十分になされなかったのはどうしてだろう。カルト施設内の子どもの処遇の問題も同様である。

第二に、被害者や元信者の救済対策があまりに貧困である。

児童福祉の観点から見ると、宗教的団体の施設内や信者の家庭内で特異な生活を強いられている子どもたちの対策はほとんど手つかずのままではないか。刑務所に入ったカルト信者の精神面をケアする体制も全くとられていない。まして社会復帰のために信者が身を寄せる場はどこにもない。「実家に帰れ」と言ってみても、その実家がすでに崩壊している場合、彼らは終生もどる場がないのだ。

私は、カルトの被害者が相談する窓口として全国霊感商法対策弁護士連絡会を運営する立場にある。しかし、相談者である統一教会の信者が社会にとけこんで生活できるまでの期間をサポートする組織や機構は極めて微力だ。少なくとも信者やその家族の精神的動揺を寄り添ってなぐさめ、信者と家族との会話が成り立つようなカウンセリングをサポートする体制を整えるべきではないのか。

一部の宗教家や弁護士、ボランティアの活動だけではあまりに無力である。

第三に、宗教団体や宗教家、宗教学者もこの問題にあまりにも無力・無自覚である。尊敬すべき活動をしている学者や宗教者・カウンセラーの方々の存在はまことに貴重だ。しかし、自分の研究活動領域において発生している統一教会・カルトの病理現象に対して、宗教者や宗教学者の多くが無自覚、無関心でいつづけることを私は理解できない。たとえばアメリカでブランチ・ダビディアンがFBIと銃撃戦をした一九九三年の惨事に対して、宗教学者は政府の対応のまずさを鋭く批判した。その教訓をふまえ、一九九六年にモンタナ州で十数名がたてこもったモンタナ・フリーメン事件では、宗教学者が交渉にかかわって八十日後、平和裡な投降が実現した。社会とこの種の教団の橋渡し役を宗教学者がしたことで、宗教学者の社会的信用がアメリカ社会で高まったという（南山宗教文化研究所所報第九号の渡辺学氏の論文参照）。

日本では、カルト的教団の機関紙・誌や教団幹部の表向きの発言をフォローするにとどまる宗教学者の論文が教団側に悪用されて、被害の拡大をもたらしたことがあった。既成の宗教団体（戦後急拡大した新宗教を含む）の役職員は、自分の団体の運営に忙しく、現代社会の宗教事情について調査、研究し、その成果をふまえていわゆるカルト問題について社会に発言する余裕がないようだ。今後、既成宗教団体役職員や宗教（社会）学者の方々の積極的取り組みや研究を期待したい。

新しい動きの希望

しかし、霊感・霊視商法やオウム真理教の問題、そして、法の華三法行や神世界・開運商法・高島易断などの詐欺的事件、さらにはライフスペースや加江田塾のミイラ死事件などを通して、一般社会やマスメディアのなかに、この種の問題の根が深く、今後も繰り返し起こりかねない問題であるという認識は深まりつつある。

日本弁護士連合会は、一九九九年三月に、「反社会的な宗教的活動にかかわる消費者被害等の救済の指針」を公表して、問題提起した。この指針を活用して弁護士や全国の消費生活センターなどによる宗教トラブルに対する適切な対処が期待される。

全国の警察で、この種の問題に対して積極的姿勢をとることも増えてきた。これまで以上に適切に情報を集約し、この種の問題についての研修等を実施していく必要があるとは思うが、今後更に適切な対処を期待したい。しかし、検察官の認識が一向に深まらないのは深刻な事態であると考えている。

宗教界や宗教学者のなかでも、何とかしなければならないという気運が醸成されつつあるようだ。宗教社会学者を中心に一九九八年に「宗教情報リサーチセンター」（略称ラーク）が多くの宗教団体の協力を得て開設され運営されている。今後市民や公的機関に発信していく機能をもつことが期待される。更に「宗教文化士」資格制度や臨床宗教師養成活動を通した宗教の着実な現実社会とのかかわりを目指す活動に注目したい。

事態は切迫している

統一教会信者たちとその家族との間には深い亀裂がある。そのあいだに入って、双方と協議をしつつ対話を取り戻す手伝いをするような機構や団体がほしいと思う。

霊感商法を展開していた統一教会信者たちは、単なる詐欺事件の加害者ではなかった。統一教会の集団生活における自己犠牲的な活動に癒しや救いを感じていた側面がある。霊感商法のために逮捕された販売員の信者たちのほとんどは統一教会の指示で黙秘しつづけ、組織をかばい続けた。私たち弁護士は詐欺でだまし取られた人のお金を取り戻すことはできる。しかし、被害者や元信者の心の平穏や家庭の平穏を取り戻すことはできない。統一教会信者たちが現実社会のルールを守り、社会的に許容できる宗教的活動の枠を守るように働きかけていく必要がある。早急に何とかしないといけない。心ある宗教家、宗教研究者による積極的な活動が求められている。

あまりに貧困な宗教事情と言ったら言い過ぎだろうか。人はなぜ生まれるか、どう生きたらよいのか、だれにでも来る死をどう考えたらよいのか。これらのだれでもかかえる問いに、とりわけ若者がつきつける問いに、宗教家を含めて正面からだれが答えられるのだろう。カルトの教祖の思いつき的な答えにまかせておいてよいはずがない。

いまから百年以上前に、夏目漱石は、近代文明の発達に伴って依って立つべき価値基準を喪失した日本人の現状を嘆いている。この嘆きに現代の我々は今も答えが出せないままでいる。

しかもこの問題は、アラブ諸国のみならず欧米各国で深刻化している。自爆テロの犯人となった若者たちは、自由で冷静に入信の可否を判断できる環境と十分な情報のもとで、テロを正義とする宗教的団体に参画しているわけではない。まさに統一教会やオウム真理教に入信して違法行為を担当した若者と同根の問題がある。

二一世紀はまさに「こころの時代」、「宗教の時代」である。環境問題や高齢者問題を考え、アジア・アフリカ諸国の人々との共生を実践するうえでも、宗教についての深い理解は欠かせない。その宗教の病理現象として発生している組織的な人権侵害や消費者被害にどう対処するべきか。これを論じることは容易ではないし、幅広い分野の方々の参画と継続的努力が不可欠だ。統一教会問題、そしてカルト問題は、二一世紀のわが国の重要な緊急課題なのである。

統一教会関係年表

年	統一教会側の動き	統一教会批判の動き	関係する世界と日本の動き
一九二〇	文鮮明出生（二月二十五日）		
一九三五	文はこの朝啓示を受けたとする（四月十七日）		
一九四一	文が早大付属早稲田高等工学校に入学。この頃、日本に滞在		太平洋戦争開始（十二月）
一九四四	文を京畿道警察で取調（十月）		
一九四五	文が崔先吉と結婚、一男聖進出生、その後離婚		日本の敗戦（八月）
一九四六	文を大同保安署で逮捕（八月、混淫によるとされ、三ヵ月拘束）		
一九四八	文、二月に再度逮捕。四月に、五年の実刑判決、服役（社会秩序紊乱（混淫）の罪のためとされている）		韓国（八月）・北朝鮮（九月）が各々成立■韓国李承晩（イ・スマン）大統領就任
一九五〇	文興南刑務所から出る（十月）		朝鮮動乱（六月）
一九五四	統一教会（韓国）創立（五月一日）		吉田茂首相辞任（十二月）
一九五五	文、梨花大事件で逮捕（七月四日、風紀紊乱の疑い、十月に釈放）		
一九五八	日本での布教開始（崔翔翊こと西川勝）		第二次岸内閣が成立（六月）

一九六〇	文が韓鶴子と結婚（二十三歳ちがいの妻。崔、金明姫につづいて三度目の結婚）		六一年五月のクーデターで朴正熙が政権掌握
一九六三	統一教財団認可（韓国）		朴正熙が大統領に（十二月）
一九六四	日本で統一教会認証（会長久保木修己・七月十六日）■日本で全国原理研創立		佐藤栄作首相に（十一月）
一九六七	文鮮明来日（本栖湖で笹川らと会談）	朝日新聞で初めて「親泣かせの原理運動」報道（七月七日）	
一九六八	韓国と日本で国際勝共連合創立（一月と四月）■米国で国際文化財団設立■四三〇双の合同結婚式に久保木ら日本人初参加（二月）		ニクソンが米大統領に選出（十一月）
一九七〇	七七七双の合同結婚式（十月）■日本でＷＡＣＬ（世界反共大会）を統一教会が推進		
一九七一	韓国で一和と一信石材、日本でハッピーワールド（幸世商事）を設立■文はこの頃からアメリカに滞在		
一九七三	世界平和教授アカデミー創立（五月）		
一九七四	文がニクソン大統領と会うなど米政権に接近を図る■来日した文と福田赳夫が握手	この頃神戸事件の摘発と裁判（七一、七二年の被疑事実で七七年一月に判決）	田中金脈問題で田中角栄首相辞任（十一月）。ロッキード疑獄へ

一九七五	日本で「世界日報」発刊（一月）■一八〇〇双の合同結婚式（二月）		
一九七七		米議会でコリアゲートスキャンダル、統一教会問題が取り上げられる	
一九七八	世界言論人会議（ニューヨーク）開催	米議会（フレーザー委員会）の報告書公表（十一月一日）	福田赳夫首相辞任（十二月）■朴正熙大統領暗殺（十月二十六日）
一九八〇	この頃から霊感商法本格化		全斗煥が大統領に（八月）■レーガンが大統領に選出（十一月）
一九八二	「ワシントン・タイムズ」発刊	国民生活センターが「印鑑、大理石壺、多宝塔に関する調査」を公表（十一月一日）	中曾根康弘が首相に（十一月）
一九八三	ユニバーサル・バレー・カンパニー設立■スパイ防止法制定促進で統一教会が暗躍	この頃世界のしあわせ各社が霊感商法の自粛の釈明文	
一九八四	文の二男興進（フンジン）が交通事故死■文と神山威がダンベリー刑務所に下獄（七月二十日）	青森地裁弘前支部で信者が恐喝で有罪判決（一月）■『文藝春秋』に副島論文掲載（七月号）	
一九八五	文出獄（八月二十日）■米国で『インサイト』『ワールド&アイ』発刊		ゴルバチョフが書記長に（三月）

一九八六	日韓トンネル調査工事開始（四月）■米カウサ会員一〇〇〇万達成と自称■この頃から議員秘書に信者を送り込む。阿部令子が初めて立候補	『朝日ジャーナル』の霊感商法批判報道	衆参同日選挙（七月、勝共推進議員登場）
一九八七	アジア平和女性連合結成（三月）■霊石愛好会の活動顕在化	被害弁連（二月）、全国弁連（五月）結成■日弁連意見書（七月）■霊感商法に対する批判高まる	岸信介死亡（八月）
一九八八	天地正教が帯広を本部に公然化（二月）■ブラックフンジン全国を歴訪。六五〇〇双合同結婚式（十月）	日弁連意見書（その二）（三月）■東京で統一教会を提訴（五月）■ワゴン車に同乗して物販中の信者の過労運転事故死で運転手信者実刑二年の判決（十月二十日）	盧泰愚が大統領に（二月）■ソウルオリンピック（九月）
一九八九	パンダモーター（中国）設立のためとして献金集め（五月～六月）		ブッシュ（父）が大統領に（一月）■昭和天皇死去（一月）■天安門事件（六月）
一九九〇	文の古稀の祝で資金集め（一月）。文、モスクワでゴルバチョフと会見（四月）■日本の組織立て直しのため韓国の幹部来日（十二月）	東京で統一教会、被害者に和解金支払い（五月）■統一教会が数千億円の借金をしていることが判る■HG問題で全国弁連が全国銀行協会に申入れ（四月）	大阪花博（四月）

一九九一	日本の会長が神山威に交替（九月）■文、北朝鮮で金日成と会見（十二月）	マイクロ車で物販中の過労運転で信者二人死、四人重傷で運転していた信者に実刑一年（一月二十五日）■青春を返せ訴訟東京で提訴（五二名。四月～五月）■京都で家族と話し合い中の信者を奪い返すための信者の暴行事件で有罪判決（一月）	
一九九二	文鮮明来日（三月二十六日）■公称三万双の合同結婚式（八月二十五日）■世界平和女性連合の創立集会（九月二十四日）	桜田淳子らの合同結婚式参加でマスコミの統一教会報道が沸騰（八、九月）	
一九九三	会長が神山から藤井に交替（一月七日）■山崎浩子さんが統一教会脱会の記者会見（四月二十一日）■総会長として金元弼（キム・ウォンピル）が赴任（五月）■総会長が金明大（キム・ミヨンデ）に交替（十月）	統一教会の「マインドコントロール」が流行語大賞に■中村敦夫氏告訴に対する反撃の記者会見（六月二日）■福岡地裁で合同結婚式参加男女の婚姻届無効判決（十月七日）	クリントンが大統領に（一月）■金泳三が大統領に（二月）■スティブン・ハッサン著、浅見定雄訳『マインドコントロールの恐怖』出版■細川護熙首相に（八月）
一九九四	会長が藤井から小山田秀生に交替（五月）■統一教会のダミー宗教法人天地正教の代表川瀬カヨ死去（二月四日）	献金損害賠償請求訴訟で福岡地裁が初めて統一教会の責任を認める判決言渡（五月二十七日）	松本サリン事件（六月二十七日）

一九九五	会長が小山田から桜井設雄に交替（六月）■三六万双合同結婚式（八月二十五日）■前大統領父ブッシュが世界平和女性連合の東京での集会に参加してスピーチ（九月十四日）■北朝鮮の文鮮明の故郷を聖地化の動き（九月）	世田谷区成城で統一教会の教会設置に反対運動（十一月）■岡山地裁で家族と話し合い中の信者を奪い返そうとして暴行した信者三人に有罪判決（十一月）	関西大震災発生（一月十七日）■地下鉄サリン事件（三月二十日）■麻原彰晃がサティアンで逮捕された（五月十六日）■宗教法人法改正で筆者が参院参考人証言（十二月五日）■坂本堤弁護士一家の殺害事件が解明された
一九九六	会長が桜井から石井光治に交替（六月）■文鮮明の長男孝進のドラッグ問題など不行跡と離婚問題表面化	福島県と愛知県で合同結婚式参加の韓国人男性が日本人女性を殺害■統一教会が四二〇〇人の女性信者を南米へ派遣したことに家族の抗議集会（十一月）■上田利治日ハム監督の娘二人の入信問題で辞任報道（九月）	
一九九七	十一月二十九日ワシントンでの合同結婚式（ホイットニー・ヒューストンが出演をドタキャン）■文鮮明が統一教会を世界平和統一家庭連合に改称と指示（日本では文化庁が認証申請を受理せず）	合同結婚式参加者勧誘活動（キャンデー配り）への批判高まる■奈良地裁で統一教会の組織的不法行為責任を認める判決（四月十六日）■東京地裁でも献金の勧誘活動が違法の判決（十月二十四日）	

一九九八	総会長として劉大行（ユ・テヘン）が赴任（一月）〇七年まで。会長が石井から江利川安榮に交替（三月）■六月十三日ニューヨークのマディソンスクウェアガーデンで合同結婚式■ブラジルのジャルディン開発のため一六〇〇人日本人の信者に渡航指示令■久保木元会長死亡（十二月十三日）■新純潔キャンペーンや真の家庭推進運動を始める	ピュアラブキャンデーを街頭で参加者とカウントする水増参加数に批判■天地正教の新谷教祖が反乱して更迭され、統一教会幹部松浪孝行が代表役員に■文の長男孝進（ヒョージン）の元妻ナンスクが『わが父文鮮明の正体』を米国と日本で出版（文藝春秋社刊・十一月）	金大中大統領に就任（二月）
一九九九	会長が江利川から大塚克己に交替（一月）■文鮮明が入国を画策するも認められず■総生蓄献金一人一六〇万円の指示■文の六男栄進（ヨンジン）がネバダのホテルで投身自殺（十月）	献金勧誘活動の違法性を認める最高裁、大阪高裁、仙台地裁などでの判決が相次ぐ■東京地裁に元信者三人が違法伝道の責任を問う訴訟提起■横浜と八王子で両親と牧師が信者を拉致監禁したとして、親と牧師を訴える訴訟提起	日弁連「反社会的な宗教活動にかかわる消費者被害救済の指針」を発表（三月二十六日）■法の華三法行に詐欺で強制捜査（十二月一日）
二〇〇〇	一冊三〇〇〇万円の「聖本」を日本で三六〇〇冊授かれとの指示■北朝鮮で統一教会が自動車組立工場を開業■韓国清平に日本人信者を動員して	岡山青春を返せ裁判で広島高裁岡山支部で原告逆転勝訴■浅見定雄教授が拉致監禁の責任ありと書いた	金大中と金日成の首脳会談（六月）■統一教会の代理人だった高村正彦が法務大臣に就任

	因縁解放する役事が本格化（中心は金孝南という女性幹部）	室生忠氏と掲載誌『創』を名誉毀損で訴訟提起■元統一教会信者が起こした宮崎加江田塾ミイラ事件で元信者ら死体遺棄罪で起訴	
二〇〇一	ローマカトリックのミリンゴ大司教が合同結婚式に参加する騒動発生■会長が大塚から小山田秀生に交替（六月）■太平洋の小島諸島の国やハワイに文鮮明が進出の動き	最高裁、大阪地裁、札幌地裁などで、献金勧誘や勧誘教化活動の違法性と統一教会の責任を認める判決が相次ぐ■浅見定雄教授の「創」に対する損賠請求を認める東京地裁判決（十二月十八日）	小泉政権発足（四月）■法の華三法行の福永法源が詐欺で逮捕、法人は破産■ブッシュ（子）大統領就任（一月）
二〇〇二	信者が各戸に勧誘はがきをポスティングする手口が拡大■文の後継者は三男顕進だとして三男の活動が目立つ	東京違法伝道訴訟は東京地裁で全面勝訴判決（八月二十一日）■全国弁連が大学・高校でのカルト対策を適切に行うよう申しいれ	開運商法の明覚寺に解散の決定（一月二十四日）■祈禱師らが六人殺害した須賀川事件（九五年七月五日逮捕）で福島地裁は主犯に死刑の判決
二〇〇三	幹部信者の二世ドナ・コリンズさんが来日して講演（統一教会の欧米での問題を指摘）■文鮮明の入院騒動（三月）、「老人ボケ」がひどくなったとの情報■ダミー組織世界平和連合が暗躍して自民党に接近	全国統一教会被害者家族の会が発足（十一月）■天宙真の父母連合（中山グループ）、天孝人グループなど分派の動きが目立つ	盧武鉉（ノムヒョン）大統領就任（二月）■パナウェーブ白装束集団が社会問題に（四、五月）

二〇〇四	一枚三万円の金色祈願書をたくさん授かるようにとの指示■自治体や自民党議員が統一教会のダミー団体に協力して問題に■一冊四三〇万円の「天聖経」を全信者が授かれという摂理	韓国人男性と合同結婚式で結婚した日本人女性六〇〇〇人が韓国で生活し始めたことから生じる諸問題が発生しはじめた■横浜、八王子の信者が親や牧師を訴えた裁判は信者敗訴の判決（五月）	「冬のソナタ」で韓流ブーム■舞台の龍平リゾートの用地を統一教会が買収工作。更に麗水（ヨス）にも一兆七〇〇〇億ウォン投資の報道
二〇〇五	統一教会信者が風水、気功、整体などで勧誘する活動■清平（チョンピョン）にバブリーな諸施設造成、築造■マホメット、イエス、孔子らまで霊界で文鮮明に従ったなどとして霊肉合同結婚式	被害者家族の会編の『自立への苦闘』が出版され、脱会カウンセリングのむつかしさを説明■文鮮明が世界歴訪するも日本へは入国できず	統一教会所有のヨイド島の土地にツインタワー商業ビル建設工事始まる（五月、二〇一〇年完成予定だった）
二〇〇六	安倍官房長官と保岡元法務大臣がダミー団体天宙平和連合の集会に祝電など■会長が小山田から大塚克己に交替（八月）■清平で天正宮奉献式（日本信者の献金が財源）■祝福二世の若者らが大学で原理研の中心になる現象が目立つ■韓国の裁判所が長年文鮮明の右腕だった幹部朴ポヒに詐欺罪で懲役三年（猶予五年）の判決（十一月三日）	韓国の月刊誌『新東亜』九月号の統一教会特集記事に抗議する信者らが東亜日報社屋に殴り込み破壊活動■弁連が国立大学協会に大学でのカルト対策の実施を要望（十二月一日）	統一教会元信者だった鄭明析（チョンミョンソク）が教祖の「摂理」が日本の大学や企業に浸透しているとして社会問題に（八月）■独立系キリスト教会（京都聖神中央教会）の金保牧師に信者強姦等で懲役二十年の判決・京都地裁（二月二十一日）■安倍一次政権発足（九月）

二〇〇七	総会長がユ・テヘンから任導淳（イム・ドスン）に交替■自民党と民主党の一部議員と統一教会が連携の動き判明■一二年万博が韓国麗水（ヨス）に決定■統一教会が用地一帯を買収している問題顕在化	霊感商法被害で判決や提訴が相次ぐ■元原研会長太田洪量外一名が駐在するパラグアイで誘拐され、身代金を払って解放■沖縄天守堂代表の信者が特商法違反で逮捕、罰金刑に	弁連は心霊現象（江原・細木ら）番組の是正を要望（三月一日）■安倍首相辞任（九月）
二〇〇八	韓国の総選挙で統一教会ダミーの平和統一家庭党が二五〇億円使って大量立候補するも全員落選（四月）■文の長男孝進が病死（三月十七日）（スキャンダルだらけの長男だった）■文夫婦らが乗ったヘリコプターが不時着の事故（七月十九日）■会長が大塚から徳野英治に交替（五月）	長野の煌健舎、大阪のファミリネット、新潟の北玄などで信者が特商法違反容疑などで相次いで逮捕され、罰金刑に	李明博（イミョンバク）大統領就任（二月）■高島易断被害弁護団の活動開始■新世界被害弁護団の活動も開始■摂理の鄭教祖にソウル中央地裁が強姦致傷等で懲役八年の判決（〇九年二月高裁は懲役十年の判決）
二〇〇九	後継者とされていた三男顕進が更迭され、七男亨進が後継者に指名された■清平を牛耳る金孝南の活動が目立つ■総会長がイム・ドスンから宋榮渉（ソン・ヨンソプ）に交替（二月）■九十歳の文鮮明の命令で天福宮を建てるため一人一四〇万円献金の指示■新世事件の責任をとって徳野会長辞任。梶栗玄太郎に交替（七月）	東京の販社新世とその幹部二人、販売員五人が逮捕・起訴（五〇〇万円の罰金が五人）、二人の幹部に懲役刑の判決（十一月十日）■福岡、大阪、和歌山でも販社の幹部信者が逮捕、罰金刑。ワシントンタイムズの経営難と内紛が表面化（十二月）	高島易断の占師が兵庫県で詐欺で逮捕・起訴された■消費者庁、消費者委員会が発足。民主党鳩山政権発足（九月）■オバマ大統領就任（一月）■全国カルト対策大学ネットワーク開始（三月）

二〇一〇	統一教会の後継者は七男亨進（ヒョンジン）とし、財団は四男国進の体制となり、三男顕進との対立顕在化。訴訟合戦に■文鮮明はラスベガスにいてギャンブル三昧？■文鮮明が認知症状態と思われる六月五日の映像がビデオ公開された■四三〇〇万円献金して「天福函」（チョンポッカン）という文の発言集を授かれとの指示	桜井義秀・中西尋子共著『統一協会』北大出版会が出版（二月）■大分の天一堂、町田のポラリスの責任信者逮捕、罰金刑■弁連代表の伊藤和夫弁護士逝去（七月十四日）	
二〇一一	三男派と七・四男派の対立激化。ヨイド島の高層ビル建築について建築差止訴訟提起■米国やブラジルでも訴訟合戦■文鮮明の自叙伝出版。日本で一〇〇〇万冊配れと指示	東京高裁で二人の元信者の献金被害等七一〇〇万円支払えとの判決言渡、確定■脱会した元信者の合同結婚式の相手の男性をストーカー行為で逮捕・起訴。十二月二十七日に有罪判決	三月十一日東日本大震災■新世界ヒーリングサロン「神世界」の被害で一八名逮捕、五名が詐欺で起訴■高島易断損賠訴訟で東京地裁が被害者勝訴判決（八月二十二日）■金正日死去（十二月十七日）
二〇一二	二女仁進（インジン）が信者男性と婚外子出産して米国代表を更迭された（五月）■九月三日文鮮明死去（九十二歳）■聖和式なる葬儀（九月十五日）に日本人信者が大量動員された■後継者と目されていた七男・四男と韓鶴子（文の妻）・金孝南との対立顕在化■	福岡高裁と札幌地裁で元信者が勝訴判決■在韓日本人女性信者が韓国人男性を生活苦などで殺害（八月二十一日）。翌一三年一月二十九日に懲役九年の判決	自民党安倍第二次政権発足（十二月）■韓国麗水（ヨス）で万国博が開催（五月）

	梶栗が死去（十二月二十六日）して会長に徳野が復帰		
二〇一三	総会長がソン・ヨンソプから宋龍天（ソン・ヨンチョン）に交替（一月）■後継と目されていた七男と四男は米国へ放逐され、金孝南・韓鶴子の二人の女が実権掌握	文鮮明一周忌行事直前に日本人女性信者が清平で焼身自殺、巻き添えで男性幹部一人死亡、女性重傷（八月二十二日）■文鮮明の元愛人の子（サムエル氏・男性）がアメリカで統一教会に二〇億円請求訴訟を提起■信者夫婦の十七歳の女子高校生が家出して七十七日間行方不明で社会問題	朴槿恵（パククネ）大統領就任（二月）■京都朝鮮学校襲撃事件のヘイトクライムについて京都地裁は排外主義団体の活動を断罪する判決（十月七日）■参院選で比例区自民党候補、北村経夫を統一教会が組織的支援（七月）。
二〇一四	元会長神山威が韓鶴子を批判して三男顕進を支持発言（六月）■国連自由権規約委員会が日本政府に改善要請した二一項目の中に離教目的の監禁問題があった（七月二十四日）■金孝南が二〇〇億円横領疑惑で捜査対象に■御嶽山噴火で登山中の信者四人が死去。内二人は二世（九月二十七日）■東京高裁で十二年間信者を自由拘束していたとして兄夫婦と妹に二二	佐賀地裁は大学にカルト対策の必要性を明示しつつ、准教授の原理研信者女子学生に対する、いきすぎ発言に八万八〇〇〇円支払えと判決（四月二十五日、翌一五年四月二十日、高裁判決も同旨）■鳥取地裁米子支部に国と教会を訴えた高齢女性の裁判で、国（文化庁）は適	幸運のブレスレット開運商法被害が社会問題に、雑誌広告の責任も■セウォル号沈没事故（四月十六日）で救援派（クオンパ）の兪炳彦（ユピョンオン）会長の責任問題と変死体発見（六月二十一日）■幸福の科学大学設置認可申請を文科大臣が不認可（十月三十一日）■ヨハン

	〇〇万円、カウンセラーにその一部一一〇〇万円、牧師に同じく四四〇万円支払えと判決（十一月十三日）■ヨイド島の統一教会所有地に二つの高層ビルを建てる工事の差し止め裁判は、韓国最高裁で三男派が全面勝訴■統一教会色が少ない商業ビル建築工事再開の見込み。	切な遂行の約束の和解（七月十日）■福岡地裁、大分教会長職解雇無効の判決。韓国人幹部がソウル地裁で証言しても真実だから解雇できない（九月八日）、翌一五年三月三十一日高裁判決も同旨。	東京キリスト教会の金圭東主任牧師がセクハラ、信者暴行を認めて代表役員を辞任（九月十一日）
二〇一五	神山威元会長が韓鶴子は文鮮明の後継者ではないとして三男支持、それに対し、統一教会は神山を除名（四月十五日）、神山は十二月十六日死去■七男亨進がサンクチュアリ教会をアメリカで創立して分派活動開始。実母韓鶴子は間違っていると批判■江利川元会長が同教会に移籍（七月）■清平修練苑を牛耳ってきた金孝南が排斥された。逆に排斥された金孝南支持派が主流派批判のブログを公表（九、十月）■統一教会が同性婚等LGBT尊重の動きに反対キャンペーン■文化庁の認証を得て統一教会が世界平和統一家庭連合に改称（八月二十七日）	分派中山グループに対し損害賠償を命じる広島地裁判決（三月二十六日）■分派21世紀友の会に対し、福岡高裁が元信者二人に金銭被害と慰謝料を支払えと判決（十一月二十七日）■二月に韓国世界日報社長を更迭されたジョ・ハンギュが朴クネ政権の圧力に統一教会が屈したと批判。	一月と十二月にイスラム過激派のフランスでのテロ（一月一七名、十一月は一三八名死亡）■開運商法を犯している者らを脱税や詐欺で相次ぎ摘発■九月安倍政権がいわゆる「戦争法案」を強行採決■韓国のカルト新天地が統一教会から清平敷地の一部を購入の情報。

二〇一六	韓鶴子が自分こそ天が準備した王女だとして文鮮明以上の存在と主張し始めた（一月以降）■統一教会信者二世の精神疾患や自死問題が相次ぎ顕在化（五月）■七男派への移籍相次ぐ。桜井節子も移籍声明■参院選で比例区自民党候補宮島嘉文を統一教会が組織的支援（七月）	現役信者の元夫の請求を認め、統一教会が妻に献金等を指示して受領したため生じた夫の被害について、損害賠償を支払えとの判決（東京地裁一月十三日、高裁六月二十八日）。	脱カルト教会創立二〇周年記念にフランスのピカール女史が来日講演（八月二十九日）■統一教会もかかわる日本会議の存在と危険性が注目された（九月）■崔順実（チェ・スンシル）朴槿恵（パク・クネ）大統領の常軌を逸した関係が顕在化して韓国社会に動揺。統一教会は大統領派と弾劾派双方に関与（十一月以降）。

あとがき

本書は私個人のものではない。全国約三〇〇名の弁護士や一万人余の霊感商法の被害者、多くの尊敬する宗教関係者の方々から得た情報をまとめ、編集した部分が多い。本にすることを全く意識しないで、弁護士連絡会のために寄せられた莫大な量の資料の中から、私の責任で選び出した事実もある。

私は霊感商法の被害者や統一教会の元信者の方々に次のように言うことにしている。

あなたは統一教会の被害にあったことを恥じる必要はない。まじめに人生や家族のことを考え、素直に人の話を聞き疑うことをしないあなたの性格を悪用した統一教会が悪い。あなたは、その美質を今後も維持し、のばせばよい。これまであなたは統一教会に精神も肉体も拘束されてきたが、これからは自分の意思と自分の判断で歩まなければならない。そのほうがもっと大変かもしれないが、がんばって下さい。

統一教会の被害にあった人は、みなまじめで、素直な人たちだ。チャランポランな人は決してひっかからない。加害者でありつづける信者たちも、かつてはまじめで素直な嘘をつけない人だった。その人格が変容させられたのだ。だからこそ私は統一教会を許せない。

統一教会・霊感商法問題に関わる弁護士・宗教関係者・ジャーナリスト・家族の会の方々の思いもこの点で共通のものがある。

統一教会は、その活動を批判する私たちを「サタン・共産主義者」とレッテルを貼って批判している。私が最も好きな『カラマーゾフの兄弟』の中でドフトエフスキーはこう言う。「ぼくはサタンだ。だから人間的なことは何によらずぼくにとって無縁ではない」。そう。誠に人間的なエピソードが統一教会の内外で展開されている。これこそ「サタンのしわざ」ではないのか。こんなことだ。壺を売りつけてお父さま（文鮮明）のおかげですと感謝する人。珍味が売れずに深夜バー街を徘徊させられる信者。教団内で禁じられた恋をして離教する人。合同結婚式の相手との籍がぬけて安堵して涙する人。娘が悪に走ったと絶望して自殺した母。親との対話を拒否して三階の窓から飛びおりて大けがした息子。疲労の極で居眠り運転の事故を起こした若者。実績を作るための窃盗。親子の断絶と感激の和解。妻を取り戻すため仕事を犠牲にした夫。夫にかくれて莫大な借金をしてしまった妻。部下には極貧の印鑑売りをさせつつゴルフ三昧の幹部。

人間の弱さや悩みが満ちあふれた統一教会の内情を知るにつけ、宗教の力の大きさと危険を考える。彼らも、初めは本気で人を救う気があったのだろうに。文鮮明以下の幹部は、人を支配し利用することに慣れ、堕落してしまったというほかない。宗教はうまく利用すれば人々に平穏や生きがいをもたらすが、使い方を誤ると戦争や殺戮、重大な社会問題をひきおこす。宗教家は自らが「火」のような危険なものを扱っているという自覚が必要だ。その自覚のない宗教者が問題を起こす。

私が『検証・統一協会——霊感商法の実態』を執筆刊行した一九九三年二月から早くも二十四年が経とうとしている。あまりにも多くの情報とあふれる思いに埋もれて改訂版を書く余裕もなく走りつづけてきた。文鮮明の死とその妻と子及び幹部信者らの対立ならびに統一教会の名称変更などに直面し、今刊行するしかないと決意して、全面改訂版を書くことにした。

統一教会は過大な資金集めの金額と信者獲得の人数を末端信者に毎月指示し、全てを犠牲にして死ぬ気でノルマの額と人数の達成を目指せとあおり続けてきた。そのために信者らは目標達成のために狂奔して違法活動をくりかえしてきた。統一教会がそのような活動を本当に断念して、違法行為を止め、本書が不要になる日が来ること、信者の皆さんに不安と恐怖ではなく、平穏と安らぎが芽生えることを心から願っている。

二〇一七年三月

著者

[著者略歴]

山口　広（やまぐち　ひろし）
1949年　福岡県生まれ
1972年　東京大学法学部卒業
1978年4月 弁護士登録（第二東京弁護士会所属・東京共同法律事務所在籍）
1987年5月 全国霊感商法対策弁護士連絡会事務局長（現在まで）
2005～6年度　日弁連消費者問題対策委員会委員長
2009年11月～2013年8月　内閣府消費者委員会委員
2013年5月　MRI被害弁護団弁護団長
この外、山一抵当証券被害弁護団、ジーオーグループ被害弁護団、カルテのないC型肝炎被害弁護団の弁護団長や日航機墜落事故（御巣鷹山）と中華航空機墜落事故（名古屋）の被害者団の代理人などを担当。

［主要著書・論文］
『検証統一協会』（緑風出版刊）
共著
『ドキュメント埼玉土曜会談合』（東洋経済）
『宗教トラブル１１０番』(民事法研究会)
『消費者トラブルQ＆A』(有斐閣)
『自立への苦闘（統一協会を脱会)』（教文館）など

［連絡先］全国霊感商法対策弁護士連絡会
東京都新宿区新宿郵便局私書箱231号
URL：http://www.stopreikan.com/
被害相談：03-3358-6179（火・木11：00～16：00）
メール相談：reikan@ms7.mesh.ne.jp

検証《けんしょう》・統一教会《とういつきょうかい》＝家庭連合《かていれんごう》
——霊感商法・世界平和統一家庭連合の実態

2017年4月15日　初版第1刷発行　　定価2500円＋税
2022年7月31日　初版第2刷発行
2022年8月31日　初版第3刷発行

著　者　山口　広©
発行者　高須次郎
発行所　緑風出版
〒113-0033　東京都文京区本郷2-17-5　ツイン壱岐坂
［電話］03-3812-9420　［FAX］03-3812-7262［郵便振替］00100-9-30776
［E-mail］info@ryokufu.com［URL］http://www.ryokufu.com/

装　幀　斎藤あかね　　カバー写真　Lee Jae-Won/アフロ
制　作　R 企 画　　印　刷　中央精版印刷・巣鴨美術印刷
製　本　中央精版印刷　　用　紙　中央精版印刷・巣鴨美術印刷

　ISBN978-4-8461-1706-1　C0036